# REALSCHULE
# 2014

Abschluss-Prüfungs-
aufgaben mit Lösungen



## Deutsch

Bayern

2011–2013

STARK

ISBN 978-3-8490-0583-2


32. ergänzte Auflage
www.stark-verlag.de

# Inhalt

## Abschlussprüfungen



Jeweils im Herbst erscheinen die neuen Ausgaben
der Abschlussprüfungsaufgaben mit Lösungen.

**Autor:**

Thomas Killinger

# Vorwort

Mit diesem Buch kannst du dich umfassend auf die Abschlussprüfung Deutsch vorbereiten und Unsicherheiten abbauen. In der Prüfung werden dir vier Aufgaben vorgelegt, die zwei alternative Aufsatzformen enthalten, die **Erörterung** und den **Textgebundenen Aufsatz**:

- Im Bereich der **Erörterung** wird ein Thema **mit Informationsmaterialien** gestellt, die für die Argumentation in der Erörterung verwendet werden können. Daneben gibt es weitere Themen ohne Zusatzmaterial.
- Beim **Textgebundenen Aufsatz** hast du bei der weiterführenden Aufgabe die Wahl zwischen einer argumentativen und einer **offenen Schreibaufgabe**.

Im **ersten Teil** des Buches findest du **Hinweise** zur Erörterung im Allgemeinen, zur Erörterung mit Informationsmaterialien und zum Textgebundenen Aufsatz. Techniken und Vorgehensweisen für die Anfertigung dieser Aufsatzformen werden zusammengefasst dargestellt und zur Veranschaulichung mit konkreten Beispielen erklärt.

Der **zweite Teil** enthält alle **Themen der Abschlussprüfungen vergangener Jahre** mit **Tipps und Hinweisen** zur Erschließung des Themas, zur Stoffsammlung und Strukturierung und dazu mögliche Gliederungen und einzelne Aufsatzbeispiele.
Die Lösungen sind Vorschläge und Anregungen, denn meist gibt es bei Gliederungen verschiedene Aufbaumöglichkeiten oder auch alternative Schwerpunktsetzungen. Gerade bei den weiterführenden Aufgaben ist die vorgegebene Lösung nur eine Möglichkeit von vielen.

Ein erfolgreicher Prüfungsaufsatz muss längst nicht alle Punkte der hier vorgeschlagenen Maximal-Gliederungen enthalten. Schließlich ist es bei einer **Arbeitszeit von 240 Minuten** auch gar nicht möglich, 20 oder mehr vollständige Argumente auszuarbeiten. Die jeweiligen **Oberpunkte** reichen aus, um die Themen vollständig zu erfassen. Die **Unterpunkte** stellen ein **Zusatzangebot** dar, mit dem du deine Argumente noch untermauern und umfassend begründen kannst. Ziel deiner Erörterung ist es, dass du die **wesentlichen Gesichtspunkte** eines Themas anschaulich und überzeugend erarbeitest. Achte darauf, dich nicht in einer Fülle von unwichtigen Einzelheiten zu verlieren.

Wichtig ist, dass du **selbstständig übst**, d. h., dass du die Aufgaben zunächst selbst löst. Die Lösungsvorschläge ermöglichen es dir, anschließend deine eigenen Ergebnisse zu kontrollieren, zu korrigieren oder zu ergänzen. Sieh dieses Buch als Möglichkeit an, dich unterrichtsbegleitend und über den Unterricht hinaus auf die Abschlussprüfung vorzubereiten.
Sollten nach Erscheinen dieses Bandes noch wichtige Änderungen in der Abschlussprüfung 2014 vom Kultusministerium bekannt gegeben werden, findest du aktuelle Informationen dazu im Internet unter www.stark-verlag.de/info.asp?zentrale-pruefung-aktuell.

Ich wünsche dir bei deiner Prüfungsvorbereitung viel Erfolg!

*Thomas Killinger*

# Stichwortverzeichnis

## Erörterung

## Erörterung mit Informationsmaterial



## Textgebundener Aufsatz

# Grundlegendes zur Erörterung

Jetzt kommt erst einmal eine ganze Menge Theorie auf dich zu. Theorie ist die Voraussetzung, diese Aufsatzart zu beherrschen, damit du dich der inhaltlichen und sprachlichen Ausarbeitung des Aufsatzes voll widmen kannst und keine Zeit mit der Klärung von Unsicherheiten verschwenden musst.

## 1 Begriffsbestimmung und Zielsetzung

„Für Deutsch kann man nicht lernen!" und „Später brauche ich das nie mehr!" sind beliebte Vorurteile, die das Training und die Vorbereitung auf Schulaufgaben und Prüfungen nicht eben erleichtern.

Das Wichtigste bei jeder Art von Vorbereitung und Training ist die Beantwortung der Frage „wozu?". Natürlich bereitet man sich vor, um eine möglichst gute Note zu erreichen. Doch ist die Frage mit dieser Antwort noch nicht ausreichend beantwortet.

➡ Beim **Erörtern** geht es vor allem um die Darlegung einzelner **Argumente**, für die man jeweils zunächst **Behauptungen** aufstellt, die man gut und stichhaltig **begründet**, mit vielfältigen **Beispielen** belegt und auch an **Folgen, Wirkungen** denkt.

Das Erörtern bestimmt weite Bereiche unserer alltäglichen Kommunikation, erst recht nach der Schulzeit. Wenn wir miteinander reden, ist damit immer eine Absicht verbunden, weil wir unser Gegenüber von etwas überzeugen wollen oder müssen bzw. weil unser Gesprächspartner uns von seiner Sicht der Dinge überzeugen will oder muss. Denke dabei an Gesprächsformen und -zusammenhänge im täglichen Leben, etwa beim Bewerbungsgespräch, beim Mitarbeitergespräch, beim Begründen und Abklären von Standpunkten in der Schule zwischen dir und deinen Mitschülern oder Lehrern, in der Teamarbeit, der Partnerschaft, zu Hause zwischen dir und deinen Eltern. Selbst wenn es nur um die Zeit geht, wie lange du abends oder am Wochenende weggehen darfst, mit **Argumenten** (Behauptung + Begründung + Beispiele + Folgen / Wirkungen) kommst du sicher am weitesten.

Eine Argumentation muss also überzeugen. Überzeugen kann nur, was anschaulich, nachvollziehbar und sachlich richtig ist. Stell dir vor, dass dein – in der Schulaufgabe nur in deiner Vorstellung vorhandenes – Gegenüber über den Sachverhalt so gut wie nichts weiß bzw. von deiner Sicht der Dinge zu überzeugen ist.
Die Erörterung, wie sie in der Prüfung verlangt wird, fordert von dir – je nach Aufgabenstellung – **Wissen** und **Erkenntnisse** aus **deinem eigenen Erfahrungsbereich** und **Sachwissen**, das dir der **Unterricht** in vielen Fächern vermittelt. Die verschiedenen **Medien** bieten sich als vielfältiges Informationsfeld erst recht dazu an. Also ist auch Zeitunglesen zum Beispiel durchaus eine sehr sinnvolle Form der Prüfungsvorbereitung!

Wenn du dich bei der Auswahl der Prüfungsthemen für diese Aufsatzform entscheidest, sind für dich Fähigkeiten wie logisches Denken, überzeugende inhaltliche Darstellung und natürlich auch gewandter Schreibstil und Kenntnisse in Rechtschreibung und Grammatik unerlässlich.

# 2 Die Erörterung – Schritt für Schritt

## 2.1 Thema und Themaerschließung

Alle Schritte der Analyse, des Sammelns und Ordnens usw. sind entscheidende Grundlagen für eine gelungene Argumentation. Deswegen musst du dir bei der Erschließung des Themas ganz sicher sein bzw. werden.

| | |
|---|---|
| **Das Thema** | Was wird von mir erwartet? Worüber schreibe ich?<br>Was ist die Grundlage für meine Argumentation? |
| **Themaanalyse** | Eine genaue Themaanalyse ist die Voraussetzung für eine exakte gedankliche Auseinandersetzung.<br>Eine ganz wichtige Frage dabei ist, welche<br>1. **Arbeitsaufträge**,<br>2. **Denkaufträge**,<br>3. **Hinweise** enthält das Thema?<br>Achte dabei besonders auf den **Vorspann**, der in vielen Aufgabenstellungen enthalten ist und meist aus einer (provokanten) Kernaussage besteht. |
| **Themabegriff** | Bestimme die Kernbegriff(e) des Themas, die auch der Kern deiner Erörterung und somit die **Grundlage deiner Argumentation** sind. Deshalb ist eine genaue und sichere Analyse erforderlich. |
| **Einschränkung/ Präzisierung** | In welchen **Teilbereichen** ist der Themabegriff zu bearbeiten? Wer ist davon betroffen? |
| **Hinweise zur Art der Auseinandersetzung mit dem Thema** | Enthält die Themenstellung Hinweise, wie du dich mit dem Thema auseinandersetzen und welche Gesichtspunkte du besonders beachten sollst (z. B. Möglichkeiten, Gefahren, Vorteile, Nachteile, ...)? |
| **Umsetzung in eine Themafrage** | Setze die Themenstellung in einen **selbst formulierten** Arbeitsauftrag um. |

## 2.2 Verschiedene Erörterungsarten

Man unterscheidet folgende Erörterungsarten:

- Bei einer **eingliedrigen** Erörterung wird **eine** Themafrage gestellt.

  *Beispiele:*

  Wie können Sie zum friedlichen Zusammenleben zwischen Deutschen und Ausländern beitragen?

  Energie ist kostbar. Zeigen Sie auf, wie der Energieverbrauch eingeschränkt werden kann.

- Bei einer **zwei- oder mehrgliedrigen** Erörterung müssen **mehrere** Themafragen beantwortet werden. Dabei unterscheidet man:

  1. Die **kontroverse** (gegenüberstellende) Erörterung, bei der **keine eigene Entscheidung** verlangt wird (z. B. Gegenüberstellung von Chancen und Gefahren, von Vorteilen und Nachteilen).

     *Beispiele:*

     Mehr Freizeit – eine Chance, aber auch ein Problem. (→ Vorteile, Nachteile)

     Was spricht dafür, was dagegen, nach Abschluss der Realschule ein Jahr im Ausland zu verbringen? (→ Vorteile, Nachteile)

  2. Die **kontroverse** Erörterung, bei der eine **eigene Entscheidung** verlangt wird (Entscheidungsfrage, stellungnehmende oder dialektische Erörterung).

     *Beispiele:*

     Viele Jugendliche hören leidenschaftlich Rock- und Popmusik.
     Wie stehen Sie dazu? (→ Vorteile, Nachteile, Entscheidung)

     Was halten Sie von einer weiteren Tempobegrenzung auf unseren Straßen?
     (→ Vorteile, Nachteile, Entscheidung)

  3. Die **zwei-** oder **mehrteilige** Erörterung, bei der mehrere **unterschiedliche** Themafragen gestellt werden.

     *Beispiele:*

     Warum ist für viele Jugendliche die Zugehörigkeit zu einer Clique wichtig?
     Welche negativen Einflüsse kann eine Clique auf den Einzelnen haben?

     Lärm beeinträchtigt unser Leben. Zeigen Sie Beispiele dafür auf und erörtern Sie Maßnahmen, was der Gesetzgeber und der Einzelne tun können, um den störenden Lärm zu vermindern.

Du solltest dir bei der Wahl und Analyse des Themas genügend Zeit lassen, dann zunächst die Art der Erörterung bestimmen und den Themabegriff herausarbeiten. Anschließend musst du alle weiteren Angaben aus der Aufgabenstellung herausziehen, die den Erörterungsauftrag genau festlegen (Präzisierung). Hierbei ist es wichtig, Einschränkungen des Themabegriffs zu erfassen und die Hinweise zur Art der Auseinandersetzung mit dem Thema zu erkennen.

Anhand des Beispielthemas

**Stellen Sie dar, wie man als Schüler das Schulleben mitgestalten kann, und erörtern Sie, wie die Mitschüler zur Mitarbeit zu bewegen sind!**

werden nun die einzelnen Arbeitsabläufe Schritt für Schritt erklärt.

*Beispielthema: Stellen Sie dar, wie* man als Schüler das **Schulleben** mitgestalten kann, und *erörtern Sie, wie* die Mitschüler zur *Mitarbeit* zu bewegen sind.

| | |
|---|---|
| **Erörterungsart:** | zweiteilig |
| **Themabegriff:** | **Schulleben** |
| **Präzisierung:** | Schüler bzw. Mitschüler und Mitgestaltung |

| | |
|---|---|
| **Erörterungsauftrag:** | *„Stellen Sie dar, wie …"* bedeutet: *Beiträge/Möglichkeiten* der Schüler zur Mitgestaltung des Schullebens<br>*„und erörtern Sie, wie …"* bedeutet: *Gründe/Argumente* für die Mitschüler zur Mitarbeit |
| **Themafrage:** | Mit welchen Beiträgen können Schüler das Schulleben mitgestalten und mit welchen Argumenten kann man die Mitschüler zu einer Mitarbeit bewegen? |

Weitere Beispiele für die Vorgehensweise bei der Erschließung des Themas findest du in den Lösungshinweisen zu verschiedenen Themen der einzelnen Jahrgänge.

## 2.3 Die Stoffsammlung

Eine gründliche Stoffsammlung ist der entscheidende Schlüssel für eine anschauliche Erörterung und die Erfassung wesentlicher Aspekte einer Themenstellung. Dazu bieten sich eine Reihe von Techniken an, von denen drei an dieser Stelle kurz vorgestellt werden. Weitere **Hinweise zur Stoffsammlung und Strukturierung** findest du in den Lösungen zu verschiedenen Themen der einzelnen Jahrgänge.

### W-Fragen-Methode

Hierbei musst du zu **Kernbegriffen** des jeweiligen Themas (Themabegriff, Einschränkungen/Präzisierungen, Hinweise zur Auseinandersetzung mit dem Thema) eine möglichst große Zahl von W-Fragen stellen, wobei sich aus den einzelnen Antworten wieder neue W-Fragen ergeben und somit die Basis deiner Stoffsammlung immer breiter wird und bereits Material für Begründungen und Beispiele enthält. Gleichzeitig helfen dir die W-Fragen auch schon dabei, den Stoff für die Gliederung zu ordnen.

➡ Mit folgenden **W-Fragen** kannst du an ein Thema herangehen:

| | |
|---|---|
| Wer? | Welche Möglichkeiten? |
| Was? | Welche Folgen/Auswirkungen? |
| Wann? | Welche Bereiche/Aspekte? |
| Wo? | Welche Vorteile? |
| Wie? | Welche Nachteile? |
| Warum? | Welcher Gewinn? |
| Wozu? | Welche Belastungen? |
| Welche Ursachen? | Welche Schwierigkeiten? |
| Welche Gründe/Motive? | usw. |

*Beispielthema:*

| W-Frage | Antworten | → weitere W-Fragen | Antworten |
|---|---|---|---|
| **Was ist Schulleben?** | Aktivitäten außerhalb der Unterrichtszeit | → Welche Aktivitäten? | Schulfest, Schülerzeitung, Schulwettbewerbe, Schulgarten, Klassenzimmergestaltung, Schulhausgestaltung … |

| | | | |
|---|---|---|---|
| | Miteinander der Schüler | → Welche Möglichkeiten? | Nachhilfe, Arbeitsgemeinschaften, Ausflugsgestaltung, Klassenfahrtgestaltung, Spendenaktionen, Streitschlichter … |
| | Mitgestaltung bei der Organisation | → Welche Bereiche? | Schülermitverantwortung, Schulforum, Klassenämter … |
| **Warum soll man mitarbeiten?** | Verbesserung der Schulsituation | → Welche positiven Auswirkungen? | Belebung des Schulalltags<br>→ Verbesserung der Atmosphäre<br>→ Verbesserung des Miteinanders von Schülern und Lehrern<br>→ Verbesserung des Wir-Gefühls<br>→ entspannteres Zusammenleben<br>→ Verbesserung der Kommunikation<br>→ Verbesserung der Gerechtigkeit … |
| | persönlicher Gewinn | → Worin besteht der persönliche Gewinn? | Erlernen wichtiger Schlüsselqualifikationen, Vertiefung und Förderung von Begabungen, persönlichen Fähigkeiten und Interessen |
| | | → Welche Schlüsselqualifikationen? | Teamfähigkeit, Übernahme von Verantwortung, Erweiterung organisatorischer Fähigkeiten, Konfliktlösungs- und Kompromissfähigkeit … |
| | | → Welche Begabungen, persönlichen Fähigkeiten und Interessen? In welchen Bereichen? | künstlerisch, musikalisch, Kommunikation, Computer, Technik, Fotografie … |
| | | → Welche Folgen? | Erwerb und Training weiterer Qualifikationen, Erlernen der Übernahme von Verantwortung, Einüben unterschiedlicher Kommunikationsformen, Erwerb zusätzlicher und hilfreicher Fähigkeiten für die Berufswahl oder Bewerbung |

Mithilfe einzelner übergeordneter W-Fragen lässt sich bereits eine Struktur der Stoffsammlung für die Gliederung erarbeiten:

1. In welchen Bereichen können Schüler an der Mitgestaltung des Schullebens mitarbeiten?
2. In welchen Bereichen wirkt sich die Mitarbeit positiv aus?
   Wer oder was profitiert davon?

**Unstrukturierte Stoffsammlung – „Brainstorming" zur Themafrage**

Hierzu solltest du auf jeden Fall ein Blatt Papier nehmen. Teile es bei einem zweiteiligen bzw. kontroversen Thema in zwei gleich große Spalten ein und schreibe darüber den jeweiligen Teil der Themafrage.

*Beispielthema:*

| **Mit welchen Beiträgen können Schüler das Schulleben mitgestalten?** | **Mit welchen Argumenten kann man sie zu einer Mitarbeit bewegen?** |
|---|---|
| Klassensprecher,<br>Schülermitverantwortung,<br>Klassenzimmergestaltung,<br>Ausflüge/Klassenfahrten,<br>Schulforum,<br>Schulwettbewerbe,<br>Projekte,<br>Schülerzeitung,<br>Schulfeste,<br>Nachhilfe,<br>Spendenaktionen,<br>Arbeitsgemeinschaften,<br>Konfliktlösungs- und Streitschlichterprogramme … | mehr Gerechtigkeit,<br>Übernahme von Verantwortung,<br>Verbesserung des Verhältnisses untereinander,<br>Verbesserung des Verhältnisses zu den Lehrern,<br>mehr Wir-Gefühl,<br>Schulleben nicht so eintönig,<br>Schülerinteressen,<br>organisatorische Fähigkeiten üben,<br>Teamfähigkeit,<br>Kommunikationsfähigkeit,<br>Kompromissbereitschaft,<br>Begabungen fördern,<br>Interessen vertiefen … |

**Cluster (engl. „Haufen")**

Auch für die Methode des Clustering benötigst du ein Blatt Papier (am besten im Querformat). Schreibe den zentralen Begriff (Themabegriff) in die Mitte des Blattes innerhalb eines Kreises. Notiere spontan und noch ungeordnet um den Themabegriff die Gesichtspunkte, die dir dazu einfallen.

## 2.4 Die Stoffordnung

### Stoffordnung mithilfe von Symbolen und Farben

Um von der Stoffsammlung zur Stoffordnung zu gelangen, musst du – vor allem bei der ungeordneten Stoffsammlung – **Oberbegriffe** erarbeiten, die zu den entsprechenden **Unterbegriffen**, die du in deiner Liste hast, inhaltlich passen. Verwende dazu am besten **Farben oder Symbole**, die du klar definierst, und setze diese vor die einzelnen Begriffe. Vielleicht fallen dir beim Strukturieren auch noch Ungenauigkeiten und Lücken auf und es zeigt sich, dass du deine Unterbegriffe noch ergänzen musst. Oft ist es, je nach Themenstellung, auch notwendig, dass du zu deinen Unterbegriffen noch **Unterpunkte** finden musst.

*Beispielthema:*

■ Klassensprecher
■ Schülermitverantwortung
▲ Klassenzimmergestaltung
○ Ausflüge, Klassenfahrten
■ Schulforum
○ Schulwettbewerbe
○ Projekte
○ Schülerzeitung
○ Schulfest
▲ Nachhilfe
○ Spendenaktionen
▲ Arbeitsgemeinschaften
▲ Streitschlichter

Zeichenerklärung:
■ Oberbegriff: organisatorische Aufgaben
○ Oberbegriff: außerunterrichtliche Aktivitäten
▲ Oberbegriff: soziales Miteinander der Schüler

Oft bewähren sich auch einfache **Begriffsreihen**, um den Stoff nach gleichwertigen Oberbegriffen in Bereiche zu ordnen, beispielsweise

- körperlich/geistig/seelisch
- der Einzelne/die Gruppe/Einrichtungen/der Staat/die Gesellschaft
- individuell/allgemein
- der Einzelne/die Familie/die Gesellschaft
- Politik/Wirtschaft/Kultur/Wissenschaft
- persönlich/wirtschaftlich/sozial/politisch

usw.

Diese lassen sich dann anhand des jeweiligen Themas inhaltlich präzisieren.

### Mindmap

Eine Mindmap ist eine bereits **geordnete Gedanken- oder Ideenlandkarte**, die sowohl den Verstand als auch die Sinne anspricht.
Im Unterschied zum Cluster ist die Mindmap strukturiert und kann auch farblich oder zeichnerisch gestaltet sein. Die um den Themabegriff notierten Gesichtspunkte verbindest du dabei mit Linien, die sich verästeln können und so Über- und Unterordnungen veranschaulichen: Mithilfe von vorher erarbeiteten Leitbegriffen zum Thema (Oberbegriffe) lassen sich „**Hauptäste**“ zeichnen, die direkt vom „**Stamm**“ des Themabegriffs abzwei-

gen und sich wiederum in einzelne „**Zweige**" (Unterbegriffe) und – falls vorhanden – „**Unter-Zweiglein**" (untergeordnete Gesichtspunkte) verästeln können.

*Beispielthema:*

In welche Bereiche kann man die Möglichkeiten der Mitgestaltung einteilen?

1. Außerunterrichtliche Aktivitäten
2. Organisatorische Aufgaben
3. Miteinander der Schüler

Diese ermittelten Bereiche sind die Namen der vier „Hauptäste", die vom „Stamm", dem Kern der Themafrage, abzweigen. Von diesen „Hauptästen" wachsen nun deine Ideen, die du zuvor im Clustering notiert hast, als „Zweige" weiter.

Beim zweiten Teil der Themafrage kannst du dann genauso vorgehen.

Eine vollständige Mindmap für das Beispielthema könnte folgendermaßen aussehen:

## 2.5 Die Gliederung

Die Gliederung ist sowohl das geordnete **Inhaltsverzeichnis** deines Aufsatzes, mit dem ein Leser schnell einen Überblick gewinnen kann, als auch dein eigener **Arbeitsplan** für die Ausarbeitung deines Aufsatzes. Für deine folgende Auseinandersetzung mit dem Thema kannst du sie wie einen „roten Faden“ benutzen: An deine Gliederung musst du dich unbedingt halten!
Dabei ist es wichtig, dass deine Gliederung in sich **stimmig und schlüssig** aufgebaut ist. Führe lieber wenige **wichtige Argumente** an, die du dann in deinem Aufsatz auch ausführlich und anschaulich ausarbeiten kannst, als dass du dich in einer Vielzahl von eher unwichtigen und oberflächlichen Einzelargumenten verzettelst. Nicht die Vollständigkeit der Argumente ist entscheidend, sondern ihre **Überzeugungskraft**.
Gliedere innerhalb der Unterbegriffe entweder **vom weniger Wichtigen zum Wichtigen** oder vom weniger Bekannten zum Bekannten.

Grundsätzlich gibt es zwei Formen der Gliederung, die **konventionelle** und die **nummerische Gliederung**, die beide gleichwertig sind.

**1. Die konventionelle Gliederung**

A. Einleitung
B. Themafrage
    I. Oberbegriff
        1. Unterbegriff
            a) Unterpunkt
            b) Unterpunkt
        2. Unterbegriff
            a) Unterpunkt
            b) Unterpunkt
    II. Oberbegriff
        …
        …
C. Schluss

**2. Die nummerische Gliederung**

A. Einleitung
B. Themafrage
    1 Oberbegriff
        1.1 Unterbegriff
        1.1.1 Unterpunkt
        1.1.2 Unterpunkt
        1.2 Unterbegriff
        1.2.1 Unterpunkt
        1.2.2 Unterpunkt
    2 Oberbegriff
        …
        …
C. Schluss

In den meisten Fällen reicht dir sicher die hier angegebene „Tiefe“ der Untergliederung (Oberbegriff – Unterbegriff – Unterpunkt) aus, da du ja mit deiner Gliederung nur eine Übersicht und nicht bereits den genauen Inhalt deines Aufsatz wiedergeben willst.

**Einige Grundregeln für die äußeren Form und die Formulierung:**

- Bei der **nummerischen Gliederung** steht **hinter** der jeweils letzten arabischen **Ziffer kein Punkt**.
- Das **erste Wort** eines Ober-/Unterbegriffs bzw. Unterpunkts beginnt mit einem **Großbuchstaben**, auch wenn dieser nicht als Satz formuliert ist.
- Verwende für **Einleitungs- und Schlussgedanken** immer **ganze Sätze**, die Themafrage kannst du entweder als Frage oder Wortgruppe formulieren.
- Formuliere die Ober-/Unterbegriffe bzw. Unterpunkte einheitlich im **Nominalstil** (Wortgruppe mit substantiviertem Verb im Mittelpunkt, z. B. **Organisieren** von Spendenaktionen) oder im **Verbalstil** (ganze Sätze, z. B. Die Schüler **organisieren** Spendenaktionen).

*Beispielthema:*

**A. Die Schüler bringen sich viel zu wenig in das Schulleben ein**

**B. Mit welchen Beiträgen können Schüler das Schulleben mitgestalten und mit welchen Argumenten kann man die Mitschüler zu einer Mitarbeit bewegen?**

**1 Beiträge der Schüler zur Mitgestaltung des Schullebens**

1.1 Übernahme organisatorischer Aufgaben
1.1.1 Mitwirken beim Schulforum
1.1.2 Übernahme von Klassenämtern
1.1.3 Mitarbeit in der Schülermitverantwortung

1.2 Außerunterrichtliche Aktivitäten
1.2.1 Beteiligung an Schulwettbewerben und Sportwettkämpfen
1.2.2 Mitarbeit bei außerunterrichtlichen Projekten
1.2.3 Mitarbeit an der Schülerzeitung oder am Schulradio
1.2.4 Engagement bei Schulfesten

1.3 Soziales Miteinander der Schüler
1.3.1 Gestaltung des Schulhauses und des Klassenzimmers
1.3.2 Mitgestaltung von Ausflügen oder Klassenfahrten
1.3.3 Organisieren von Spendenaktionen
1.3.4 Gründung von Arbeitsgemeinschaften
1.3.5 Lernhilfen für schwache Schüler
1.3.6 Übernahme eines Streitschlichteramtes

**2 Argumente, Mitschüler zu einer Mitarbeit zu bewegen**

2.1 Verbesserung des Schulklimas
2.1.1 Belebung des Schulalltags
2.1.2 Verbesserung des Verhältnisses zwischen Lehrern und Schülern
2.1.3 Stärkung des Wir-Gefühls
2.1.4 Verbesserung des Verhältnisses zwischen der Schülern

2.2 Persönlicher Gewinn
2.2.1 Übernahme von Verantwortung
2.2.2 Einüben organisatorischer Fähigkeiten
2.2.3 Förderung von Begabungen und persönlichen Interessen
2.2.4 Förderung der Konfliktlösungsfähigkeit
2.2.5 Stärkung der Teamfähigkeit

**C. Die Gesellschaft ist auf engagierte Menschen angewiesen**

# 3 Die Ausarbeitung des Aufsatzes

## 3.1 Die Einleitung

Die Erörterung besteht aus der **Einleitung**, dem **Hauptteil** mit der Darlegung der Argumente und dem **Schluss**. Je gründlicher du die einzelnen Schritte der Vorarbeit (2.1 bis 2.5) ausgeführt hast, desto leichter fällt dir eine überzeugende schriftliche Ausarbeitung.

> ➡ Die Einleitung soll **gezielt** auf das Thema hinführen, das bedeutet
> - den Leser auf das Nachfolgende vorzubereiten,
> - Interesse und Neugier zu wecken,
> - Hintergrundinformationen zum Thema zu bringen und
> - die Themafrage zu entwickeln.

Jede Einleitung besteht aus **drei Teilen:**

1. Einleitungsgedanke
2. Überleitung zur Themafrage
3. Themafrage

Es bieten sich verschiedene Möglichkeiten für einen **Einleitungsgedanken** an:
(*Hinweis:* Als Kurzform (Satz) erscheint dieser Gedanke auch in der Gliederung.)

- persönliches Erlebnis, persönliche Erfahrung
- aktuelles Ereignis
- allgemeine Feststellung / Tatsache
- geschichtlicher Rückblick oder Vergleich der Vergangenheit mit der Gegenwart
- Definition des/der Kernbegriffs/e
- Vergleich mit Ähnlichem oder Gegenüberstellung mit Gegensätzlichem
- Zitat, Sprichwort, Redensart, Motto
- statistisches Zahlenmaterial

> ➡ Achte in der Einleitung darauf,
> - **keine Argumente** vorwegzunehmen,
> - nicht mehrere Einleitungsvarianten gleichzeitig zu verwenden,
> - genau zu überprüfen, welche **Einleitungsvariante** gut zum Thema passt,
> - eine sinnvolle, d. h. inhaltlich passende **Überleitung** zur Themafrage zu formulieren.

*Einleitung zum Beispielthema (persönliche Erfahrung):*

Viele Schülerinnen und Schüler bringen sich heutzutage in der Regel zu wenig in die Mitgestaltung des Schullebens ein. Diese Beobachtung kann man nicht nur an unserer Schule machen, wo sich viele nicht von den Aktivitäten angesprochen fühlen und eine Menge an Begründungen finden, warum sie keine Zeit oder keine Lust haben. Oft wird dabei über den Leistungsdruck und den enormen Zeitaufwand geklagt, den man für die Vorbereitung benötigt. Andere winken einfach deswegen ab, weil sie die Qualität der Aktivitäten für nicht sehr ansprechend hal-

Einleitungsgedanke (Behauptung)
Begründung
Beispiele

ten. Gerade weil aber jeder Schüler ein aktiver Teil seiner Schule sein sollte und das Schulleben mit der Bereitschaft der Betroffenen steht und fällt, muss man sich die Frage stellen, mit welchen Beiträgen Schüler das Schulleben mitgestalten können und mit welchen Argumenten man sie zu einer Mitarbeit bewegen kann. Überleitung Themafrage

## 3.2 Der Hauptteil

> Im anschließenden Hauptteil musst du alle **Argumente** entsprechend der Reihenfolge in der Gliederung **ausführen**.

Argumentieren bedeutet so viel wie beweisen, begründen. Es kommt also darauf an, dass du deine **Gedanken** anhand realistischer Beispiele möglichst **überzeugend begründest**. Grundsätzlich gilt, Ziel der Argumentation und somit der Erörterung ist eine anschauliche und somit überzeugende Auseinandersetzung mit den wesentlichen Gesichtspunkten einer Themafrage.

> Ein **Argument** besteht dabei in der Regel aus folgenden Teilen/Bausteinen:
> 1. Überleitung
> 2. Behauptung, veranschaulicht durch
> 3. Begründung(en) und
> 4. Beispiel(e)
> 5. ggf. Folge(n)/Wirkungen, Auswirkungen als Abrundung
>
> (6. Überleitung zum nächsten Argument)

In manchen Sprachbüchern wird nur die Behauptung (2.) als Argument bezeichnet und die Veranschaulichung (3.–5.) dann als Argumentation. Letztlich hat dies aber keine Auswirkung auf deine Ausarbeitung: Entscheidend ist es für dich, auf die **vollständige Erfüllung der oben genannten Bausteine** zu achten.

Nach jedem Argument wird ein Absatz gemacht. Die Argumente sollten sprachlich verknüpft werden. Auch der Übergang zum nächsten Oberpunkt oder zum nächsten Teilbereich des Themas sollte sprachlich gestaltet werden.

*Ausschnitt aus dem Hauptteil zum Beispielthema*
*(Argument „Mitarbeit in der Schülermitverantwortung"):*

Die Übernahme eines Klassenamtes bringt auch die Möglichkeit mit sich, innerhalb der sogenannten Schülermitverantwortung aktiv zu werden. In der SMV arbeiten die Klassensprecherinnen und Klassensprecher mit den Verbindungslehrern zusammen an einem außerunterrichtlichen Zusatzangebot für die Schüler. Außerdem wählt die Klassensprecherversammlung die Schülersprecher, die die wichtigsten Vertreter der Schüler nach außen darstellen. Wie der Name schon sagt, übernehmen hier Schüler Mitverantwortung auch bei der Gestaltung des Schullebens, beispielsweise bei der Durchführung von Schulfesten, bei der Organisation von Tanzkursen usw. Außerdem sind die Mitglieder der SMV Ansprechpartner für alle Schüler. Ein aktives Mitglied ist in der Lage, Verknüpfung von 1.1.2 mit 1.1.3 Behauptung 1.1.3 Begründung Beispiele

Bedürfnisse der Schüler aufzugreifen und einzubringen, z. B. in Form eines Filmnachmittags oder eines SMV-Bergwandertags an einem Samstag. Sich in der SMV zu engagieren bringt also die Chance, sich sowohl für die Bedürfnisse der Schüler einzusetzen bzw. deren Ansprechpartner zu sein als auch sich aktiv mit den Verbindungslehrern an der Aktivierung des Schullebens zu beteiligen. Folge/Wirkung

➡ Um die einzelnen Argumente zu verbinden, musst du geschickt **überleiten**.

Hier bieten sich an:

- Adverbien und Konjunktionen (z. B. außerdem, zusätzlich, daneben, jedoch, aber …),
- sprachliche Wendungen (z. B. Man darf nicht vergessen, dass …; Hinzu kommt, dass …; Zu nennen ist …),
- Aufgreifen des vorangehenden Gesichtspunktes oder der Themafrage (z. B. Neben den Vorteilen aus … ergeben sich aber auch positive Folgen für …).

Während deiner Vorbereitungsphase solltest du dir eine Reihe von Verknüpfungen und Überleitungen zurechtlegen, notieren und einprägen. Beispiele findest du auch bei den ausgearbeiteten Erörterungen zu einzelnen Prüfungsthemen.

➡ Verwende **Verben des Argumentierens**, um zu überzeugen.

Häufig verwendete Verben des Argumentierens sind beispielsweise:

- Verben mit Präposition und Akkusativ: anknüpfen an, sich wenden an, abzielen auf, sich berufen auf, reagieren auf, verzichten auf, zählen auf, appellieren an, sich entscheiden für, klagen über …
- Verben mit Präposition und Dativ: arbeiten an, sich beteiligen an, sich stören an, sich befassen mit, beruhen auf, beharren auf, resultieren aus, unterscheiden zwischen, streben nach, fragen nach …

Während deiner Vorbereitungsphase solltest du dir eine Reihe von Verben des Argumentierens erarbeiten, aufschreiben und fest einprägen.

## 3.3 Der Schluss

➡ Der Schluss soll die Erörterung **abrunden**.

Das heißt, du solltest vermeiden, einen x-beliebigen Schlussgedanken „anzukleben".
Du stehst vor der Aufgabe, deine Ausführungen noch einmal zu überdenken.

Als **Schlussgedanken** bieten sich u. a. an:

- Zusammenfassung wichtiger Gesichtspunkte
- Folgerung aus dem Geschriebenen
- begründete persönliche Stellungnahme
- Einschränkung des Themabereichs
- Vergleich mit ähnlicher Thematik
- gegensätzlicher Gedanke
- weiterführender Gedanke
- Wunsch

*Schluss zum Beispielthema:*

Sowohl die Vielzahl an Möglichkeiten, sich an der Gestaltung des Schullebens zu beteiligen, als auch die Vorteile, die die Schulgemeinschaft und jeder Einzelne aus dem Engagement ziehen können, lassen mich zu dem Schluss kommen, dass auch die Gesellschaft als Ganzes auf engagierte Menschen angewiesen ist. Unser Miteinander würde nicht nur ein großes Stück ärmer werden, wenn nicht gar in manchen Bereichen nicht mehr funktionieren, wenn es keine engagierten Menschen mehr gäbe. Man stelle sich nur einfach vor, niemand würde mehr ehrenamtlich im sozialen Bereich, etwa in der Jugendarbeit oder Altenhilfe tätig sein. Genauso negativ würden die Auswirkungen ausfallen, wenn sich immer mehr Menschen aus der aktiven Arbeit in den unzähligen Vereinen in unserem Land zurückziehen würden. Unsere Schulen sind Übungs- und Vorbereitungsfeld für die aktiven Mitglieder unserer Gesellschaft von morgen.

Überleitung
Schlussgedanke
Begründung
Beispiele
Abrundung

Achte bei der Ausarbeitung deines Schlussgedankens auf Folgendes:

- **Vermeide** rein inhaltliche **Wiederholungen** aus dem Hauptteil.
- Verwende aber auch **keine neuen Argumente**, die eigentlich noch in den Hauptteil gehören.
- Nimm dir gerade für die Ausformulierung des Schlussteils genügend Zeit, damit deine Erörterung genauso **überzeugend** endet, wie sie beginnt.

## Hinweise zum Üben der Erörterung

Vollständige **Gliederungs- und Aufsatzbeispiele**, die die einzelnen Arbeitsschritte der Erörterung berücksichtigen und darstellen, findest du in den **Lösungsvorschlägen zu den Abschlussprüfungen**. Verwende sie nicht nur als Anschauungsmaterial, sondern als Grundlage zu eigenständigen Übungen:

- **Einüben der Gliederung:** Nimm nur das Thema aus dem Vorspann zum jeweiligen Prüfungsjahrgang und erarbeite dann selbstständig eine Gliederung. Vergleiche hinterher deine Lösung mit der hier vorgeschlagenen Gliederung und überarbeite sie gegebenenfalls.
- **Einüben der vollständigen Ausarbeitung:** Orientiere dich zunächst an den vorgeschlagenen Gliederungen und formuliere dazu einzelne Bereiche oder den ganzen Aufsatz aus. Wenn du dir schon sicherer bist: Sieh dir nur die Aufgabenstellung an und entwirf eine eigene Gliederung mit einem vollständigen Aufsatz. Vergleiche und überarbeite deine Lösungen mithilfe der Lösungsmöglichkeiten in diesem Buch.

Beachte dabei aber, dass es sich hier um Lösungsvorschläge und „Maximallösungen“ handelt, die von dir in diesem Umfang nicht unbedingt erwartet werden, um als sehr gute Arbeit zu gelten.

**„Roter Faden“ zur Erörterung**

1. **Lies** alle Themen sorgfältig durch und analysiere sie.

2. **Wähle** ein Thema, das du eindeutig analysiert hast und verstehst.
   Bestimme die Art der Erörterung.

3. **Analysiere** nun das gewählte Thema genau nach Themabegriff, Einschränkung, Präzisierung und möglichen Hinweisen zur Art der Auseinandersetzung.

4. Wende zur **Stoffsammlung** eine der hier vorgeschlagenen Techniken an (W-Fragen, ungeordnete Stoffsammlung, Clustering).

5. **Ordne** den Stoff nach Oberbegriffen, Unterbegriffen und gegebenenfalls Unterpunkten. Denke dabei auch an die Bildung von Begriffsreihen.
   Wende zur Stoffordnung eine der hier vorgeschlagenen Techniken an (Markierung der Begriffe mit Farben und Symbolen, Mindmap).

6. Ergänze das nun erarbeitete Gliederungsgerüst durch **Einleitungs**- und **Schlussgedanken**.

7. Formuliere die **Gliederung** endgültig, achte dabei auf ein schlüssiges Gliederungsprinzip (z. B. vom weniger Wichtigen zum Wichtigen) und eine einheitliche sprachliche Darstellung (Nominalstil oder Verbalstil).
   Beachte dabei auch die Grundregeln für die äußere Form und die Formulierung der Gliederung.

8. Gestalte die **Einleitung** nach einer geeigneten Variante und halte dich an den dreiteiligen Aufbau (Einleitungsgedanke, Überleitung und Themafrage).

9. Formuliere alle **Argumente** vollständig nach dem Argumentationsschema:
   Behauptung – Begründung – Beispiel – Folge/Wirkung – Überleitung.
   Beachte sprachliche Verknüpfungen auch zwischen den einzelnen Teilbereichen der Themafrage bzw. zwischen den Oberbegriffen.

10. Runde die Erörterung sinnvoll mit einem anschaulichen **Schluss** ab.

11. Achte bei der Ausarbeitung immer auf den **Sinn** deiner Formulierungen.

12. Überarbeite deinen Aufsatz abschließend nach den obigen Punkten.
    Beachte dabei besonders auch die **äußere Form** (Absätze, Schrift) sowie die **Rechtschreibung** und **Grammatik**.
    Verbessere umgangssprachliche Ausdrücke, Wiederholungen und Hilfsverbstil (Vermeidung von „ist“ und „hat“).

Den „Roten Faden zur Erörterung“ kannst du auch als „Stichwortzettel“ verwenden, um zu überprüfen, ob du alle Schritte der Erörterung beherrschst.

# 4 Aufsatzbeispiel

*Das Aufsatzbeispiel ist in diesem Fall umfangreicher gestaltet, weil es eine möglichst große Vielfalt an Antworten zeigen will. Eine Lösung in dieser Ausführlichkeit wird von dir sicher nicht erwartet und ist auch in der vorgegebenen Zeit der Prüfung nicht zu schaffen.*

*(Die Buchstaben und Ziffern am Rand dienen der Orientierung und sind nicht Teil der Ausarbeitung.)*

| | |
|---|---|
| Viele Schülerinnen und Schüler bringen sich heutzutage in der Regel | **A. Einleitung** |
| zu wenig in die Mitgestaltung des Schullebens ein. Diese Beobachtung | (Behauptung) |
| kann man nicht nur an unserer Schule machen, wo sich viele nicht von den Aktivitäten angesprochen fühlen und eine Menge an Begründungen vorbringen, warum sie keine Zeit oder keine Lust haben. Oft | Begründung |
| wird dabei über den Leistungsdruck und den enormen Zeitaufwand geklagt, den man für die Vorbereitung benötigt. Andere winken einfach deswegen ab, weil sie die Qualität der Aktivitäten für nicht | Beispiele |
| sehr ansprechend halten. Gerade weil aber jeder Schüler ein aktiver Teil seiner Schule sein sollte und das Schulleben mit der Bereitschaft | Überleitung |
| der Betroffenen steht und fällt, muss man sich die Frage stellen, mit welchen Beiträgen Schüler das Schulleben mitgestalten können und mit welchen Argumenten man sie zu einer Mitarbeit bewegen kann. | Themafrage |
| Schüler können einen ganz erheblichen Beitrag dazu leisten, das | **B. Hauptteil** |
| Schulleben und alles, was dazugehört, mitzugestalten. Sie können | 1 1.1 |
| dabei auch eine Reihe organisatorischer Aufgaben übernehmen. | Überleitung zu 1.1.1 |
| In Form einer Mitwirkung im Schulforum, das es an manchen Schulen gibt, können Schüler an der organisatorischen Gestaltung des | **Behauptung 1.1.1** |
| Schulalltags mitwirken und so auch die Belange ihrer Mitschüler einbringen. In einem solchen Gremium arbeiten Vertreter von Schulleitung, Lehrern, Eltern und – was hier besonders von Belang ist – von Schülern beispielsweise an der Lösung organisatorischer Fragen. Hier | Begründung |
| kann es unter anderem um die Regelung der Pausen gehen, die Festlegung von Jahresthemen oder die Erarbeitung von Grundregeln für die Durchführung von Klassenfahrten usw. Man kann an den wenigen | Beispiele |
| Beispielen erkennen, wie wichtig es ist, wenn die Schülerinnen und Schüler eine Stimme in einer solchen Runde besitzen, die ihre Vorstellungen einbringt, denn schließlich betreffen viele Entscheidungen vor allem diese Gruppe. | Folgerung |
| Doch gibt es auch Aufgaben, die an allen Schulen erfüllt werden können und müssen und die, wenn sie aktiv wahrgenommen werden, von | Verknüpfung mit 1.1.2 |
| großer Bedeutung sind. Mit der Bereitschaft, ein Klassensprecheramt | **Behauptung 1.1.2** |
| zu übernehmen, stehen sie nicht nur dem Klassenleiter hilfreich zur Seite, wenn es beispielsweise darum geht, die Klasse immer auf dem aktuellen Informationsstand zu halten. Als Klassensprecher vertreten sie insbesondere die Klasse und ihre Vorstellungen und Wünsche gegenüber den Lehrern und den anderen Klassen. Auch können Klassensprecher von sich aus mit ihren Klassen Aktivitäten beisteuern, die der Schulgemeinschaft zugutekommen, wie zum Beispiel Aufgaben bei einer Veranstaltung zu übernehmen oder Programmpunkte beim Schul- | Begründungen mit Beispielen |
| fest zu gestalten. Darüber hinaus gibt es noch weitere Funktionen und Klassenämter, die Schüler übernehmen können und die das Miteinander in der Klasse vereinfachen. In Frage kommen beispielsweise die | Ausweitung |

| | |
|---|---|
| Führung des Absentenbuches, die Verwaltung der Klassenkasse oder die Verantwortlichkeit für die Vollständigkeit des Klassentagebuchs. | |
| Die Übernahme eines Klassenamtes bringt auch die Möglichkeit mit | Verknüpfung mit 1.1.3 |
| sich, innerhalb der sogenannten Schülermitverantwortung aktiv zu | **Behauptung 1.1.3** |
| werden. In der SMV arbeiten die Klassensprecherinnen und Klassensprecher mit den Verbindungslehrern zusammen an einem außerunterrichtlichen Zusatzangebot für die Schüler. Außerdem wählt die Klassensprecherversammlung die Schülersprecher, die die wichtigsten Vertreter der Schüler nach außen darstellen. Wie der Name schon sagt, übernehmen hier Schüler Mitverantwortung auch bei der Gestal- | Begründung |
| tung des Schullebens, beispielsweise bei der Durchführung von Schulfesten, bei der Organisation von Tanzkursen usw. Außerdem sind die Mitglieder der SMV Ansprechpartner für alle Schüler. Ein aktives Mitglied ist in der Lage, Bedürfnisse der Schüler aufzugreifen und einzubringen, z. B. in Form eines Filmnachmittags oder eines SMV-Berg- | Beispiele |
| wandertags an einem Samstag. Sich in der SMV zu engagieren, bringt also die Chance, sich sowohl für die Bedürfnisse der Schüler einzusetzen bzw. deren Ansprechpartner zu sein als auch sich aktiv mit den Verbindungslehrern an der Aktivierung des Schullebens zu beteiligen. | Folge / Wirkung |
| Neben der Erfüllung organisatorischer Aufgaben, mit denen sich Schüler aktiv am Schulleben beteiligen können, gibt es auch den wichtigen | Überleitung zu 1.2 |
| Bereich außerunterrichtlicher Aktivitäten. Jeder kann je nach Interesse und Fähigkeiten an Schulwettbewerben oder Sportwettkämpfen teil- | **Behauptung 1.2.1** |
| nehmen. Je mehr solcher Aktivitäten aufgrund des Schülerinteresses stattfinden können, desto mehr tragen sie zu einem vielfältigen Schulleben bei und wecken so eventuell das Interesse anderer Schüler oder Klassen, sich dabei zu engagieren. Außerdem stellen Wettbewerbe durchaus eine Möglichkeit dar, die Schule nach außen hin zu vertreten, sie bekannter zu machen und etwas für das Ansehen der eigenen Schule zu tun. Nicht nur vom Kultusministerium, sondern von vielen Einrichtungen und Organisationen werden Wettbewerbe angeboten. | Begründung |
| Als Beispiele sind etwa das „Planspiel Börse" der Sparkassen, der Wettbewerb „Erdkunde-Wissen" oder die vielen Wettbewerbe aus | Beispiele |
| dem Bereich der Informationstechnologie zu nennen. Das Mitmachen eröffnet nicht nur Gewinnchancen, sondern ist auch eine gute Möglichkeit, sein eigenes Wissen auf vielen Gebieten zu vertiefen. | Folge / Wirkung |
| Daneben laufen an vielen Schulen außerunterrichtliche Projekte, die | Verknüpfung mit 1.2.2 |
| von der Mitarbeit der Schüler leben und oft auf die Verbesserung des | **Behauptung 1.2.2** |
| Schulklimas oder die Schaffung neuer Möglichkeiten für ein vielfälti- | Begründung |
| ges Schulleben abzielen. Auf diese Weise konnte an meiner Schule im Rahmen eines mehrjährigen Schulgartenprojekts eine Art grünes Klassenzimmer gestaltet werden, das allen zugutekommt und oft für besondere Stunden genutzt wird und darüber hinaus auch ein Anschauungsort für den Biologieunterricht ist. | Beispiel |
| Was wäre eine lebendige Schule ohne eine Schülerzeitung oder ein | Verknüpfung mit 1.2.3 |
| Schulradio? Gerade diese beiden Aktivitäten bedürfen der Hilfe und | **Behauptung 1.2.3** als |
| des Engagements vieler. Damit eine Sendung entstehen kann oder die nächste Ausgabe einer Schülerzeitung druckreif ist und genügend informative bzw. unterhaltsame Artikel enthält, sind viele Arbeitsstunden nötig und die Schüler müssen einiges ihrer Freizeit opfern. Bei | Frage, Begründung |
| uns an der Schule gibt es sogar ein eigenes Wahlfach, das die Arbeitsgruppe für die Schülerzeitung unterstützt, und die Beteiligten sind jedes Mal sehr stolz, wenn die neue Ausgabe erscheint, besonders | Beispiel |

wenn viele Mitschüler die Redaktionsmitglieder auf die Beiträge hin
ansprechen. Auch in diesem Fall profitiert nicht nur die Schulgemein- Wirkung
schaft von einem derartigen Engagement, sondern auch die Macher
einer Schülerzeitung selbst, die einen praktischen Einblick in die
wichtigen Bereiche der Zeitungsarbeit erhalten.
Natürlich wirken erfolgreiche Schülerzeitungen auch nach außen und Verknüpfung mit 1.2.4
können das Ansehen der Schule fördern. Noch mehr Außenwirkung **Behauptung 1.2.4**
besitzen Schulfeste. Sie stellen die einfachste Beteiligungsmöglichkeit Begründung
für den einzelnen Schüler und für alle Klassen dar. Man benötigt für
ein erfolgreiches Schulfest viele helfende Hände und gute Ideen. Der Beispiel
Erlös unserer Schulfeste kommt immer einem sozialen Zweck zugute
und wegen der vielen positiven Rückmeldungen wollen alle Klassen
ihren Beitrag dafür leisten.
Die Schule ist nicht nur ein Ort, an dem man sich mit Deutsch, Eng- Überleitung zu 1.3
lisch oder mit Mathematik beschäftigt, sondern auch ein Ort, an dem
viele Menschen miteinander arbeiten und leben. Deswegen ist gemein-
schaftliches Handeln ein ganz wichtiger Lernbereich. Schüler können **Behauptung 1.3.1**
sich bei der Gestaltung des Schulhauses und der Klassenzimmer enga- Begründung
gieren oder zum Beispiel den Aufenthaltsraum nach ihren Vorstellun-
gen gestalten. Oft führen solche Schüleraufenthaltsräume ein ziemli- Beispiel
ches Schattendasein und werden von den Schülern nur ungern genutzt,
aber seit unserer auf Initiative einiger Klassen völlig neu und mit bun-
ten Graffitis gestaltet werden durfte, hat sich dies geändert. Eigene
Aktivitäten bei der Gestaltung haben aber auch den Effekt, dass mit Wirkung
den Räumlichkeiten viel sorgfältiger umgegangen wird, da viel eigene
Arbeit hineingesteckt worden ist.
Gemeinschaftliches Miteinander nicht nur unter Mitschülern, sondern Verknüpfung mit 1.3.2
auch mit Lehrern eröffnet die Mitwirkung an der Gestaltung von Aus- **Behauptung 1.3.2**
flügen und Klassenfahrten. Auf diese Weise können Ziele gefunden Begründung
werden, die auch dem Interesse der Klasse entsprechen. Zudem haben
die Schüler die Möglichkeit, Informationen über das Ziel der Klassen-
fahrt zu sammeln und so einen Teil der Führung zu übernehmen. Wan-
dertage waren früher eine ziemlich öde Angelegenheit, seit wir aber Beispiel
gemeinsam mit dem Lehrer das Ziel bestimmen und innerhalb der
Klasse ein Programm mit Spielen und Wettbewerben für die Wande-
rung gestalten, hat sich die Einstellung dazu doch erheblich verändert.
Darüber hinaus bieten Schulfeste oder Tage der offenen Tür bzw. Verknüpfung mit 1.3.3
Elternsprechtage eine gute Gelegenheit, sich für Menschen einzuset- **Behauptung 1.3.3**
zen, denen es nicht so gut geht. Oft wird man auf die Not anderer im Begründung
Unterricht aufmerksam gemacht, aber auch am Schulort gibt es Ein-
richtungen, die sich um Menschen in Not kümmern. Es gehört sicher-
lich auch zu den Lernzielen, dass einem die Mitmenschen nicht gleich-
gültig sein sollten. Besonders beliebt sind an unserer Schule Aktio- Beispiel
nen, mit denen Schulpatenschaften in Indien unterstützt werden, wo-
durch dort für viele Schüler der Schulbesuch ermöglicht wird.
Aber auch untereinander können sich die Schüler helfen. Mit der Verknüpfung mit 1.3.4
Gründung von Arbeitsgemeinschaften sind sie in der Lage, Interes- **Behauptung 1.3.4**
sengebiete, die nicht durch Wahlfächer abgedeckt sind, zu vertiefen Begründung
und so dazu beizutragen, dass die Vielfalt der Angebote erhöht wird.
Ein Beispiel einer Arbeitsgemeinschaft an unserer Schule sind die Tu- Beispiel
toren, das ist eine Gruppe von Schülerinnen und Schülern der höheren
Klassen, die sich regelmäßig treffen, um Freizeitangebote für die
„Neuen“ auszuarbeiten und durchzuführen. Auf diese Art und Weise

| | |
|---|---|
| werden zum Beispiel die Fünftklässler schneller in die Schulgemeinschaft integriert und erleben einen sinnvoll gestalteten Nachmittag. | |
| Der Gedanke der gemeinsamen Arbeit steckt auch im Angebot von Lernhilfen für schwache Schüler. Auch hierdurch wird der Gedanke des Miteinanders gestärkt, wenn bessere Schüler jenen helfen, die aus irgendwelchen Gründen in einem Fach in Schwierigkeiten geraten sind. Es ist durchaus sinnvoll, wenn die Schüler untereinander eine solche Möglichkeit der Lernhilfe einrichten, da sie oft einen verständlichen Lösungsweg für zum Beispiel schwierige Mathematikaufgaben vermitteln können. Über den Gesichtspunkt, sich gegenseitig zu helfen, hinaus bedeuten solche Gruppen oder Arbeitsgemeinschaften auch, dass man sich untereinander besser kennenlernt. | Verknüpfung mit 1.3.5<br>**Behauptung 1.3.5**<br>Begründung<br>Beispiel<br>Folge / Wirkung |
| Schließlich gibt es in der Schule nicht nur die eine oder andere Schwierigkeit mit dem Lernstoff und daraus folgende schlechte Noten, oft kommt es auch im Umgang miteinander zu Streit, zu Konflikten oder sogar zu einer Rauferei. Um solche Probleme unter Schülern zu regeln und zu lösen, gibt es an vielen Schulen sogenannte Streitschlichter oder Konfliktlotsen. Eine Mitwirkung in einem solchen Team stellt einen wertvollen Beitrag zur Gestaltung des Schullebens dar, denn jeder gelöste Konflikt trägt zu einem angenehmen Schulklima bei. Diese Gruppen können jedoch ihre wichtige Rolle nur erfüllen, wenn sich genügend Schüler zur Verfügung stellen, um sich als Streitschlichter ausbilden und zum jeweiligen Wochendienst einteilen zu lassen. | Verknüpfung mit 1.3.6<br>**Behauptung 1.3.6**<br>Begründung |
| Wie im ersten Teil der Erörterung deutlich geworden ist, gibt es viele Bereiche, in denen der einzelne Schüler einen aktiven Beitrag zu einer lebendigen Schule leisten kann. Nun stellt sich die Frage nach den Argumenten, mit denen die Mitschüler zu einer Mitarbeit zu bewegen sind. Ein Engagement für das Schulleben bringt zwei Vorteile mit sich. Zunächst wirkt es sich in mehrfacher Hinsicht auf die Verbesserung des Schulklimas aus. Der Schulalltag, der in der Regel nur aus Unterricht, Schulaufgaben, der Pause und dem oft heiß ersehnten Unterrichtsschluss besteht, wird durch das vielfältige Engagement der Schüler belebt. Eine Schule, die darüber hinaus interessante Projekttage, lustige Schulfeste, selbst gestaltete Klassenzimmer, Lernhilfen für schwächere Schüler usw. anbieten kann, verfügt über ein lebendiges, abwechslungsreiches Schulleben, von dem alle profitieren, auch diejenigen Schüler, die dafür ihre Zeit und Energie zur Verfügung stellen. | Verknüpfung<br>Überleitung zu 2<br>Überleitung zu 2.1<br>**Behauptung 2.1.1**<br>Begründung mit Beispielen |
| Eine lebendige Schule sorgt auch in vielerlei Hinsicht für ein besseres Verhältnis zwischen Lehrern und Schülern. Viele der genannten Aktivitäten bedürfen der Mithilfe oder Aufsicht durch Lehrer. Auf diese Weise lernen sich Lehrer und Schüler auch außerhalb des Unterrichts kennen, die Zusammenarbeit ist nicht gekennzeichnet vom Leistungsdruck, sondern von einer eher entspannteren Atmosphäre. Dadurch können Schüler auch die menschlichen Seiten ihrer Lehrkräfte kennenlernen und ebenso werden die Lehrer ihre Schüler von einer ganz anderen Seite sehen, wenn diese mit Begeisterung an die Arbeit gehen, um beispielsweise in vielen zusätzlichen Stunden eine Schülerzeitung herzustellen. Gemeinsame Aktivitäten außerhalb des Unterrichts können also auch das Verständnis und den Respekt fördern und die Eindrücke, die man auf beiden Seiten etwa beim Neugestalten des | Verknüpfung mit 2.1.2<br>**Behauptung 2.1.2**<br>Begründung<br>Beispiel<br>Folge / Wirkung |

Klassenzimmers, beim Schulfest oder bei Sportwettkämpfen voneinander gewinnt, können sich ebenfalls positiv auf den Unterricht auswirken, da Schüler und Lehrkräfte motivierter sind.

Nicht nur das Verhältnis zwischen Lehrkräften und Schülerschaft kann entspannt und verbessert werden, die Aktivitäten zur Mitgestaltung eines vielfältigen Schullebens tragen auch einen großen Anteil dazu bei, dass das „Wir-Gefühl" der Schüler und somit die Schulgemeinschaft gestärkt wird. Gemeinsam etwas für die Schule zu erreichen, gemeinsam zu erfahren, dass man ein Teil der Schule ist und sich für die Schule einsetzt, verbindet. Gerade durch Aktivitäten außerhalb des Unterrichts, die in der Öffentlichkeit wirken, erfahren Schüler, dass ihre Schule mehr ist als nur ein Ort, an dem Wissen vermittelt wird. Dies wird besonders deutlich, wenn eine Sportwettkampfgruppe in einem Vergleich auf Landkreis- oder Bezirksebene einen guten Platz errungen hat und dafür geehrt wird oder wenn eine Klasse etwa beim „Planspiel Börse" Schlagzeilen macht. Auch die Gemeinschaftsleistung, den Tag der offenen Tür mitgestaltet zu haben, verbindet und stärkt das Gemeinschaftsgefühl.

Verknüpfung mit 2.1.3
**Behauptung 2.1.3**
Begründung
Beispiele

Ein ganz wichtiges weiteres Argument für die Mitgestaltung des Schullebens ergibt sich aus dem bereits Erörterten. Ein Schulklima, das durch vielfältige Aktivitäten geprägt ist, bewirkt sicher auch eine Verbesserung des Verhältnisses zwischen den einzelnen Schülern. Die Schüler sind mehr aufeinander angewiesen, sie müssen zusammenarbeiten. Es gibt viel mehr Gelegenheiten, außerhalb des Unterrichts miteinander ins Gespräch zu kommen, andere Mitschüler kennenzulernen oder die Kontakte zu Mitschülern zu vertiefen. Darüber hinaus verbinden Erfolg und die Gemeinschaftsarbeit, sodass das Verhältnis zueinander gestärkt wird. Dies alles kann der Unterricht alleine nicht leisten. Hier ist man oft auf sich alleine gestellt. Erst außerunterrichtliche Aktivitäten eröffnen vor allem an größeren Realschulen die Möglichkeit, Mitschüler aus Parallelklassen oder anderen Jahrgangsstufen kennenzulernen, sei es beim Fußballwettkampf, wenn man in derselben Mannschaft ist, oder durch die Zusammenarbeit in der Tutorengruppe.

Verknüpfung mit 2.1.4
**Behauptung 2.1.4**
Begründung
Beispiel

Nun profitiert aber nicht nur das Schulklima von der aktiven Mitgestaltung durch die Schüler. Jeder, der in irgendeinem Zusammenhang aktiv ist, profitiert persönlich davon. Zum einen lernt man, auf vielen Feldern Verantwortung zu übernehmen. Gerade wenn das Gelingen oder der Erfolg einer Veranstaltung vom Einsatz jedes Einzelnen abhängt und nicht unbedingt eine Lehrkraft dafür sorgt, dass ein Ziel erreicht wird, wird die Übernahme von Verantwortung für die Schüler zu einem prägenden Erlebnis. Man denke dabei an die Einhaltung von Terminen für die Artikel der Schülerzeitung, die sachliche Richtigkeit der Beiträge oder die fehlerfreie Korrektur, bevor eine Schülerzeitung in Druck geht.

Überleitung zu 2.2
**Behauptung 2.2.1**
Begründung
Beispiel

Eine weitere Qualifikation, die im Leben wichtig sein kann, ist die Beherrschung organisatorischer Fähigkeiten. Viele schulische Ereignisse erfordern Organisationstätigkeiten, die man im Unterricht nicht erlernen kann. Erfahrung in solchen Aufgaben kann jedoch später im Beruf durchaus von Nutzen sein. Gerade bei der Durchführung eines Schulfestes ergeben sich umfangreiche organisatorische Aufgaben. Man muss planen, was man alles an Ausrüstung benötigt bzw. wer für welche Tätigkeit verantwortlich ist. Dazu gehört zum Beispiel auch

Verknüpfung mit 2.2.2
**Behauptung 2.2.2**
Begründung
Beispiel

die Erstellung eines Zeitplans für die Vorbereitung und den Abbau bzw. das Aufräumen.

Verknüpfung mit 2.2.3 | **Behauptung 2.2.3** | Begründung | Beispiele

Zum Schulleben beizutragen, kann auch bedeuten, dass man seine persönlichen Begabungen und Interessen fördert, da man sein Engagement danach ausrichten und die Fähigkeiten bei entsprechenden Aktivitäten beweisen bzw. ausbauen kann. Wer gerne schreibt und recherchiert oder Texte gestaltet, kann dies bei der Erstellung der Schülerzeitung einbringen. Sportliche Begabungen und Interessen sind in den einzelnen Wettkampfgruppen gut aufgehoben und, wer beispielsweise über besonders gute Kenntnisse im Zusammenhang mit Computern besitzt oder diese vertiefen will, kann an der Schulhomepage mitarbeiten.

Verknüpfung mit 2.2.4 | **Behauptung 2.2.4** | Begründung | Beispiel | Ausweitung

Zu den persönlichen Fähigkeiten, die nicht in der Schule, sondern auch im Privatleben oder im Beruf wichtig sind, gehört auch die Fähigkeit, Konflikte zu lösen. Durch die Vielfalt an persönlichen Kontakten und die Zusammenarbeit in Gruppen entstehen sicherlich auch immer wieder Meinungsverschiedenheiten, die im Interesse eines erfolgreichen Gruppenergebnisses gelöst werden müssen. Beispielsweise entstehen innerhalb der Klassengemeinschaft immer wieder Meinungsverschiedenheiten oder gar Konflikte, die an den Klassensprecher herangetragen werden und für deren Lösung er sich einsetzen muss. Außerdem bietet die Streitschlichtertätigkeit nicht nur theoretisches Wissen, sondern auch praktische Erfahrung in der Lösung von Konflikten an.

Verknüpfung mit 2.2.5 | **Behauptung 2.2.5** | Begründung | Beispiel

Nicht nur die Fähigkeit, Konflikte zu lösen, wird durch den Einsatz für ein vielfältiges Schulleben gestärkt, sondern auch die Teamfähigkeit. Ihr kommt im Berufsleben eine immer höhere Bedeutung zu, weil die meisten Tätigkeiten innerhalb eines Teams erledigt werden. Auch bei vielen schulischen Aktivitäten ist es von Bedeutung, seine Rolle in einer Gruppe zu finden, seine Fähigkeiten einzubringen bzw. die Rolle auch zu behaupten oder gar die Führung in einem Team zu übernehmen. Anders als im Unterricht ist man bei der Durchführung von außerunterrichtlichen Aktivitäten auf eine funktionierende Arbeitsgemeinschaft angewiesen. Immer häufiger werden fiktive oder auch echte Schülerfirmen etwa im Rahmen des „JUNIOR-Projekts" gegründet und arbeiten erfolgreich, worauf die Beteiligten natürlich sehr stolz sein können.

**C. Schluss** | Überleitung | Schlussgedanke | Ausführung | Begründung | Beispiele | Abrundung

Sowohl die Vielzahl an Möglichkeiten, sich an der Gestaltung des Schullebens zu beteiligen, als auch die Vorteile, die die Schulgemeinschaft und jeder Einzelne aus dem Engagement ziehen können, lassen mich zu dem Schluss kommen, dass auch die Gesellschaft als Ganzes auf engagierte Menschen angewiesen ist. Unser Miteinander würde nicht nur ein großes Stück ärmer werden, in manchen Bereichen vielleicht gar nicht mehr funktionieren, wenn es keine engagierten Menschen mehr gäbe. Man stelle sich nur einfach vor, niemand würde mehr ehrenamtlich im sozialen Bereich, etwa in der Jugendarbeit oder Altenhilfe tätig sein. Genauso negativ würden die Auswirkungen ausfallen, wenn sich immer mehr Menschen aus der aktiven Arbeit in den unzähligen Vereinen in unserem Land zurückziehen würden. Unsere Schulen sind Übungs- und Vorbereitungsfeld für die aktiven Mitglieder unserer Gesellschaft von morgen.

# Erörterung mit Informationsmaterial

Eines der sechs Erörterungsthemen enthält zusätzlich Informationsmaterialien, die du bei deiner Erörterung berücksichtigen musst. Es geht hier also darum, dass du diese **Zusatzmaterialien richtig auswertest** und **bei der Erörterung sinnvoll einbeziehst**.
Das Auswerten von Materialien hast du bereits im Deutschunterricht und auch in anderen Fächern gelernt. Mit dem folgenden Kapitel zur Erörterung mit Informationsmaterial kannst du diese Kenntnisse systematisch wiederholen, vertiefen und trainieren.

## 1 Begriffsbestimmung und Zielsetzung

Für die Erörterung mit Informationsmaterial gelten die gleichen Arbeitsschritte (Themaerschließung, Stoffsammlung, Stoffordnung, Gliederung, Ausarbeitung des Aufsatzes) wie bei der Erörterung ohne Materialien. Achte darüber hinaus auf Folgendes:

Ziel der Erörterung mit Informationsmaterial ist es,
- dass du **Anschauungsmaterial und Argumentationshilfen** erhältst,
- dass du verschiedene Textarten und Darstellungsweisen (z. B. Diagramme) **genau liest** und **auswertest** und
- dass deine Fähigkeit überprüft wird, **Wichtiges von Unwichtigem zu unterscheiden**.

Diese Art der Erörterung kennst du auch aus dem Unterricht, bei dem oft am Beginn einer Auseinandersetzung mit einem Thema ein Gespräch, eine Diskussion und vor allem die Recherche und die Sichtung und Auswertung von Material steht.

Die Auswertung von Material zu einem Erörterungsthema bietet dir viele Möglichkeiten: Du kannst die Informationsmaterialien verwenden,
- um zusätzliches Material für deine **Stoffsammlung** zu bekommen,
- um **neue Argumente** zum Thema zu entwickeln,
- um deine Behauptungen aussagekräftig zu **begründen**,
- um deine Argumente mit **Beispielen** zu veranschaulichen,
- um eine zum Thema hinführende **Einleitung** zu formulieren und
- um einen abschließenden Gedanken für den **Schluss** zu schreiben.

Beachte: Mit dem Informationsmaterial, das dir in der Prüfung vorgelegt wird, werden nicht alle Bereiche eines Themas abgedeckt. Um ein Thema umfassend erörtern zu können, musst du also auch geeignete Argumente für deine Erörterung entwickeln, die unabhängig von den Materialien sind.

Wenn du Daten aus den Materialien verwendest, musst du die **Quelle** korrekt angeben. Wörtlich übernommene Textstellen musst du als **Zitat** kennzeichnen.

Die Auseinandersetzung mit dem Material, das in der Regel zwei DIN-A4-Seiten nicht übersteigt, soll am Anfang deiner Arbeit stattfinden, also **vor der Stoffsammlung**. Es kommt darauf an, zu überlegen, **welche Informationen** du verwenden möchtest, und vor allem **wie** du sie verwenden möchtest.

Du musst also entscheiden, was innerhalb des Materials **für das Thema wichtig** ist, was du verwenden möchtest und vor allem, wie es dir nutzen kann, z. B. in der Einleitung, als Material zur Veranschaulichung von Argumenten oder als Grundlage zur Ableitung neuer Argumente. Beachte auch die den Materialien vorangestellte **Arbeitsanweisung:** Sie gibt dir Hinweise, wie du das Material sichten und auswerten sollst.

Wichtig ist, dass du dich bei der Auswertung der Materialien stets **auf das Thema beziehst**. Dies gelingt dir, wenn du vorher eine gründliche Themaanalyse durchführst (siehe Kap. 2.1, S. 2).

**Mögliche Arten von Informationsmaterial**

Die Informationsmaterialien können aus folgenden **Medien** stammen:
- Sachbücher,
- Zeitungen und Zeitschriften,
- Broschüren und Flyer,
- Internet,
- Radio- und Fernsehsendungen usw.

Es kann sich dabei um folgende **Arten von Materialien** handeln:
- einzelne Zitate,
- kürzere Texte, Textauszüge, Begriffserklärungen,
- Interviews und Umfragen,
- Statistiken in Form von Tabellen, Diagrammen (Schaubildern) und Karten,
- Bilder: Karikaturen, Zeichnungen, Fotos, Plakate,
- Beiträge aus Internetforen usw.

## 2 Informationsmaterial auswerten

In diesem Kapitel bekommst du Beispiele für verschiedene Arten von Material und Hinweise, wie du diese Materialien für deinen Aufsatz auswerten und verwenden kannst.

Die Materialbeispiele wurden zu folgendem Thema zusammengestellt:

*Beispielthema:*

**Immer mehr junge Menschen tappen in die sogenannte „Schulden-Falle“. Erörtern Sie die Gründe und mögliche Folgen. Wie könnte man diesem Problem begegnen?**

*Zusatzhinweis, der in den Prüfungsaufgaben zu erwarten ist:*

Gehen Sie die vorliegenden Materialien durch und überlegen Sie sich, welche Informationen Sie für Ihren Aufsatz verwerten möchten. Das Material kann zur Ergänzung Ihrer Stoffsammlung dienen. Falls Sie Textstellen wörtlich übernehmen, müssen Sie diese in Ihrer Arbeit als Zitat kennzeichnen.

➡ Wende bei der Auswertung der Materialien alle dir bekannten Techniken des Markierens, Hervorhebens an. Schreibe Gedanken, Ideen, Ergebnisse dazu!

## Material 1: Zitat

> Jüngere Menschen (bis 29 Jahre) sind bei der Verschuldung konsumorientierter. Jüngere Menschen verfügen über ein geringeres Zahlungswissen und zeigen eine tendenziell höhere Schuldenneigung.



## Auswertung zu Material 1

Es handelt sich um ein **Zitat** aus einer Analyse zur Verschuldung in Detuschland, das von der „Schutzgemeinschaft für allgemeine Kreditsicherung", kurz SCHUFA, stammt.
Gerade solche Zitate beinhalten trotz ihrer **sprachlichen Knappheit** oft eine Menge an **Anregungen und Informationen**. Daher solltest du Zitate in deinem Aufsatz nicht einfach nur übernehmen, sondern es ist auch hier notwendig, dass du genau hinschaust und hinterfragst: „Was bedeutet das oder wie ist es zu verstehen?" Für eine Auswertung ist es sinnvoll, wenn du wichtige Aussagen gleich in eigenen Worten notierst. Dann kannst du sie besser im Aufsatz verwenden.
Bei diesem Beispiel könntest du statt „Jüngere Menschen (bis 29) sind bei der Verschuldung konsumorientierter" formulieren: „Bei jungen Menschen unter 29 Jahren steht häufig der Konsum, d. h. Kaufwünsche und entsprechende, oft teure Anschaffungen, als Ursache für Schulden im Vordergrund. Den Ausdruck „... geringeres Zahlungswissen" kannst du durch „Verpflichtungen aus Kreditverträgen, Ratenkauf, Handyverträgen usw. sind wenig bekannt" ersetzen und konkretisieren. Statt „... tendenziell höhere Schuldenneigung" kannst du „Menschen bis 29 Jahre haben eher Schulden bzw. sind eher bereit Schulden zu machen" notieren.

## Material 2: Begriffserklärung

> **Verschuldung**
> Verschuldung liegt immer dann vor, wenn ein Mensch Schulden hat, unabhängig davon, wie groß die mit diesen Schulden verbundene objektive und subjektive Belastung ist.
>
> **Überschuldung**
> Überschuldung liegt dann vor, wenn nach Abzug der finanziellen Mittel für den grundlegenden Lebensbedarf der verbleibende Rest nicht ausreicht, um Zahlungsverpflichtungen pünktlich zu erfüllen.



## Auswertung zu Material 2

**Begriffserklärungen** sind in der Regel recht kurze Texte, die **das Wesentliche in wenigen Worten zusammenfassen**. Bei einer Auswertung solltest du die einzelnen Aussagen genau anschauen und hinterfragen, um Begriffserklärungen für deine **Einleitung**, Anregungen für deine **Stoffsammlung** oder veranschaulichende und erklärende **Beispiele** für deine Argumentation im Hauptteil zu bekommen
Hier werden die beiden Begriffe „Verschuldung" und „Überschuldung" von einer Fachstelle für Schuldnerberatung erklärt. Wenn du beide Definitionen genau hinterfragst, kannst du einige Auswirkungen von Verschuldung oder Überschuldung erschließen.

Bei „Verschuldung“ wird von objektiver und subjektiver Belastung gesprochen. Hier musst du dich fragen, worin eine objektive (sachbezogene) Belastung besteht, z. B. in der starken finanziellen Einschränkung bei der Rückzahlung von Krediten. Subjektiv (persönlich empfunden) kann es um das Gefühl der Benachteiligung gehen, weil man sich nicht das leisten kann, was man gerne möchte, weil verschiedene Bereiche der Lebensplanung nicht verwirklicht werden können.
Bei „Überschuldung“ wirst du darauf hingewiesen, dass das zur Verfügung stehende Einkommen nicht mehr ausreicht, um die Kosten des täglichen Bedarfs (Miete, Essen, Kleidung, Strom, ...) und die Kreditrückzahlung zu decken. Hier sollst du auch daran denken, welche Folgen sich daraus ergeben, z. B. Wohnungskündigung, Stromabschaltung, Abschaltung der Telefonanschlüsse, Pfändungen etc. Daraus ergeben sich weitere Folgen, die die Lebensplanung sehr erschweren können.

## Material 3: Textauszug

<table>
<tr><td>„[...] Während bei den 13- bis 17-Jährigen sechs Prozent verschuldet sind, sind es bei den 18- bis 20-Jährigen bereits 13 Prozent und bei den 21- bis 24-Jährigen 16 Prozent. Dies ergab eine Umfrage des Münchner Institutes für Jugendforschung unter mehr als eintausend 13- bis 24-Jährigen im Jahr 2003.</td><td>Sinnabschnitt 1: Verschuldungsdaten, Quelle, Befragte</td></tr>
<tr><td>Die Kaufkraft der Kinder und Jugendlichen ist so groß wie nie zuvor. Laut KidsVerbraucherAnalyse 2003 (KVA) haben die rund 11,28 Millionen Jungen und Mädchen in Deutschland im Alter von 6 bis 19 Jahren insgesamt 20,43 Milliarden Euro zur Verfügung. Innerhalb von zwei Jahren ist die Finanzkraft der 6 bis 19-Jährigen damit um 24 Prozent angestiegen. [...]“</td><td>Sinnabschnitt 2: Angaben zur Kaufkraft der 6 – 19-Jährigen Entwicklung</td></tr>
</table>

*aus: http://www.mdr.de/thueringen-journal/1965544.html (Stand: 24. 05. 2005)*

## Auswertung zu Material 3

Etwas längere Textauszüge erfordern eine klare **Analyse von Sinnabschnitten** (siehe oben), wie du sie aus der Inhaltszusammenfassung kennst. In diesem Beispiel – einem Textauszug von einer Internetseite eines Radio- und Fernsehsenders – können zwei Abschnitte unterschieden werden.
Zum einen geht es um den prozentualen Anteil von verschuldeten Jugendlichen im Vergleich zu ihren Altersgenossen, unterteilt in die Altersgruppen 13 bis 17 Jahre, 18 bis 20 Jahre und 21 bis 24 Jahre. Dieser Anteil steigt mit dem Lebensalter kontinuierlich von 6 auf 16 Prozent. Zum anderen geht es hier um die Kaufkraft der Jungen und Mädchen zwischen 6 und 19 Jahren und deren Anstieg innerhalb von zwei Jahren um fast ein Viertel.
Neben der Auswertung von Zahlen und Aussagen ist es bei allen Materialquellen wichtig, die **Begriffe**, über die etwas ausgesagt wird, zu **klären**. Hier sind es vor allem die Begriffe „Kaufkraft“ bzw. „Finanzkraft“. Beide bedeuten nichts anderes als die Geldmenge, die den 11,28 Millionen Jungen und Mädchen im Jahr 2003 zur Verfügung gestanden hat.

**Material 4: kurzer Gesamttext**

**Müller: Jugendliche vor Verschuldung bewahren**

Vor Weihnachtsgeschenken auf Kredit hat Verbraucherschutz-Staats- Behauptung
sekretärin Emilia Müller besonders Jugendliche heute gewarnt. „Finger
weg von Geschenken, die nur auf Pump zu bezahlen sind. Jugendliche Begründungen
sollen sich nur wegen teurer Weihnachtsgeschenke nicht selbst in die
Schuldenfalle treiben“, mahnte Müller und kritisierte verführende An-
gebote, wie „dieses Jahr schenken, nächstes Jahr bezahlen“ oder „Wün- Beispiele
sche werden wahr, jetzt mit Zahlpause“ mit Werbeblick auf die Jugend-
lichen. (...) „außerdem hat auch die Wirtschaft nichts gewonnen mit Folgen
überschuldeten Verbrauchern“. Schnell könne der Überblick über die
wahre Haushaltslage verloren gehen. Müller: „Wenn unverschuldet
dann eine schwierige finanzielle Situation wegen Arbeitslosigkeit oder
dergleichen hinzukommt, ist plötzlich die Überschuldung erreicht.“

*aus einer Pressemitteilung des Bayerischen Staatsministeriums für Umwelt, Gesundheit und Verbraucherschutz vom 16. 12. 2004 (http://www.stmugv.bayern.de/de/aktuell/presse/2004/643.htm)*

**Auswertung zu Material 4**

Hier kannst du zunächst die **Quelle** festhalten (Pressemitteilung der Staatssekretärin des Verbraucherschutzministeriums). Außerdem musst du festlegen, **worum es geht**, also um die Warnung, Geschenke auf Kredit zu kaufen und auch auf die vielen Verlockungen hereinzufallen, „später“ zu bezahlen. Gewarnt wird auch vor den Folgen von Schulden, wenn finanzielle Notlagen eintreten. Etwas längere Textstellen solltest du wegen einer exakten Auswertung immer **strukturieren** (siehe oben rechts). Hier ist eine klare Argumentstruktur erkennbar. Entsprechend der Bestandteile kannst du die Einzelheiten für deine **Stoffsammlung** verwenden oder auch einzelne Aussagen **hinterfragen**.
Mithilfe dieses Textauszugs kannst du einen Teil der Ursachen für die Verschuldung (Kredite, Ratenzahlungen, „Zahlpause“) erschließen, aber auch auf einen sehr wichtigen Bereich der Folgen von Verschuldung kommen. Rückzahlungsverpflichtungen können ganz schnell zu einem Problem werden, wenn das gewohnte Einkommen nicht mehr zur Verfügung steht. In der Presseerklärung findest du den Hinweis auf „Arbeitslosigkeit und dergleichen“. Überlege auch, was sich hinter „dergleichen“ verbergen kann, z. B. auch längere Krankheit, Unfälle, finanzielle Folgen einer Trennung (z. B. zusätzliche Mietbelastung durch eine eigene Wohnung). Der zum Teil recht anschauliche Inhalt und der Anlass der Presseerklärung lässt sich auch in **Begründungen** oder **Beispielen** direkt oder indirekt zitieren oder als Anregung für einen **Schlussgedanken** verwenden.

**Material 5: Tabelle**

**Gerätebesitz Jugendlicher 2004** (in %)

| | Gesamt (n = 1 000) | Mädchen (n = 487) | Jungen (n = 513) | 12–13 Jahre (n = 232) | 14–15 Jahre (n = 258) | 16–17 Jahre (n = 261) | 18–19 Jahre (n = 250) | Hauptschule (n = 207) | Realschule (n = 376) | Gymnasium (n = 417) |
|---|---|---|---|---|---|---|---|---|---|---|
| Mobiltelefon oder Handy | 90 | 91 | 88 | 75 | 90 | 95 | 97 | 86 | 93 | 88 |
| Hi-Fi-Anlage/Stereoanlage mit CD-Player | 82 | 87 | 78 | 74 | 83 | 89 | 83 | 73 | 82 | 87 |
| Radio in Hi-Fi-Anlage integriert | 81 | 86 | 76 | 76 | 80 | 88 | 79 | 72 | 81 | 85 |
| Fernsehgerät | 64 | 61 | 67 | 55 | 68 | 70 | 62 | 69 | 69 | 57 |
| Computer, PC oder Laptop | 53 | 43 | 64 | 44 | 54 | 55 | 59 | 49 | 48 | 61 |
| einzelner CD-Player | 48 | 47 | 49 | 53 | 52 | 41 | 45 | 42 | 51 | 47 |
| Spielekonsole für den Fernseher | 34 | 19 | 49 | 40 | 34 | 33 | 30 | 50 | 35 | 26 |
| Internetzugang (Modem, ISDN-, DSL-Anschluss) | 28 | 21 | 35 | 16 | 27 | 33 | 34 | 23 | 24 | 34 |
| externer DVD-Player, nicht in den PC integriert | 28 | 25 | 31 | 18 | 28 | 31 | 34 | 29 | 32 | 23 |
| MP3-Player | 26 | 22 | 30 | 18 | 29 | 30 | 26 | 30 | 24 | 26 |
| Videorecorder | 24 | 25 | 24 | 17 | 20 | 30 | 29 | 26 | 26 | 22 |
| Hi-Fi-Anlage/Stereoanlage ohne CD-Player | 18 | 18 | 17 | 18 | 20 | 17 | 15 | 19 | 19 | 16 |
| Mini-Disc-Recorder | 18 | 19 | 16 | 18 | 19 | 21 | 12 | 17 | 20 | 16 |
| Radio (als Einzelgerät) | 13 | 11 | 14 | 20 | 13 | 8 | 11 | 16 | 15 | 9 |
| DAT-Recorder | 1 | 0 | 2 | 1 | 0 | 1 | 2 | 2 | 1 | 1 |

*© Medienpädagogischer Forschungsverbund Südwest, JIM 2004 (aus: Sabine Feierabend, Thomas Rathgeb: Medienverhalten Jugendlicher 2004. Neueste Ergebnisse der JIM-Studie Jugend, Information, (Multi-)Media, in: Media Perspektiven 7/2005, S. 322).*

**Auswertung zu Material 5**

Da **Tabellen** oft eine **Vielzahl verschiedener Daten** bieten, ist es notwendig, Wichtiges von Unwichtigem zu unterscheiden. Hier empfiehlt sich die **Hervorhebung von auffälligen Zahlen** durch Farbe oder Markierungen (siehe oben) oder die Kennzeichnung einer Entwicklung bzw. auffälliger Unterschiede innerhalb einer Zahlenreihe. Tabellen haben immer ein **Thema**, das hier links oben angegeben ist („Gerätebesitz Jugendlicher 2004“). Auf der linken Seite findest du alle möglichen Geräte angegeben. In der oberen quer verlaufenden Zeile werden Angaben zu den einzelnen Personengruppen, aufgeteilt nach Mädchen, Jungen, verschiedenen Altersgruppen und verschiedener Schulbildung gemacht. Es folgen in den Spalten darunter die jeweiligen Zahlenwerte für den Gerätebesitz. Die Angabe „n = 1000“ beispielsweise bei der Spalte „Gesamt“ bedeutet die Zahl der Befragten. Bei der Menge an Daten ist es klar, dass du nicht auf alle Einzelheiten eingehen kannst. Werte deshalb diese Tabelle nur nach **wichtigen Aussagen** aus. Die Aufstellung beginnt hier mit den am häufigsten verbreiteten Medien. Nimm bei deiner Auswertung einige weit verbreitete Kommunikations- oder Unterhaltungsgeräte heraus, z. B. das Handy, die Stereoanlage oder den Fernseher. Du kannst dich aber auch an einzelnen Geräten orientieren, wie z. B. am externen DVD-Player, MP3-Player, an der Spielekonsole oder dem Internetzugang. Interessante **Unterschiede** ergeben sich bei einer getrennten Betrachtung von Mädchen und Jungen. So fällt auf, dass mehr Mädchen ein Handy, eine Hi-Fi-Anlage, ein Radio- und Fernsehgerät besitzen, dafür aber mehr Jungen einen PC, eine Spielekonsole, einen Internetzugang usw.
Eine weitere Möglichkeit der Auswertung besteht darin, die Prozentzahlen bei den verschiedenen Altersgruppen zu vergleichen. Es lässt sich feststellen, dass es keinen auffälligen Anstieg des Gerätebesitzes mit zunehmendem Alter gibt. Schließlich kannst du auch nach den verschiedenen Schularten auswerten und einzelne auffällige Abweichungen feststellen. So verfügen deutlich mehr Gymnasiasten über einen Computer, PC bzw. Laptop und deutlich mehr Hauptschüler besitzen eine Spielekonsole.
Insgesamt lässt die Tabelle die **Schlussfolgerung** zu, dass Jugendliche heutzutage mit sehr vielen und auch nicht billigen Unterhaltungs- und Kommunikationsmedien ausgestattet sind; immerhin verfügen bis zu 97 % der Altersgruppe 18–19 Jahre über ein Mobiltelefon, mehr als jeder zweite über einen eigenen PC usw.
Im Zusammenhang mit dem vorliegenden Thema stützen die Aussagen dieser Tabelle z. B. einen **Einleitungsgedanken**, der Bezug auf den Wohlstand der heutigen Jugend nimmt. Für deine **Argumentation im Hauptteil** kannst du daraus ableiten, dass Jugendliche einen erhöhten Geldbedarf haben, um diese Geräteausstattung zu erreichen, und dass der Trend, alle möglichen modernen Kommunikations- und Unterhaltungsmedien zu besitzen, eine Gefahr für Verschuldung darstellt.
Beachte jedoch, dass die Tabelle keine Auskunft darüber gibt, ob die Jugendlichen die Geräte selbst finanziert oder z. B. geschenkt bekommen haben.

## Material 6: Säulendiagramm

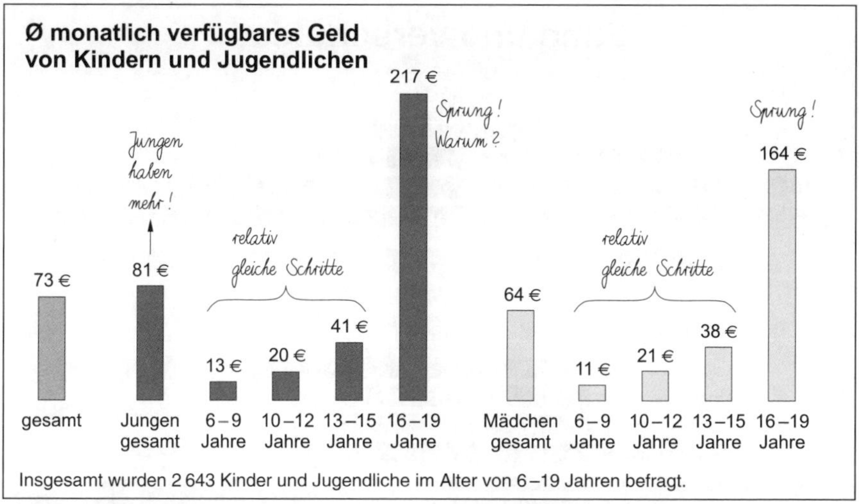




### Auswertung zu Material 6

Es handelt sich hier um ein **Säulendiagramm**. Wie bei allen anderen Formen von Diagrammen (Kreis-, Kurven- oder Balkendiagramm) musst du zuerst das **Thema** erfassen, zu dem Aussagen gemacht werden. Hier geht es um das durchschnittlich verfügbare Geld pro Monat. Als Nächstes musst du erkennen, für welchen **Bereich** bzw. für welche **Gruppe** die erhobenen Daten gelten. In unserem Beispiel beziehen sich alle Angaben auf die Altersgruppe zwischen 6 und 19 Jahren.
Aus Diagrammen kann man zunächst nur einzelne Werte ablesen, z. B. dass Jungen im Alter von 6 bis 9 Jahren durchschnittlich über 13 € im Monat verfügen. Viel interessanter jedoch sind **Vergleiche** der Werte und Aussagen zu möglichen Entwicklungen. Notiere deine Überlegungen am besten gleich in der Tabelle (siehe oben).
So ist hier zum Beispiel recht gut erkennbar, dass Mädchen in fast allen Altersgruppen über weniger Geld verfügen als Jungen. Zudem ist ablesbar, dass der Anstieg der verfügbaren Geldmenge zwischen 6 und 15 Jahren in relativ gleichmäßigen Schritten erfolgt, dann jedoch ein gewaltiger Sprung stattfindet. In diesem Zusammenhang solltest du dich auch fragen, **warum dies so ist**. Insbesondere die Erkenntnisse, die du beim genauen Hinterfragen und Durchleuchten des Materials gewinnst, können dir helfen, neue Anregungen für deinen Aufsatz zu finden. In diesem Beispiel ist der „Sprung" wohl darauf zurückzuführen, dass viele Jugendliche ab 16 Jahren zu arbeiten beginnen und ein erstes eigenes Einkommen haben.

**Material 7: Balkendiagramm**

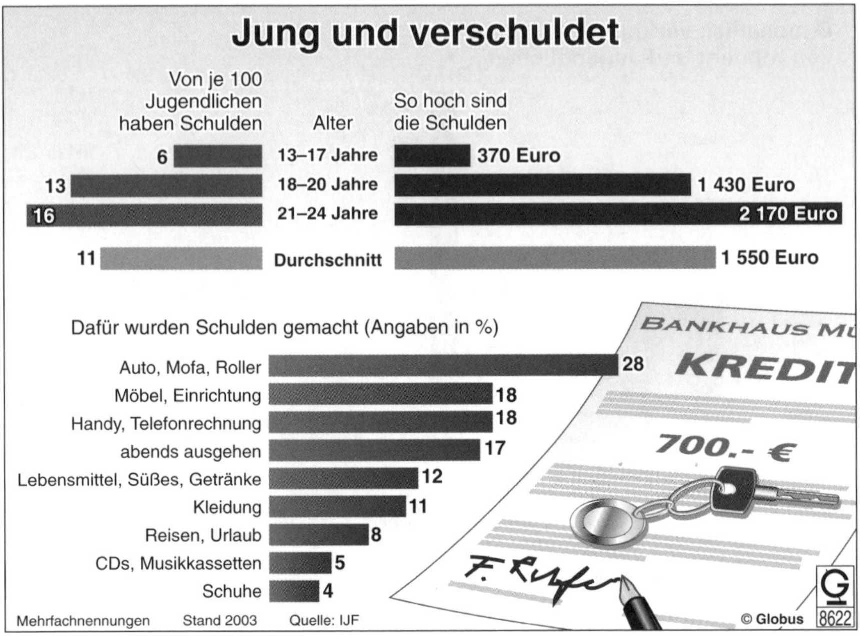


## Auswertung zu Material 7

Im **oberen Abschnitt des Balkendiagramms** kannst du Angaben ablesen über den Anteil verschuldeter Jugendlicher in den unterschiedlichen Altersgruppen. Man erkennt, dass dieser Anteil mit zunehmendem Alter wächst, sich in der zweiten Altersgruppe (18–20) im Vergleich zur ersten mehr als verdoppelt. Auch die Schulden wachsen von Altersgruppe zu Altersgruppe an. Schon die 13–17-jährigen verschuldeten Jugendlichen haben 370 Euro Schulden. Bei der Gruppe der 18–20-Jährigen erfolgt fast eine Vervierfachung der Schuldenhöhe.

Das Diagramm gibt im **unteren Teil** Auskunft über die Anlässe, für die Schulden aufgenommen werden. Diese Daten beziehen sich auf alle Jugendlichen zwischen 13 und 24 Jahren. Auffallend ist hierbei, dass vor allem Anschaffungen im Bereich Fahrzeuge und Möbel im Vordergrund stehen. Danach folgt gleichauf die Handy- und Telefonrechnung. Auch die Freizeitgestaltung in Form des Ausgehens spielt eine wesentliche Rolle.

## Material 8: Karikatur

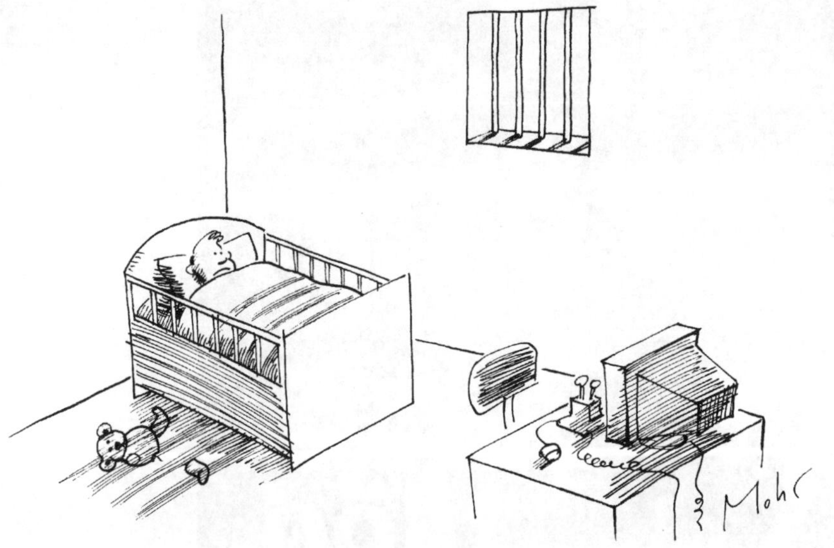

Verspielt?

### Auswertung zu Material 8

**Karikaturen** stellen menschliche Schwächen oder Eigenschaften **überspitzt** dar oder **kritisieren** gesellschaftliche Fehlentwicklungen meist auf witzige und übertriebene Weise. Im Grunde genommen kann man sie genauso wie Texte lesen, nur dass du hier die **Aussage** anhand der gezeichneten Gegenstände und ihres Zustands, der abgebildeten Personen und ihrer Haltung bzw. ihres Gesichtsausdrucks **erschließen** musst. Das Gezeichnete ist meist **auf das Wesentliche reduziert**. Manchmal gibt es kurze Texte zur Erklärung oder als eine Art Überschrift.

Der **Untertitel** dieser Karikatur ist ein Ausgangspunkt für ihre Deutung. Überlege, was hier „verspielt“ sein könnte bzw. ob jemand etwas „verspielt“ haben könnte. Oft bauen die kurzen Texte oder Überschriften auf einem Wortspiel auf. Hier ist es möglich, dass „verspielt“ im Sinne von „vertan“, „verlaufen“ verwendet wird. Es könnte also auch bedeuten, dass Computerspiele nicht das Richtige sein könnten für die Entwicklung von Kindern und Jugendlichen und die sozialen Kontakte.

Die Karikatur zeigt nur wenige **Einzelheiten**: Du siehst ein Kind in einem Gitterbett, ein vergittertes Fenster, einen kaputten Teddy und in direkter Ausrichtung auf das Kind einen Schreibtisch mit einem PC mit Joystick. Nun musst du diese Zeichnungselemente zueinander **in Beziehung setzen**. Das Kind scheint eingesperrt, herkömmliche Spielzeuge haben keine Funktion mehr, die Außenwelt ist ausgesperrt (Fenstergitter), allein der PC fesselt die Aufmerksamkeit des Kindes. Er scheint alles zu ersetzen: Spielzeug, Menschen, Zuwendung und Wirklichkeit. Dennoch oder gerade deswegen erscheint der Gesichtsausdruck des Kindes mehr als enttäuscht.

Die Karikatur beschäftigt sich mit dem **Thema** „Kinder und Computer(spiele)“ und der damit zusammenhängenden Vereinsamung.

**Material 9: Plakat**

*© by Christoph Merian Verlag Basel, Bild: Tobias Madörin,*
*Daten: Institut für Entwicklungsplanung und Strukturforschung, 2001*

**Auswertung zu Material 9**

Bei der Auswertung von **Fotos** oder **Plakaten** musst du vor allem auf die wichtigen und hervorgehobenen **Bildelemente** achten, z. B. auf die Haltung und den Gesichtsausdruck der abgebildeten Personen. Sie weisen dich auf die **Hauptaussage** bzw. die **Aussageabsicht** des Fotos oder Plakats hin.
Bei diesem Beispiel fällt zunächst die Körperhaltung und der Gesichtsausdruck des Jugendlichen auf. Er hat die Hände in den Hosentaschen und die Augen geschlossen, sieht also auf den ersten Blick so aus, dass er sich nicht von den Verlockungen der Werbung beeinflussen lässt oder aber blind für die Warnung vor den Gefahren des Konsums ist.
Bei Plakaten kommen zu den Bildelementen meist auch **Textbausteine** hinzu. Meist wird durch die Position und Schriftgröße eine wichtige Aussage hervorgehoben.

Hier fallen sofort die beiden groß gedruckten Worte „bin“ und „blöd“ ins Auge. In Verbindung mit der Aussage am unteren Rand erhält das Plakat eine klare Aussage. 22 Prozent der unter 30-Jährigen scheinen doch „blöd“ gewesen zu sein, da sie überschuldet sind. Gleichzeitig sollen die kleiner gedruckten Wörter „doch“ und „nicht“ den Charakter eines Aufrufs besitzen, nicht auf die Verlockungen der Konsumwelt und der Schnäppchenpreise hereinzufallen.
Das vorliegende Plakat will auf die Verschuldungs- und Überschuldungsproblematik vor allem der jüngeren Generation aufmerksam machen und benutzt dabei einen Werbespruch einer bekannten Elektromarkt-Kette. Dies ist als Anspielung auf die Ursachen der Verschuldung zu verstehen (z. B. Konsum, hochwertige technische Artikel als Statusobjekte, Bereitschaft für PC, Handy, iPod usw. sehr viel Geld auszugeben). Gleichzeitig findest du unten im Text eine Kernaussage, dass über ein Fünftel aller Überschuldeten unter 30 Jahre alt sind.

## 3 Beispiele für die Verwendung von Informationsmaterial im Aufsatz

Dieser Abschnitt soll dir nun noch einige Möglichkeiten zeigen, wie du **Material** und die **Erkenntnisse aus der Arbeit mit dem Material in den Aufsatz einbringen** kannst.

Alle Beispiele beziehen sich weiterhin auf das Thema

**Immer mehr junge Menschen tappen in die sogenannte „Schulden-Falle“. Erörtern Sie die Gründe und mögliche Folgen. Wie könnte man diesem Problem begegnen?**

und die im vorhergehenden Kapitel angeführten Materialien.

Die Materialien kannst du verwenden:

- für deine **Stoffsammlung**, um Argumente zu finden:
  Du kannst z. B. den Materialen mögliche Gründe, Folgen, Probleme entnehmen. Wichtig ist, dass du die Informationen aus den Materialien nicht nur direkt übernimmst, sondern auch selbstständig hinterfragst und weiterdenkst.
- für deine **Stoffordnung**, um Argumente zu gliedern:
  Durch die Auswertung der Materialien kannst du zu geeigneten Oberbegriffen für deine Gliederung gelangen.
- für den **Hauptteil**, um Argumente zu formulieren:
  Für deine Argumentation kannst du aus den Materialien z. B. Begründungen und Beispiele übernehmen oder ableiten.
- für die **Einleitung** oder den **Schluss**, um einen Einleitungsgedanken oder einen Schlussausblick zu finden:
  Hier eignen sich besonders Begriffserklärungen oder statistische Angaben.

## 3.1 Die Stoffsammlung – Argumente finden

**Materialinhalte direkt übernehmen**
Die Informationsmaterialien kannst du zunächst für die Stoffsammlung nutzen. Aus dem ausgewerteten Material lassen sich einige Argumente direkt übernehmen.

Für das Beispielthema kannst du folgende **Ursachen für die Verschuldung von Jugendlichen** direkt in den Materialien finden:

- Konsumgründe: Handy, Auto, Mofa, Roller (Material 7)
- Finanzierungsmöglichkeiten, Kredite (Material 4)
- Unerfahrenheit bei Geldgeschäften (Material 1)
- hohe Bereitschaft, Schulden für Konsumartikel zu machen (Material 1)

**Materialinhalte hinterfragen**
Manche Materialien helfen dir indirekt bei der Suche nach neuen Argumenten. Du musst die Aussagen hinterfragen, um Antworten (neue Argumente) in Bezug auf Folgen, Ursachen, Probleme usw. zu bekommen, die du dann in eine Stoffsammlung bzw. später in eine Gliederung übernehmen kannst.

So ergibt sich aus Material 1 die **Frage nach den Ursachen**. Warum haben junge Menschen eine hohe Bereitschaft Schulden für Konsumartikel zu machen? Als mögliche Antworten kannst du notieren:

- Gruppenzwang
- Erlangung von Beliebtheit
- Markenware als Statussymbol usw.

## 3.2 Die Stoffordnung – Argumente gliedern

Die Vielfalt der Materialien ermöglicht es dir, ein Thema von allen Seiten zu beleuchten. Wichtig ist, dass du den **Überblick** behältst und die verschiedenen **Teilbereiche** eines Themas erkennst. So kannst du deine Stoffsammlung sinnvoll **ordnen**.
In den Materialien bekommst du unter Umständen Ideenanstöße für geeignete **Oberbegriffe**, die du in der Gliederung verwenden kannst.

*Gliederung zum Beispielthema:*

Die unter 3.1 gesammelten Aspekte kannst du unter dem Oberbegriff „Gesellschaftlich bedingte Ursachen“ zusammenführen. Dazu lässt sich folgende Gliederung erstellen:

**1 Ursachen für die Verschuldung**

1.1 Gesellschaftlich bedingte Ursachen
1.1.1 Betonung materieller Werte
1.1.2 Abhängigkeit des Ansehens von Äußerlichkeiten
1.1.3 Beeinflussung durch Gruppenzwang

Daran schließen sich jetzt die anderen, durch Oberbegriffe strukturierten Argumente an. Natürlich ist die Reihenfolge nicht zwingend, sondern hängt auch davon ab, wie du die einzelnen Bereiche in deiner Erörterung gewichtest:

1.2 Familiäre Ursachen
…
1.3 Werbung und Medien als Ursachen
…

1.4 Finanzierungsmöglichkeiten als Ursache
…
1.5 Individuelle Ursachen
…

Aus Material 2 ergibt sich die Frage, warum junge Menschen über ein geringeres Zahlungs- und Kreditwissen verfügen. Sie sind anscheinend über die Gefahren der Verschuldung zu wenig informiert. Hier kannst du weiterfragen, **wer** die Jugendlichen über die Folgen von Schulden aufklären kann: Eltern, Medien, Banken oder Schulen gehören hier sicher dazu. Zu berücksichtigen sind auch **Maßnahmen**, die dazu führen, den Wert des Geldes zu achten sowie wirtschaften und haushalten zu lernen, mit dem, was man zur Verfügung hat. Überlege daher, wie diese einzelnen Personen/Institutionen Aufklärungs- und Vorbeugungsarbeit leisten können. Dadurch kannst du auf viele der folgenden Argumente im Bereich der Maßnahmen kommen:

**2 Maßnahmen, um der Verschuldungsgefahr zu begegnen**

2.1 Familiäre Maßnahmen
2.1.1 Erziehung zum richtigen Umgang mit Geld
2.1.2 Eltern als Vorbild
2.1.3 Kontrolle der Ausgaben

2.2 Maßnahmen seitens der Werbung und der Medien
2.2.1 Verstärkte Aufklärung über die Gefahren der Verschuldung
2.2.2 Freiwillige Selbstkontrolle bei fragwürdigen Werbekampagnen

2.3 Maßnahmen der Banken und des Handels
2.3.1 Bessere Aufklärung über die finanziellen Folgen von Krediten
2.3.2 Einschränkung der Möglichkeiten der Ratenzahlung

2.4 Maßnahmen seitens der Schulen
2.4.1 Einbeziehung von Fachleuten in den Unterricht
2.4.2 Praxisnahe Behandlung des Themas Konsumverhalten und Verschuldung im Unterricht

Vollständig erfasst hast du diesen Bereich, wenn du dich auch fragst, was du selber beitragen kannst, damit der Umgang mit Geld für dich möglichst nicht riskant ist:

2.5 Individuelle Maßnahmen
…

## 3.3 Die Einleitung – zum Thema hinführen

Auch für die Einleitung lassen sich die Materialien verwenden. Denke dabei an die möglichen Varianten für eine Einleitung. Du kannst von **aktuellen Ereignissen** und **Entwicklungen** ausgehen oder zum Beispiel auch **Begriffsdefinitionen** erarbeiten. Wichtig ist, dass du durch das in der Einleitung verwendete Material keine Argumente zum Thema vorwegnimmst.

Das vorliegende Beispiel verwendet zur Darstellung der finanziellen Situation der Jugend die Aussagen in den Materialien 1, 5 und 6.

*Einleitung zum Beispielthema:*

**A. Sowohl der Reichtum als auch die Verschuldung der Jugendlichen wächst**

Die Jugend in Deutschland war noch nie so wohlhabend wie in der heutigen Zeit. Laut der „KidsVerbraucherAnalyse 2003" verfügen Kinder und Jugendliche im Alter zwischen 6 und 19 Jahren monatlich im Durchschnitt über 73 Euro, Jungen über etwas mehr, Mädchen über etwas weniger. Hochgerechnet auf das Jahr können die Jugendlichen insgesamt rund 20 Milliarden Euro ausgeben. Auch sind die heutigen Jugendlichen durchschnittlich sehr gut mit Hightechgeräten ausgestattet. Gleichzeitig ist jedoch immer wieder zu lesen, dass die Zahl der verschuldeten Jugendlichen weiter zunimmt, dass schon mehr als jeder Zehnte verschuldet ist und die Höhe der Schulden im Schnitt über 1 500 Euro liegt. Untersuchungen von Kreditfachleuten belegen außerdem eine hohe Bereitschaft junger Menschen, sich wegen der Anschaffung teurer Waren zu verschulden.
Vor diesem Hintergrund stellt sich die Frage, warum immer mehr Jugendliche in die „Schuldenfalle tappen", welche Folgen dies haben kann und welche Maßnahmen dagegen ergriffen werden können.

## 3.4 Der Hauptteil – Argumente formulieren

Materialien kannst du für **Begründungen** und **Beispiele** verwenden, indem du sie **direkt in deine Argumente einbindest**. Dadurch kannst du zum einen deine Argumentation stichhaltig belegen und zum anderen die Anschaulichkeit deiner Aussagen steigern. Beachte dabei, dass du Materialinhalte korrekt zitierst und ihre Quelle angibst.
Aus der Auseinandersetzung mit den Materialien kannst du aber auch eigene Begründungen und Beispiele gewinnen, indem du die Aussagen **hinterfragst** und dadurch **eigene Antworten** gewinnst, die du dann entsprechend verwenden kannst.

*Einbinden von Materialien in Begründungen und Beispiele – Beispielthema:*

Die Materialien 7 und 8 können folgendermaßen in die Argumentation zum Gliederungspunkt 1.3.1 eingebunden werden:

1.3 Medien und Werbung als Ursachen
1.3.1 Unkontrollierte Handy- und Internetnutzung

Gerade das Handy und das Internet stehen bei Jugendlichen hoch im Kurs und werden als wesentliche Bestandteile ihres Lebens empfunden. Nicht selten entwickelt sich eine große Abhängigkeit vom PC, indem Jugendliche ihre Freizeit vor allem mit Surfen, Chatten und Downloaden verbringen und darin unter Umständen sogar einen Ersatz für elterliche Zuwendung und Freundschaften finden, was auch in einer Karikatur von Burkhard Mohr deutlich wird. Dies geschieht offenbar nicht immer im Bewusstsein, dass mit der Nutzung von Computer und Handy hohe Kosten verbunden sein können, sei es durch hohe Surfgebühren, vor allem aber versteckte teure Einwahlprogramme (sogenannte Dialer), teure Downloads oder kostenintensive Abos für Logos oder Klingeltöne. Die Handyrechnung stellt nach einem Schaubild des Globus Bilderdienstes bereits im Jahre 2000 den dritthäufigsten Grund für die Verschuldung von Jugendlichen dar. Die seither enorm gestiegene Verbreitung der Mobiltelefone unter Jugendlichen und die immer neuen Tricks der Werbung, neue Bedürfnisse nach aktuellen Logos usw. zu wecken, lassen den Schluss zu, dass das Handy heute noch öfter als Verschuldungsursache infrage kommt.

*Hinterfragen von Materialien für eigene Begründungen und Beispiele – Beispielthema:*

Die Materialien 1 und 2 können folgendermaßen für die Ausformulierung des Gliederungspunkts 1.5.1 hinterfragt werden:

1.5 Individuelle Ursachen
1.5.1 Fehlendes Verhältnis zum Geld

Schließlich müssen vor allem auch die persönlichen Ursachen betrachtet werden. Nicht selten fehlt das richtige Verhältnis zum Geld: Man hat keinen Überblick über seine finanziellen Mittel, gibt dadurch mehr Geld aus, als man zur Verfügung hat, und schafft es dadurch nicht, etwas anzusparen. Auch sind jüngere Menschen eher dazu bereit, sich Wünsche mithilfe eines Kredits zu erfüllen. Dabei wird nicht bedacht, dass Kredit- und Ratengeschäfte Folgekosten nach sich ziehen. Schließlich kaufen nicht wenige Menschen immer mehr und auch teure Dinge, die sie gar nicht benötigen. Unerfahrenheit bei Krediten, ein höherer Kredit, als das Einkommen zulässt, und Konsumsucht stellen eine Hauptursache bei der Überschuldung dar. Überschuldung bedeutet vereinfacht, dass das nach Abzug der unbedingt notwendigen Lebenshaltungskosten verbleibende Einkommen nicht mehr ausreicht, um die Kredite zurückzahlen zu können.

## 3.5 Der Schluss – das Thema abrunden

Auch für die Gestaltung des Schlusses ist die Verwendung von Inhalten der Materialien möglich, indem du direkt Aussagen aus den Materialien verwendest oder dich zu eigenständigen Schlussgedanken anregen lässt. Denke dabei an die bekannten Varianten für den Schluss (vgl. Seite 13 f.) und überlege, welche Informationen sich dafür eignen könnten. Dies sind beispielsweise Aspekte, die du für die Erarbeitung des Aufsatzes nicht verwendet hast, die aber zum Thema passen, es ergänzen oder aus einem anderen Blickwinkel beleuchten.

Das vorliegende Beispiel bezieht sich auf Inhalte in den Materialien 4 und 9.

*Schluss zum Beispielthema:*

**C. Schulden sollten keine Selbstverständlichkeit darstellen**

Die zahlreichen Möglichkeiten der Ratenzahlung oder Vorfinanzierung teurer Anschaffungen sowie vermeintlich unkomplizierte Kredite erwecken den Eindruck, es sei ganz normal, Schulden zu haben. Doch durch Verschuldung kann – wie die Erörterung der Folgen zeigt – die Lebensplanung erheblich beeinträchtigt werden. Niemand sollte Schulden als Selbstverständlichkeit abtun, denn man weiß nicht, welches Risiko man mit der Rückzahlung eingeht, wenn plötzlich Arbeitslosigkeit, Krankheit oder ein Unfall die Höhe des monatlichen Einkommens verringern. Gerade Jugendliche stehen noch am Anfang ihrer Lebensplanung und verfügen nicht unbedingt über ein hohes Einkommen. Auch Industrie und Werbung können eigentlich kein Interesse an einer hohen Zahl verschuldeter junger Menschen haben, denn jeder, der aufgrund der Rückzahlung von Schulden hohe Summen aufwenden muss, fällt als Konsument weitgehend aus.

# Textgebundener Aufsatz

## 1 Begriffsbestimmung und Zielsetzung

Ein Textgebundener Aufsatz bezieht sich immer auf einen **Text**, der dir in der Prüfung vorgelegt wird. Es kann sich dabei entweder um einen literarischen Text oder einen Sachtext handeln. Zu diesem Text werden dir verschiedene **Aufgaben** gestellt, die du in Form eines gegliederten Aufsatzes beantworten musst. Grundsätzlich besteht der Textgebundene Aufsatz aus zwei Teilen:

- Im ersten Teil geht es um die **Texterschließung**. Hier musst du dich beschreibend und auch interpretierend mit **Inhalt, Form, Absicht und Sprache** des vorgegebenen Textes auseinandersetzen.
- Im zweiten Teil kannst du dich zwischen zwei Varianten der weiterführenden Aufgabe entscheiden. Du hast immer die Wahl zwischen
  - einer **argumentativen Schreibaufgabe**<br>(z. B. Erörterung, Leserbrief, Aufruf für die Schülerzeitung) oder
  - einer **offenen Schreibaufgabe**<br>(z. B. Tagebucheintrag, Fortsetzung einer Geschichte).

Wenn du über ein gutes Textverständnis verfügst, dich gerne mit Textinhalten beschäftigst und dir gerne wichtige theoretische Grundlagen aneignest, dann ist der Textgebundene Aufsatz eine gute Alternative zur Erörterung für dich. Von Vorteil ist auch, dass du bereits in Form des zu bearbeitenden Textes eine feste Grundlage für deine Arbeit vorliegen hast.
Darüber hinaus hast du bei der offenen Schreibaufgabe die Möglichkeit, mit den Aussagen und der Sprache des Textes auch kreativ umzugehen und auf diese Weise zu zeigen, dass du den Text richtig verstanden hast. Auch kommt diese „offenere Schreibform" deinen sprachlichen Fähigkeiten möglicherweise besser entgegen, da du hier nicht nur sachlich formulieren musst, sondern auch Gefühle und Gedanken ausdrücken kannst.

Ziel des Textgebundenen Aufsatzes ist es,
- **Textverständnis** zu beweisen,
- **Absichten** und **Wirkungen** des Textes darzustellen,
- Wissen aus den Bereichen **Textsorten**, **Sprache und Grammatik** textbezogen zu präsentieren und
- zu zeigen, dass du argumentative oder kreative sprachliche Fähigkeiten hast.

➡ Da hier ein Text deine Arbeitsgrundlage darstellt, ist deine erste wichtige Arbeitsaufgabe das **sinnerfassende und genaue Lesen:**
Lies den Text mehrfach gründlich durch, unterstreiche wichtige Kernstellen und markiere Auffälliges (z. B. mit Ausrufezeichen) oder Unklares (z. B. mit Fragezeichen). Setze dich anschließend mit den Arbeitsaufträgen auseinander und arbeite genau heraus, was diese von dir verlangen.

# 2 Wichtige Textsorten

Um einen Text richtig und vollständig erfassen zu können und die gestellten Aufgaben textbezogen bearbeiten zu können, ist es notwendig, ihn der richtigen **Textsorte** zuzuordnen. Denn davon hängen so wichtige Aspekte wie die **besonderen Merkmale**, die **Absichten** und auch **bestimmte sprachliche Mittel** oder das **Textäußere** ab.
Deshalb musst du die Merkmale wie Inhalt, Aufbau, Sprache, Absichten und die Besonderheiten der äußeren Form der wichtigsten und in den Prüfungen gängigsten Textsorten sicher beherrschen. Man unterscheidet:

- **Sach- und Gebrauchstexte / journalistische Texte**
  - informierend: Bericht, Nachricht, Reportage, Interview
  - appellierend, kommentierend, meinungsbildend: Kommentar, Glosse, Leitartikel, Leserbrief, Aufruf
- **literarische / poetische Texte**
  - erzählend: Anekdote, Sage, Legende, Märchen, Kurzgeschichte, Kalendergeschichte, Erzählung, Novelle, Roman
  - belehrend: Fabel, Parabel
  - verspottend: Satire, Parodie
  - lyrisch: Gedicht
  - lyrisch-erzählend: Ballade (Erzählgedicht)

An dieser Stelle sei noch einmal betont, wie wichtig es ist, die **Möglichkeiten und Zielsetzungen einer Textsorte** zu kennen. Ein Autor bedient sich in der Regel einer Textsorte, um ganz bestimmte Absichten zu erreichen. Damit ihm dies auch gelingt, ergeben sich auch bestimmte Anforderungen an die Sprachmerkmale und die äußere Form. Es ist durchaus sinnvoll, deine **Textsortenkenntnisse** in den Mittelpunkt der Texterschließung zu stellen. Eine intensive Beschäftigung mit den Kennzeichen der wichtigsten journalistischen und literarischen Textsorten wird daher dringend empfohlen.

Nachfolgend findest du Kurzerklärungen zu in den Prüfungen **häufig vorkommenden journalistischen Textsorten:**

**Reportage:** Beschreibung aktueller Vorgänge sowohl mit sachlicher Information als auch in subjektiver Darstellung; der Autor kann seine persönliche Meinung und seine Eindrücke mitteilen und so dem Leser eine bestimmte Sichtweise vermitteln. Außerdem dient die Reportage zur ausführlichen Information über Zusammenhänge und Hintergründe. Aufgrund der anschaulichen Darstellung ist eine weitere Absicht dieser Textsorte die Unterhaltung des Lesers.

**Kommentar:** Hier wird die persönliche Meinung des Autors zu einem aktuellen Geschehen, einer Zeiterscheinung wiedergegeben mit dem Ziel, dass der Leser Hintergründe oder Zusammenhänge besser nachvollziehen kann. Dadurch, dass es sich um die persönliche Meinung des Journalisten handelt, ist klar, dass ein Kommentar nicht nur informieren, sondern die Meinung des Lesers auch beeinflussen oder zumindest zur Meinungsbildung und Diskussion anregen will.

**Glosse:** Diese Textsorte beschäftigt sich mehr mit allgemeineren aktuellen Zeiterscheinungen und Alltagsdingen oder bezieht sich auf die oft eher „kleinen Nachrichten“ in den Zeitungen. Der Autor stellt eindeutig seine Meinung zum Thema dar. Die Darstellung ist oft übertrieben, nicht immer ganz ernst gemeint und nicht selten ironisch. Die Glosse dient also auch der Unterhaltung, der Verspottung. Dem Leser soll so auch seine eigene Einstellung zur behandelten Thematik verdeutlicht werden, bzw. er soll sein Verhalten überdenken.

Weitere Hilfestellungen bei der Bestimmung von Textsorten geben dir die Trainingsbände Realschule Deutsch des Stark-Verlags:

- Bettina und Friedel Schardt, Training Realschule Deutsch. Journalistische Texte lesen, auswerten und schreiben (Titel-Nr. 81442).
- Gabriele Achhammer und Friederike Gebhardt, Training Realschule Deutsch. Erörterung und Textgebundener Aufsatz (Titel-Nr. 91441).

# 3 Die Bestandteile des Textgebundenen Aufsatzes

Wie jeder Aufsatz besteht auch diese Aufsatzform aus **Einleitung, Hauptteil und Schluss**. Hinzu kommt zu Beginn – wie bei der Erörterung – eine **Gliederung**, die dir als Arbeitsplan für die Umsetzung der Arbeitsaufträge und als Inhaltsverzeichnis dient.

*Hinweis:*
Ein ausgearbeitetes Beispiel findest du im Anschluss ab Seite 52.

## 3.1 Die Gliederung – Umsetzung der Arbeitsaufträge

Jede Aufgabe des Arbeitsauftrags muss sich in der Gliederung wiederfinden. Aus Gründen der besseren Übersichtlichkeit kannst du bei mehrteiligen Arbeitsaufgaben jedem Teilbereich einen eigenen Oberpunkt zuweisen. Besteht der Arbeitsauftrag nur aus der Angabe „Setzen Sie sich mit dem Text auseinander …“ musst du alle möglichen Bereiche erarbeiten, so wie im nachfolgenden allgemeinen Beispiel. Weitere Hinweise zur Gliederung findest du im Kapitel zur „Erörterung“, Beispiele im Lösungsteil.

Gerade beim Textgebundenen Aufsatz können die Gliederungen recht lang und unübersichtlich werden, wenn du viele Einzelheiten aufnehmen möchtest. Daher gilt folgende Empfehlung:

- Die Gliederung soll vor allem ein **übersichtlicher Arbeitsplan** sein.
- Es genügt, wenn du in deiner Gliederung die **Oberpunkte** und nur die **wesentlichen Unterpunkte** anführst (siehe folgende Gliederung).
- Auf jeden Fall kannst du in der Gliederung auf Belege und Beispiele verzichten.

Um bei der Ausarbeitung nichts zu vergessen, verwendest du deine **ausführlichen Notizen**, in denen du die Einzelheiten zu den einzelnen Gliederungspunkten festhältst. Je besser und vollständiger deine Notizen sind, desto kürzer kannst du deine Gliederung anlegen. Wichtig ist, dass du einen **genauen Überblick** für die Ausarbeitung deines Aufsatzes hast.

Die Gliederung kann entweder **konventionell** mit römischen und arabischen Zahlen und Buchstaben (A., B., I., 1. a), 1. b), …) oder **nummerisch** abgefasst sein (siehe S. 9). Das folgende Beispiel ist eine nummerische Gliederung:

**A. Textsorte, Autor, Basisinformationssatz oder Hinführung zum Thema** (als Satz formuliert)

**B. Formulierung des Themas: Auseinandersetzung mit dem Text und weiterführende Aufgabe** (Erörterung oder Leserbrief usw., meist zur Wahl gestellt)

**1 Inhalt und innerer Aufbau**

**2 Textäußeres und dessen Wirkung**

2.1 Umfang und Aufbau

2.2 Optische Gestaltungsmittel

Bei literarischen Texten kann anstelle des Textäußeren die Charakterisierung von Personen treten:

**2 Charakterisierung der Hauptpersonen**

2.1 Hauptperson 1
2.2 Hauptperson 2
…

Für alle Texte gilt:

**3 Bestimmung der Textsorte:** … (z. B. Kommentar, Reportage, Kurzgeschichte)

**4 Analyse der sprachlichen Mittel**

4.1 Wortwahl

4.2 Satzbau

4.3 Auffällige Stilmittel

**5 Absicht des Verfassers und Wirkung des Textes**

5.1 Einstellung/Absicht des Verfassers

5.2 Wirkung auf den Leser
…

**6 Weiterführende Aufgabe: Erörterungsthema**

6.1 Argument 1: …

6.2 Argument 2: …
…

oder (bei einer alternativen weiterführenden Aufgabe):

**6 Weiterführende Aufgabe:**

Leserbrief zu …,
Appell an …,
Beschwerde über …
oder:
Stellungnahme zu …

Eine weitere Untergliederung erscheint bei dieser Aufgabenstellung nicht notwendig. Halte dich an die Empfehlungen deiner Deutschlehrkraft.

**C. Begründete persönliche Stellungnahme als Schlussgedanke** (als Satz formuliert)

## 3.2 Die Einleitung

➡ Die Einleitung soll nicht nur das **Interesse** des Lesers **wecken**, sondern auch zur **Thematik hinführen**.

Dafür eignen sich folgende Inhalte:

- Informationen über den Autor (oder nur Nennung des Autors, wenn keine weiteren Angaben vorhanden sind)
- Daten zum Text (Titel, Quelle, Erscheinungszeit usw.)
- Einordnung des Textes in die literarische oder geschichtliche Epoche (nur bei literarischen/poetischen Texten)
- Bestimmung der Textsorte
- Basisinformationssatz zur Thematik des Textes

oder:

- Hinführung zum Thema durch einen eigenständigen Einleitungsgedanken (wie bei der Erörterung)

## 3.3 Die Texterschließung

Im **Hauptteil** des Textgebundenen Aufsatzes musst du die bereits in die Gliederung eingegangenen Arbeitsaufträge ausarbeiten. Zunächst musst du dich **mit dem Text selbst auseinandersetzen** und im Rahmen einer **Texterschließung** zeigen, dass du den Text verstanden hast. Dabei können folgende Aufgabenbereiche von dir gefordert sein:

- Inhaltszusammenfassung/Kurzwiedergabe des Inhalts mit innerem Aufbau
- Untersuchung des Textäußeren
- Charakteristik der Hauptpersonen (vor allem bei literarischen Texten)
- Bestimmung der Textsorte
- Analyse der Sprache und des Stils
- Absicht des Autors und Wirkung des Textes auf den Leser

➡ Deine Auseinandersetzung muss sich **immer auf den Text beziehen**. Die **Wirkung** der erarbeiteten Merkmale darfst du nicht vergessen, sie ist am Text zu belegen und nicht nur allgemein zu nennen.

**Inhaltszusammenfassung**, oft in Verbindung mit **innerer Struktur**

Achte bei einer Inhaltszusammenfassung auf Folgendes:

- Basisinformationssatz
- Beantwortung der wichtigen W-Fragen
- Beschränkung auf das Wesentliche
- in eigenen Worten
- Zeitstufe Präsens
- indirekte Rede (statt wörtlicher Rede)
- **Funktion der einzelnen Sinnabschnitte** für das Textganze, also z. B. Einleitung, Hinführung, Wendepunkt, Darstellung der Ausgangssituation, Schlusspointe usw.

**Untersuchung des Textäußeren**

Beim Textäußeren (auch äußerer Aufbau, äußere Form, Aufmachung, Erscheinungsbild genannt) kannst du folgende Bereiche genauer untersuchen:

- Umfang und Aufbau: Überschriften, Dachzeilen, Schlagzeilen, Vorspann, Absätze, Spalten, Autorenname, Rubrikname usw.
- Schriftgröße der Schlagzeilen, Fettdruck, Balken, Rahmen, Bilder, Karikaturen, Diagramme, Zeichnungen, Hervorhebungen usw.

**Charakteristik der Hauptpersonen** (bei literarischen Texten)

Bei literarischen Texten kann eine Charakterisierung der Hauptperson(en) verlangt werden. Die äußeren Angaben dazu (Name, Alter, Beruf usw.) sind der Textvorlage leicht zu entnehmen. Wenn aber Charaktereigenschaften nicht konkret genannt werden, kannst du oft aus dem Verhalten Rückschlüsse ziehen und so den handelnden Personen bestimmte Charaktermerkmale zuordnen (z. B. fleißig/faul, ehrlich/verlogen, gutgläubig/misstrauisch, offen/verschlossen). Wichtig hierfür sind nicht nur die Verhaltensweisen der zu beschreibenden Person, sondern auch das Verhalten der anderen Beteiligten gegenüber der zu beschreibenden Person. Oft hilft dir dabei auch der Blick auf Attribute und Adverbiale.

➡ Leite aus den **Verhaltensweisen der Person(en) bestimmte Eigenschaften** ab und belege sie mit Textaussagen.

**Bestimmung der Textsorte anhand typischer Merkmale**

Führe wichtige Merkmale der Textsorte an und belege sie mit Textbeispielen. Hierbei genügt das Überblickswissen (siehe S. 39/40) sicher nicht. Hierzu musst du die **wichtigen und eindeutigen Merkmale der Textsorten** gelernt haben und sicher beherrschen! Manchmal kann es sich bei den Texten um **Mischformen** handeln. Dann musst du darauf hinweisen und die Hauptmerkmale der infrage kommenden Textsorten herausarbeiten.

### Analyse der Sprache und des Stils

> Zu einer Sprach- und Stilanalyse gehört immer die **textbezogene Wirkung** der erarbeiteten Merkmale. Stelle die Sprachanalyse unter folgende Leitfragen:
> 1. Was will der Autor mit dem Text erreichen? (Absicht/Ziel)
> 2. Wie hat der Autor seine Gedanken, Inhalte formuliert? (Grammatik/Stil)
> 3. Welche Wirkung besitzen die einzelnen sprachlichen Gestaltungsmittel?

Dabei kannst du folgende Punkte untersuchen:

- **Wortwahl:** Häufung von bestimmten Wortarten (Verben, Substantive, Adjektive ...), Umschreibungen, sprachliche Bilder, Vergleiche, Sprachebene (Jugendsprache, Umgangssprache ...), Fremdwörter, fachsprachliche Ausdrücke (Wissenschaft, Technik, Sport, Kunst ...), Schlagwörter, Schlüsselwörter, Anglizismen, Modewörter, veraltete Wörter, Wortneuschöpfungen, Zahlen usw.
- **Satzbau:** Satzarten, Satzgefüge, Satzreihen, unvollständige Sätze, kurze Sätze, lange Sätze, Zusammenhänge zwischen Absicht und Satzbau usw.
- **Stilmittel/rhetorische Mittel:** direkte Rede, indirekte Rede, Aufzählung, rhetorische Frage, Parenthese, Inversion, Ellipse, Parallelismus, Anapher, Alliteration, Vergleich, Metapher, Wortspiel, Ironie, Übertreibung usw.

Die genannten Beispiele, nach denen du eine Untersuchung ausrichten kannst, sind nur Vorschläge und natürlich auch vom gewählten Text abhängig.

### Absicht des Autors und Wirkung des Textes auf den Leser

> Stelle ausführlich **anhand von Textstellen** dar, was der Autor mit seinem Text **aussagen will** und **welche Wirkung** der Text auf dich als Leser hat. Halte dich auch hier an die Funktion der **Textsorte**.

Texte können

- unterhalten,
- Kritik üben an gesellschaftlichen oder politischen Missständen oder an bestimmten menschlichen Verhaltensweisen,
- zum Nachdenken und Weiterdenken anregen,
- zum Handeln aufrufen,
- einen Standpunkt klar darlegen,
- an die Vernunft appellieren,
- zur Hilfe aufrufen,
- Verhaltensänderungen erreichen wollen,
- zur Überprüfung eigener Ansichten herausfordern oder
- einfach nur informieren.

## 3.4 Die weiterführende argumentative Schreibaufgabe

Im Anschluss an die Texterschließung kannst du in der Regel zwischen einer weiterführenden argumentativen oder offenen Schreibaufgabe wählen.
Bei einer **argumentativen Schreibaufgabe** sollst du entweder eine Erörterung/Stellungnahme, einen Leserbrief, einen Appell/Aufruf oder eine Beschwerde schreiben. Hier geht es darum, dass du **mit Argumenten überzeugst**. Du musst hier also auch nach dem Schema Behauptung – Begründung – Beispiel – Folgen/Wirkungen vorgehen. Einzelne Beispiele dazu findest du in den Lösungen zu den Prüfungsaufgaben.

**Erörterung oder Stellungnahme**

Bei der Erörterung oder Stellungnahme innerhalb des Textgebundenen Aufsatzes musst du zu einer Aussage, zu einem Gesichtspunkt oder zur Thematik des Textes Argumente formulieren und deine Meinung äußern. Die Argumente sind genauso wie bei der allgemeinen Erörterung aufzubauen (siehe S. 12/13) und in die Gliederung an der entsprechenden Stelle aufzunehmen. Hier wird von dir natürlich keine so umfangreiche Abhandlung wie bei den reinen Erörterungsthemen erwartet. Dazu reicht die Zeit bei der weiterführenden Aufgabe des Textgebundenen Aufsatzes auch gar nicht aus. Wie viele Argumente du hier benötigst, kannst du sicher deinen Aufzeichnungen aus dem Deutschunterricht entnehmen.

**Vorgehensweise:**
Siehe Kapitel „Grundlegendes zur Erörterung“, S. 1–15.

**Leserbrief**

In einem Leserbrief wendest du dich in Briefform an eine Zeitung oder Zeitschrift und äußerst dich zu einem Zeitungsartikel (in der Regel der Text aus der Aufgabenstellung), den du berichtigst, ergänzt oder kritisierst. Du kannst hier auch Anregungen, Lösungsvorschläge oder Hinweise auf weitere Probleme ansprechen.
Diese Aufgabe ist häufig mit einer eigenen **Stellungnahme** verknüpft. In diesem Fall musst du sowohl die Grundregeln der Stellungnahme als auch die Merkmale der Briefform einhalten. Überlege, welche **Position** du in deinem Leserbrief vertreten willst. Das ist die Ausgangsbasis für deinen Brief.
Nimm bei der Darstellung Rücksicht auf die Leser und beachte ihr mögliches Wissen (oder Nicht-Wissen) und ihre Erwartungen an die Sprache. In der Regel ist es daher sinnvoll, einen Leserbrief **sachlich** und ohne Umgangssprache zu formulieren.

**Vorgehensweise:**
- Untersuche, was die Aufgabenstellung von dir verlangt (**Themaanalyse**).
- Notiere die **Kernaussagen** des Zeitungsartikels, auf die du dich in deinem Leserbrief beziehen möchtest. Lege anschließend deine eigene **Meinung** zum Thema fest.
  Fertige nun eine Stoffsammlung und eine Gliederung an.
- Formuliere deine **Einleitung**. Beginne deinen Brief mit den **Adressen** von Absender und Empfänger, **Orts-** und **Datumsangabe** und einer **Anrede**. Nenne in der Einleitung **Titel** und **Verfasser** des Textes (bei einem Zeitungsartikel zusätzlich die **Quelle** und das **Erscheinungsdatum**).
  Gehe kurz auf die **Problematik/Sachlage** ein, die im Text behandelt wird (Kernaussagen). Erläutere dann deinen **persönlichen Bezug** zum Thema (z. B. eigene Erfahrungen, Aktualität der Problematik).
- Schreibe den eigentlichen Brief. Achte grundsätzlich darauf, die **Ich-Form** zu verwenden. Behalte den **roten Faden** bei: Schweife nicht vom Thema ab und fasse dich eher

kurz. Den **Hauptteil** des Briefes kannst du ähnlich wie eine **Erörterung** gestalten. Anders als bei einer Erörterung solltest du aber von Anfang an deine eigene Meinung in den Vordergrund stellen, sie ausführlich begründen und vor allem mit eigenen Erfahrungen veranschaulichen.

- Der **Schluss** des Briefes kann zusammenfassen, weiterführende Lösungen anbieten, an den Leser appellieren usw. Oft endet der Leserbrief auch mit einer Schlusspointe. Beende den Leserbrief mit einer **Schlussformel** (z. B. „Mit freundlichen Grüßen …"), unterschreibe mit deinem **Namen** und füge deine Adresse an.

## Aufruf/Appell

Ein **Aufruf** (Appell) gehört zu den sogenannten appellativen Texten, wie auch zum Beispiel der Werbetext. Aufrufe suchen zu überzeugen, appellieren an den Leser, in einer gewünschten Art zu handeln. Anders als ein Werbetext sollte ein Aufruf ausführlich und mit stichhaltigen Aussagen argumentieren. Die Argumente sollten hier so gestaltet sein, dass sie die Aufmerksamkeit des Lesers besonders wecken können.
Anders als bei einer Erörterung musst du dich hier nicht immer an eine sachliche Sprache halten. Um die Zielgruppe deines Aufrufs überzeugen zu können, sind ggf. auch umgangssprachliche Formulierungen besser geeignet. Sprich den Leser direkt mit „du" oder „Sie" an.

**Vorgehensweise:**

- Notiere, welche **„Botschaft"** dein Aufruf enthalten soll und welche **Zielgruppe** du damit ansprechen willst.
- Überlege, mit welchen **Argumenten** du überzeugen kannst. Fertige eine Stoffsammlung und eine Gliederung an.
- Formuliere eine knappe, aussagekräftige **Überschrift**, die das Interesse des Lesers weckt und einen wesentliche Aspekt deiner Botschaft aufgreift.
- **Schreibe** nun deinen Aufruf. Bei der Gestaltung kannst du die Thesen (Behauptungen) aus der Gliederung als hervorgehobene **Zwischenüberschriften** verwenden. Die einzelnen Thesen können aufsteigend angeordnet werden (vom weniger Bedeutenden zum Wichtigen).
- Verfasse ein **Schlussresümee**, das noch einmal dein Hauptanliegen deutlich nennt. Sprich den Leser hier nochmals direkt an und fordere ihn zum Handeln auf (z. B. durch Imperativformen).

## Beschwerde

Eine **Beschwerde** hat ebenfalls Appellcharakter. Der Beschwerdeführer möchte z. B. erreichen, dass eine Person(engruppe) ihr Verhalten ändert oder dass ein sachlicher Mangel behoben wird. Zunächst musst du klären, was du erreichen möchtest und dann auflisten, warum du mit einem Verhalten oder einer Situation nicht einverstanden bist. In der Regel wird eine Beschwerde in der Form eines Briefs von dir verlangt werden. Halte dich also an die äußere Form eines offiziellen Briefs.
Schreibe sachlich, nur so kannst du dein Anliegen überzeugend darstellen. Berücksichtige dabei auch die Situation des Beschwerdeempfängers.

**Vorgehensweise:**

- **Notiere** alle **Mängel**, auf die du in deinem Beschwerdebrief hinweisen willst, in Stichworten. Erstelle eine Stoffsammlung und Gliederung.
- Beginne den Brief mit Absender- und Empfängeradresse, Ort, Datum und einer passenden Anrede.
- Stelle in der **Einleitung** das Fehlverhalten oder den mangelhaften Sachverhalt knapp dar.

- Führe im **Hauptteil** dein Anliegen an, indem du deine **Erwartungen** an den Beschwerdeempfänger beschreibst und deine **Forderungen** sachlich und klar vorbringst. Halte dich auch hier an die Struktur Behauptung, Begründung, Beispiel und Folgen/ Auswirkungen. Nur so kann deine Beschwerde erfolgreich sein.
- Setze ggf. im **Schlussteil** eine Frist, in der der Beschwerdeempfänger auf deine Forderungen reagieren soll. Beende den Brief mit einer geeigneten Schlussformel.

## 3.5 Die weiterführende offene Schreibaufgabe

Offenere Schreibformen verlangen, dass du nicht nur sachlich formulierst, sondern auch Gefühle, Stimmungen, Eindrücke **schilderst** bzw. dich in die Hauptfiguren des zu bearbeitenden Textes und in ihre Situation **hineinversetzt**. Hier ist es auch möglich, selbst sprachlich kreativ zu werden, indem du den vorgelegten Text weiterschreibst oder in eine andere Textsorte überträgst. Ausgangsbasis für diese Schreibformen ist immer der vorliegende Text.

### Persönlicher Brief

Einen persönlichen Brief kannst du anders gestalten als einen offiziellen Brief. Das beginnt schon mit der **äußeren Form:** In der Regel ist es nicht erforderlich, dass du die Anschrift des Verfassers und die des Empfängers im Briefkopf einfügst, da ein persönlicher Brief immer an jemanden gerichtet ist, den man kennt. Es genügen die Angaben von **Ort** und **Datum** sowie eine persönliche **Anrede**.
Zudem musst du dich in die **Situation der Person** hineinversetzen, die den Brief schreibt, denn es geht immer darum, dass du aus ihrer **Perspektive** schreibst. Wichtig ist, dass du Gefühle, Gedanken und Eindrücke so schilderst, als ob du die betreffende Person wärst. Verwende die **Ich-Form**.
Da es sich bei dem Verfasser immer um eine Figur aus einem Text handelt, musst du dafür die **Informationen** berücksichtigen, die der Text vermittelt. Dabei solltest du dich vor allem auf Einzelheiten beziehen, die dieser Figur besonders wichtig sind.
Versetze dich aber auch in den **Empfänger** hinein. Frage dich, was er weiß oder wissen könnte, und nimm darauf Bezug. Nimm auch auf seine Gefühle Rücksicht – selbst dann, wenn du Kritik an ihm üben willst. Dabei solltest du eine **Sprachebene** wählen, die dem Adressaten entspricht. Ob du z. B. auch umgangssprachliche Wendungen benutzen kannst, hängt ganz vom Empfänger ab. Vergiss am Ende nicht die Schlussformel!

**Vorgehensweise:**
- Überlege vor dem Schreiben, was du dem Empfänger sagen willst. Entscheide dich für eine **zentrale „Botschaft“**.
- Beginne den Brief mit **Ort, Datum** und einer passenden **Anredeformel**, die zum Adressaten passt (z. B. „Sehr geehrter …“, „Lieber …“, „Hallo …“).
- Da du nicht „mit der Tür ins Haus fallen“ solltest, musst du für den **Einstieg** einen **Anlass** wählen. Das kann z. B. etwas sein, was die Figur des Textes gerade erlebt hat.
- Denke darüber nach, wie du zur „Botschaft“ **hinführen** kannst, die du dem Adressaten sagen willst. Vergiss nicht, dass du deine Aussagen auch **begründen** solltest. Zwar handelt es sich nicht um eine Erörterung – aber es wäre trotzdem falsch, einfach nur Behauptungen oder Forderungen aufzustellen. Der Empfänger soll schließlich nachvollziehen können, was du ihm mitteilen willst.
- Überlege dir einen passenden „**Ausstieg**“, z. B. kannst du nochmals um Verständnis für dein Anliegen bitten oder dich im Voraus bedanken.
- Beende den Brief mit einer geeigneten **Schlussformel** (z. B. „Mit freundlichen Grüßen, Ihr …“, „Herzliche Grüße, dein …“, „Es umarmt dich dein …“).

### Tagebucheintrag

Ein Tagebucheintrag ist ein ganz besonders **persönlicher Text**, da der Verfasser hier nicht nur über seine Probleme und Sorgen sprechen kann, sondern auch seine geheimsten Gedanken und Gefühle zum Ausdruck bringen kann. Er geht schließlich davon aus, dass niemand – außer ihm selbst – das Tagebuch lesen wird.
Es gibt vor allem zwei Gründe, warum man ein Tagebuch schreibt: Zum einen ist es wie ein **Ventil für die eigenen Gefühle und Gedanken**. Das können positive Gefühle sein (z. B. wenn man frisch verliebt ist) oder auch negative Gefühle (z. B. wenn man sich an einem Tag über jemanden ganz besonders geärgert hat). Zum anderen dient es der **Erinnerung:** Man schreibt all das hinein, was man nicht vergessen möchte (z. B. wenn man ein besonderes Urlaubserlebnis für sich festhalten will).
Einen Tagebucheintrag kannst du sehr frei formulieren. Umgangssprachliche Wendungen solltest du aber nur verwenden, wenn das **zum (fiktiven) Verfasser passen** würde, also zu der Figur, in die du dich hineinversetzen sollst.
Wie der persönliche Brief steht auch ein Tagebucheintrag immer im **Zusammenhang mit dem Text**. Du musst also in diesem Fall genau überlegen, welche Gedanken und Gefühle die betroffene Person dazu veranlassen könnten, einen Tagebucheintrag zu schreiben.

**Vorgehensweise:**
- Versuche, dich in die Figur, die den Tagebucheintrag schreiben soll, hineinzuversetzen. Notiere, welche **Gedanken und Gefühle** diese Figur ganz besonders bewegen.
- Überlege, was die **Gründe** (z. B. Erlebnisse) für diese Gedanken und Gefühle sind.
- Denke über die **Hoffnungen und Erwartungen, Sorgen und Ängste** nach, die die Person hat – oder haben könnte. Auch diese führen zur Entstehung von Gefühlen, z. B. wenn die Person enttäuscht ist.
- Nun überlegst du, welche **Konsequenzen** der Tagebuchschreiber aus seinen Erfahrungen und Erlebnissen ziehen könnte. Vielleicht beschließt er, eine Freundschaft zu beenden? Oder er will sich aufraffen, jemandem die Meinung zu sagen?
- **Schreibe** nun den Tagebucheintrag. Orientiere dich dabei an deinen Notizen.

### Fortsetzung eines Textes

Bei Kurzgeschichten, Erzählungen oder Satiren kann die weiterführende Aufgabe auch darin bestehen, dass du eine Fortsetzung des Textes schreiben sollst. Wichtig ist hier, dass du einen möglichst „nahtlosen“ **Übergang** zum Originaltext herstellst. Das betrifft sowohl die **Sprache** als auch den **Inhalt**. Du darfst also nicht einfach deiner Fantasie freien Lauf lassen, sondern musst den gegebenen Text so weitererzählen, dass man kaum merkt, dass die Fortsetzung nicht vom Autor, sondern von dir stammt. Daher ist es wichtig, dass du möglichst nahe an der **Sprache des Originaltextes** formulierst und deine Weiterführung der Handlung **glaubwürdig** wirkt. Überlege auch genau, welche **Verhaltensweisen** zu den Figuren passen könnten, von denen erzählt wird.
Mitunter wird auch verlangt, dass du den Text **aus der Sicht einer bestimmten Person** weitererzählst. Dann musst du dich in diese Person hineinversetzen und überlegen, wie sie denken und handeln könnte. In diesem Fall schreibst du deine Fortsetzung in der **Ich-Form**.

**Vorgehensweise:**
- Überlege, wie die **Person**, von der im Text erzählt wird, **handeln** könnte.
- Denke außerdem darüber nach, wie die **anderen Personen**, von denen ebenfalls die Rede ist, **reagieren** würden.
- Entscheide, wie die Geschichte **enden** soll. Das ist das Ziel deiner Fortsetzung.

- Fülle die „Lücke", die sich zwischen dem Originaltext und deinem Schluss ergibt, mit **Handlungsschritten**, die logisch und glaubwürdig sind. Halte die Handlungsschritte stichwortartig fest und erstelle so einen **Arbeitsplan**.
- Achte darauf, dass deine Fortsetzung sowohl von der Wortwahl (Hochsprache, Umgangssprache) als auch vom Satzbau her der Sprache des Originaltextes entspricht. Verwende hin und wieder **wörtliche Rede** oder wörtliche Gedanken, wenn das zum Originaltext passt.

## Übertragung in eine andere Textsorte

Wenn du den gegebenen Text in eine andere Textsorte übertragen sollst, musst du zwei Schwierigkeiten bewältigen: Zum einen musst du das im Originaltext **dargestellte Geschehen** Schritt für Schritt rekonstruieren und **alle wesentlichen Informationen** des Ausgangstextes dabei berücksichtigen. Zum anderen musst du deine Darstellung an die neue Textsorte anpassen. Wichtig ist daher, dass du die besonderen **Merkmale der Textsorte** gut kennst und bei deiner Darstellung genau beachtest:

**Vorgehensweise:**
- Notiere dir stichwortartig die besonderen **Merkmale der Textsorte**, damit du dich beim Schreiben von Anfang an daran orientieren kannst.
- Mache dir anschließend Notizen zu den einzelnen **Handlungsschritten**.
- Formuliere deinen **Anfang**. Das ist das Schwierigste. Achte darauf, dass du von Anfang an die Merkmale der Textsorte berücksichtigst (z. B. beginnt eine Kurzgeschichte unmittelbar mit der Handlung ohne eine Einführung in Ort, Personen und Ausgangssituation).
- Setze deine **Darstellung** fort. Orientiere dich dabei an den Stichworten zu den einzelnen Handlungsschritten.
- Finde einen passenden **Schluss**. (Z. B. endet eine Kurzgeschichte immer ohne Ergebnis, also mit einem offenen Schluss.)

## Schilderung von Gedanken, Empfindungen, innerer Monolog

Eine Schilderung stellt Erlebnisse, Ereignisse, vor allem aber **Gedanken, Stimmungen und Empfindungen** anschaulich dar. Ihr Ziel ist nicht die Information über ein Geschehen, sondern die Veranschaulichung der Wirkung auf eine Person. Deswegen stehen Gedanken und Empfindungen im Vordergrund. Ein sogenannter **innerer Monolog** einer Hauptfigur von einer Geschichte ist zum Beispiel der Ort für diese Art der sprachlichen Darstellung.

**Vorgehensweise:**
- Die Schilderung richtet sich nach dem **zeitlichen Ablauf** des Geschehens.
- Besonders bedeutende Augenblicke werden **genau** und **nachvollziehbar** dargestellt.
- Die Schilderung kann mit einem **Gesamteindruck** über die Person enden.
- Da der Leser die Gefühls- und Gedankenwelt der Person nachempfinden können muss, wählst du hierzu eine **anschauliche und persönliche Sprache** mit lebendigen und wertenden Adjektiven, aussagekräftigen Verben z. B. der Bewegung, des Fühlens und Sprachbilder bzw. Vergleiche.
- Oft ist das **Präsens** die wirkungsvollere Zeitstufe, da es direkter wirkt.
- Bei einem **inneren Monolog** musst du das Geschehen in der Ich-Form aufschreiben. Dabei musst du vor allem die möglichen Gedanken der Person darstellen. In diesem Fall solltest du dich nicht scheuen, auch Gedankensprünge einzuplanen; das ist ja gerade das besondere Merkmal eines inneren Monologs.

## 3.6 Der Schluss

> ➡ Eine begründete persönliche Stellungnahme zum Text, zu seiner Thematik oder zum Thema der weiterführenden Erörterung kann den **Aufsatz abrunden**.

Als weitere Gestaltungsmöglichkeiten für den Schluss sind denkbar:

- kurze Zusammenfassung wichtiger Ergebnisse der Auseinandersetzung mit dem Text,
- begründete Kritik oder Würdigung des Textes oder der Absichten,
- Ergänzung um einen Teilaspekt, der in der Aufgabenstellung selbst nicht verlangt ist.

Wenn als weiterführende Aufgabe eine persönliche Stellungnahme, beispielsweise in Form eines Leserbriefs, verlangt wird, ist es ratsam, im Schlussteil C. auf eine eigene Stellungnahme zu verzichten und stattdessen hier eine andere Möglichkeit (Zusammenfassung der Ergebnisse, Ergänzungen) zu wählen.

### Hinweise zum Üben des Textgebundenen Aufsatzes

Vollständige **Gliederungs- und Aufsatzbeispiele**, die die einzelnen Arbeitsschritte des Textgebundenen Aufsatzes berücksichtigen und darstellen, findest du in den **Lösungsvorschlägen zu den Abschlussprüfungen**. Verwende sie nicht nur als Anschauungsmaterial, sondern als Grundlage zu eigenständigen Übungen:

- **Einüben der Gliederung:** Nimm nur Text und Arbeitsauftrag und erarbeite dann selbstständig eine Gliederung. Vergleiche hinterher deine Lösung mit der hier vorgeschlagenen Gliederung und überarbeite sie gegebenenfalls.
- **Einüben der vollständigen Ausarbeitung:** Orientiere dich zunächst an den vorgeschlagenen Gliederungen und formuliere dazu einzelne Bereiche oder den ganzen Aufsatz aus. Wenn du dir schon sicherer bist: Sieh dir nur Text und Aufgabenstellung an und entwerfe eine eigene Gliederung mit einem vollständigen Aufsatz. Vergleiche und überarbeite deine Lösungen mithilfe der Lösungsmöglichkeiten in diesem Buch.

Beachte dabei aber, dass es sich hier um Lösungsvorschläge und „Maximallösungen“ handelt, die von dir in diesem Umfang nicht unbedingt erwartet werden, um als sehr gute Arbeit zu gelten!

**„Roter Faden“ zum Textgebundenen Aufsatz**

1. **Lies** den Text mehrmals gründlich durch. Papier, Lineal und Stifte müssen bereitliegen.

2. **Unterstreiche** wichtige Stellen oder hebe sie **farbig** hervor. Kennzeichne mit **Symbolen** Bedeutsames und Unklares.

3. **Analysiere** die Aufgabenstellung genau.

4. Ermittle die **Textsorte** und rufe dir die wichtigsten Ziele und Absichten dieser Textsorte in Erinnerung.

5. Erarbeite anhand der Aufgabenstellung eine **Grobgliederung**, die genug Platz für weitere Ergänzungen besitzt. Erarbeite die Aufgaben der Reihe nach, halte die Ergebnisse stichpunktartig fest und trage sie in den Gliederungsentwurf ein.

6. Berücksichtige dabei alle **Arbeitshinweise**, die du bei den einzelnen Aufgabenbereichen anwenden sollst.

7. Vergiss bei der Textanalyse nie den Texthintergrund und die Antworten auf die Fragen: **Wozu** setzt der Autor diese sprachlichen Mittel ein? **Welche Absichten** verfolgt er mit dem Text?

8. Formuliere nun die endgültige **Gliederung** und ergänze sie mit einem **Einleitungs-** und **Schlussgedanken**.

9. Entwickle nun aus den Stichpunkten und aus der Gliederung die **Reinform des Aufsatzes**. Bedenke dabei, dass wohl keine Zeit zum Aufsetzen des ganzen Aufsatzes bleiben wird.

10. Verknüpfe die einzelnen Arbeitsbereiche sprachlich und mache dazwischen jeweils einen **Absatz**.

11. Die **Einleitung** darf keine Antworten auf Aufgaben des Hauptteils enthalten.

12. Bearbeite nach der Auseinandersetzung mit dem Text die **weiterführende Aufgabe** und halte dich dabei genau an die gewählte Aufgabenstellung.

13. Schließe deinen Aufsatz mit einem sinnvollen **Schluss** ab.

14. Achte bei der Formulierung des Aufsatzes immer auf den **Sinn**, die **Anschaulichkeit** und den **Bezug zum Text**.

15. Überarbeite deinen Aufsatz abschließend und kontrolliere, ob obige Punkte erfüllt sind. Beachte dabei besonders auch die **äußere Form** (Absätze, Schrift) sowie die **Rechtschreibung** und **Grammatik**. Verbessere umgangssprachliche Ausdrücke, Wiederholungen und Hilfsverbstil (Vermeidung von „ist“/„hat“).

Den „Roten Faden zum Textgebundenen Aufsatz“ kannst du auch als „Stichwortzettel“ verwenden, um zu überprüfen, ob du alle Schritte beherrschst.

# 4 Aufsatzbeispiel

## Neapel sehen

von Kurt Marti

Er hatte eine Bretterwand gebaut. Die Bretterwand entfernte die Fabrik aus seinem häuslichen Blickkreis.

Er hasste die Fabrik.

Er hasste seine Arbeit in der Fabrik.

Er hasste die Maschine, an der er arbeitete.

Er hasste das Tempo der Maschine, das er selber beschleunigte.

Er hasste die Hetze nach Akkordprämien[1], durch welche er es zu einigem Wohlstand, zu Haus und Gärtchen gebracht hatte.

Er hasste seine Frau, sooft sie ihm sagte, heut nacht hast du wieder gezuckt. Er hasste sie, bis sie es nicht mehr erwähnte. Aber die Hände zuckten weiter im Schlaf, zuckten im schnellen Stakkato[2] der Arbeit.

Er hasste den Arzt, der ihm sagte, Sie müssen sich schonen, Akkord ist nichts mehr für Sie.

Er hasste den Meister, der ihm sagte, ich gebe dir eine andere Arbeit, Akkord ist nichts mehr für dich.

Er hasste so viele verlogene Rücksicht, er wollte kein Greis sein, er wollte keinen kleineren Zahltag, denn immer war das die Hinterseite von so viel Rücksicht, ein kleinerer Zahltag.

Dann wurde er krank, nach vierzig Jahren Arbeit und Hass zum ersten Mal krank. Er lag im Bett und blickte zum Fenster hinaus. Er sah sein Gärtchen. Er sah den Abschluss des Gärtchens, die Bretterwand. Weiter sah er nicht. Die Fabrik sah er nicht, nur den Frühling im Gärtchen und eine Wand aus gebeizten Brettern. Bald kannst du wieder hinaus, sagte die Frau, es steht alles in Blust[3]. Er glaubte ihr nicht. Geduld, nur Geduld, sagte der Arzt, das kommt schon wieder. Er glaubte ihm nicht. Es ist ein Elend, sagte er nach drei Wochen zu seiner Frau, ich sehe immer das Gärtchen, sonst nichts, nur das Gärtchen, das ist mir zu langweilig, immer dasselbe Gärtchen, nehmt doch einmal zwei Bretter aus der verdammten Wand, damit ich was anderes sehe. Die Frau erschrak. Sie lief zum Nachbarn. Der Nachbar kam und löste zwei Bretter aus der Wand. Der Kranke sah durch die Lücke hindurch, sah einen Teil der Fabrik. Nach einer Woche beklagte er sich, ich sehe immer nur das gleiche Stück der Fabrik, das lenkt mich zuwenig ab. Der Nachbar kam und legte die Bretterwand zur Hälfte nieder.

Zärtlich ruhte der Blick des Kranken auf seiner Fabrik, verfolgte das Spiel des Rauches über dem Schlot, das Ein und Aus der Autos im Hof, das Ein des Menschenstromes am Morgen, das Aus am Abend. Nach vierzehn Tagen befahl er, die stehen gebliebene Hälfte der Wand zu entfernen. Ich sehe unsere Büros nie und auch die Kantine nicht, beklagte er sich. Der Nachbar kam und tat wie er wünschte. Als er die Büros sah, die Kantine und so das gesamte Fabrikareal, entspannte ein Lächeln die Züge des Kranken. Er starb nach einigen Tagen.

*aus: Kurt Marti: Erzählungen. Dorfgeschichten, Bürgerliche Geschichten, Nachtgeschichten, mit einem Vorwort von Elsbeth Pulver. © 1996 Nagel und Kimche im Carl Hanser Verlag München/Wien, S. 16f.*

**Worterklärungen:**

1 Akkord = Arbeitsweise, bei der der Lohn von der produzierten Stückzahl pro Zeiteinheit abhängt
2 Stakkato = schneller, abgehackter Rhythmus
3 Blust = in der Schweiz und im Südwesten Deutschlands gebräuchlicher Ausdruck für „Blüte“

**Informationen zu Verfasser und Text:**
Kurt Marti (geboren 1921 in Bern/Schweiz) studierte Theologie und war seit 1961 als Pfarrer in Bern tätig. Seit 1983 arbeitet er als freier Schriftsteller. „Neapel sehen" erschien 1960 in dem Buch *Dorfgeschichten*. Der Titel spielt auf die Redensart „Neapel sehen und sterben" an, mit der die Sehnsucht nach fernen Orten umschrieben wird.

## Arbeitsauftrag:

*Hinweis:* Um möglichst viele Aufgabenbeispiele zu veranschaulichen, sind hier mehr Aufgaben formuliert. In der Regel ist die Aufgabenstellung in der Prüfung etwas kürzer.

Lesen Sie den Text „Neapel sehen" sorgfältig durch und bearbeiten Sie dann die folgenden Aufgaben. Bei Nummer 6 können Sie a oder b wählen.

1. Fassen Sie den Inhalt so zusammen, dass der Textaufbau erkennbar wird.
2. Charakterisieren Sie den Mann, über den erzählt wird.
3. Weisen Sie die Textsorte nach.
4. Beschreiben Sie wichtige sprachliche Besonderheiten.
5. Welche Absicht könnte der Verfasser mit diesem Text verfolgen? Begründen Sie Ihre Meinung.
6. a) Erörtern Sie, was der Einzelne dafür tun kann, einen Ausgleich zur täglichen Arbeit zu finden.

   oder:

   b) Versetzen Sie sich in die Situation der Ehefrau in dem Moment, als der Ehemann verlangt, zwei Bretter aus der Wand zu nehmen. Verfassen Sie einen inneren Monolog aus ihrer Sicht.

**Mögliche Gliederung**

**A. Ein Fabrikarbeiter, der sein Leben lang im Akkord arbeitete, erkrankt schwer und sehnt sich am Ende seines Arbeitslebens so sehr nach der eigentlich verhassten Fabrik, dass er ohne ihren Anblick nicht sterben kann.**

**B. Auseinandersetzung mit dem Text „Neapel sehen" und weiterführende Aufgabe**

**1 Zusammenfassung des Inhalts mit Textaufbau**

**2 Charakterisierung des schwerkranken Fabrikarbeiters**

**3 Nachweis der Textsorte: Kurzgeschichte**

**4 Sprachliche Besonderheiten**

4.1 Wortwahl

4.2 Satzbau

**5 Mögliche Absicht des Autors**

**6 Weiterführende Aufgabe: Möglichkeiten des Einzelnen, einen Ausgleich zur täglichen Arbeit zu finden**

6.1 Freundschaften und Familienleben pflegen

6.2 Sport treiben

6.3 Hobbys nachgehen

oder:

**6 Weiterführende Aufgabe: Innerer Monolog der Ehefrau, nachdem ihr Mann darum gebeten hat, zwei Bretter aus der Wand zu nehmen**

**C. Arbeit ist zwar ein wichtiger Lebensinhalt, sie darf jedoch nicht der einzige sein**

## Aufsatzbeispiel

*(Die Randspalte dient nur der Orientierung.)*

In der Kurzgeschichte „Neapel sehen" des Schweizer Theologen und Schriftstellers Kurt Marti geht es um einen Fabrikarbeiter, der zeitlebens im Akkord gearbeitet hat und daher Fabrik und Arbeitsweise so sehr hasst, dass er eine Bretterwand baut, um die Fabrik von seinem Haus aus nicht mehr sehen zu müssen. Schließlich erkrankt er schwer und sehnt sich am Ende seines Lebens so sehr nach der eigentlich verhassten Fabrik, dass er erst sterben kann, als er wieder einen freien Blick auf seine Arbeitsstätte hat. **A. Einleitungsgedanke**

Die Kurzgeschichte ist dreiteilig aufgebaut: Im ersten Teil (Z. 1–18) wird zunächst beschrieben, dass der Arbeiter eine Bretterwand baut, die den Anblick der Fabrik verhindert, weil er diese hasst. Danach folgt eine mehrteilige Erläuterung dieses Hassgefühls: Der Fabrikarbeiter hasst das aufreibende und gleichförmige Arbeitsleben und die enorme körperliche Belastung der Akkordarbeit. Gleichzeitig scheint er nicht wahrhaben zu wollen, dass er älter und somit weniger leistungsfähig geworden ist. Daher richtet sich sein Hass nicht nur auf die Fabrik, sondern auch gegen jene, die ihn auf sein Alter hinweisen und sich, wie etwa die Ehefrau, Sorgen um seine Gesundheit machen. Aus Stolz und weil er nicht weniger verdienen will, ignoriert er alle Ratschläge. Der zweite Teil (Z. 19–32) beginnt mit der Krankheit des Fabrikarbeiters. Der Mann hat resigniert, er glaubt dem Optimismus von Ehefrau und Arzt, dass er bald wieder gesund sein werde, nicht. Der ewiggleiche Blick auf den Garten langweilt ihn so sehr, dass er den Nachbarn bittet, zunächst zwei Bretter und dann eine ganze Hälfte der Wand zu entfernen. Erst danach scheint der Kranke zufrieden zu sein, weil er einen detaillierten Blick auf das Fabrikleben hat. Im dritten Teil (Z. 33–39) wird die Veränderung des Mannes beschrieben, als auch der Rest der Wand fällt und er nun alle Gebäude seiner Fabrik sehen kann. Zufrieden und entspannt stirbt schließlich der Mann ein paar Tage später. **B. Hauptteil** 1 Inhalt und Aufbau

Der Fabrikarbeiter scheint ein sehr gespaltenes Verhältnis zu seiner Arbeit zu haben. Einerseits verbannt er sie mit einer Bretterwand aus seinem Sichtfeld und entwickelt Hassgefühle gegenüber allem, was mit der Arbeit zusammenhängt (Z. 1–7). Andererseits beschleunigt er selbst das verhasste Tempo der Maschine (Z. 6) und ist durch die verhassten Akkordprämien auch zu einem gewissen Wohlstand gekommen (Z. 7 f.). Wie sehr er dennoch mit seiner Arbeit verbunden ist, erfährt man dadurch, dass die Fürsorge seiner Frau, des Arztes und des Meisters auf Ablehnung stößt und mit demselben Hass belegt wird wie die Fabrik und seine Arbeit (Z. 9–15). 2 Charakterisierung

Für ihn ist das alles „verlogene Rücksicht“ (Z. 16), verlogen auch deshalb, weil er offenbar der Ansicht ist, dass man ihn zum „alten Eisen“ zählen will, um ihm weniger Lohn zu bezahlen.
Als er erkrankt ist, scheint er zu spüren, dass es keine Chance auf Heilung mehr gibt (Z. 22–24). In dieser Lage empfindet er Langeweile, der er offenbar nur damit begegnen kann, dass er sich wieder einen Blick auf seine eigentlich gehasste Fabrik verschafft (Z. 25–30). Je größer das Blickfeld wird, desto größer wird die „Ablenkung“, „zärtlich“ ruht der Blick auf „seiner Fabrik“ (Z. 33), schließlich „entspannt ein Lächeln die Züge des Kranken“ (Z. 39), und er stirbt nach einigen Tagen. Dies lässt den Schluss zu, dass die Arbeit, die ihn letztendlich krank gemacht und ihm die Vielfalt des Lebens entzogen hat, der einzige Lebensinhalt gewesen ist.

3 Textsortennachweis

„Neapel sehen“ ist eine typische Kurzgeschichte. Die Handlung beginnt ohne Einleitung („Er hatte eine Bretterwand gebaut.“). Danach entwickelt sie sich geradlinig weiter: Knapp und fast stichpunktartig erfährt man vom Hass des Mannes auf seine Arbeit, von den Umständen seiner Krankheit und schließlich auch von seinem Sterben. Typisch für diese Textsorte ist es, dass sich die Handlung oft auf ein einzelnes Ereignis aus dem Alltagsgeschehen konzentriert, in diesem Fall ist es die schwere Erkrankung eines Fabrikarbeiters. Das Erzählte beleuchtet schlaglichtartig ein ganzes Arbeiterleben. Die verhasste Tätigkeit in der Fabrik steht im Mittelpunkt dieses Lebens und bestimmt es sogar noch in der Krankheit und im Sterben. Andererseits gewinnt der Mann in seiner Situation eine besondere Einsicht. Er akzeptiert die Dominanz „seiner Fabrik“ in seinem Leben und „versöhnt“ sich schließlich mit ihr und seinem Leben für die Arbeit. Deswegen ist es auch schlüssig, dass die Kurzgeschichte hier nicht offen endet, denn der Arbeiter kann ohne den Anblick „seiner“ Fabrik nicht sterben. Zudem haben die Figuren in der Kurzgeschichte keine Namen. Es geht nicht nur um ein persönliches Schicksal, sondern der Inhalt der Geschichte ist übertragbar auf viele Lebenswege.

4 Sprachliche Mittel

4.1 Wortwahl

Zwischen den ersten beiden Teilen und dem dritten Teil besteht ein deutlicher Unterschied in Satzbau und Wortwahl. Die Kurzgeschichte ist insgesamt in einfacher, klarer Alltagssprache verfasst – bis auf die beiden auffälligen Fremdwörter „Akkord“ (Z. 7, 12, 14) und „Stakkato“ (Z. 11). Schließlich ist es die durch diese beiden Begriffe beschriebene Art der Arbeit, die den Mann zerbrechen lässt. Beherrscht wird der Text in den beiden ersten Abschnitten durch Wortwiederholungen, vor allem der Wörter „er“ und „hasste“ (Z. 3–16). Dadurch werden Monotonie und Rhythmus der Fließbandarbeit spürbar. Außerdem wird die ausweglose Situation des Mannes betont, da er schließlich alles hasst, was sein Leben ausmacht – von der Fabrik bis zu seiner Frau. Einige Schlüsselwörter (Fabrik, Z. 1, 3, 4, 30, 31, 33 usw.; Arbeit Z. 4, 11, 14 usw.; Gärtchen, Z. 8, 20, 21, 26 usw.; (Bretter-)Wand, Z. 1, 21, 22, 27 usw.) stellen das Gerüst der Geschichte dar und verdeutlichen die Einflüsse, die das Leben des Arbeiters vollkommen unbefriedigend machen. Auffallend ist schließlich auch die Häufung von Personalpronomen (vor allem „er“ und „sie“). Der Lebensweg dieses Fabrikarbeiters und seiner Frau steht wohl stellvertretend für viele, deren Leben sich der Fließbandarbeit unterordnet.
Die Wortwahl in den beiden Abschnitten erzeugt eine negative Atmosphäre, die geprägt ist von der ablehnenden Beziehung des Mannes zu seiner Arbeit und der Fabrik, aber auch zu den Menschen, die ihn umgeben.
Ganz anders jedoch erscheint der Stil im letzten Abschnitt der Kurzgeschichte ab Zeile 33. Die Sprache wird bildhafter („Spiel des Rauches

über dem Schlot", Z. 33 f.) und positiver („zärtlich", Z. 33, „entspannte", Z. 38, und „Lächeln", Z. 38), und aus der in den ersten beiden Teilen nur als „die Fabrik" bezeichneten Arbeitsstätte wird nun „seine Fabrik" (Z. 33). Diese Wandlung vollzieht sich erst, nachdem der Arbeiter seine ehemalige Fabrik wieder sehen kann.

Auch beim Satzbau gibt es einen deutlichen Unterschied zwischen den ersten beiden Abschnitten (Z. 1–32) und dem dritten. Die Monotonie und der schnelle Rhythmus der Akkordarbeit finden ihre Entsprechung in den häufig identischen Satzbaumustern der kurzen Hauptsätze mit dem Prädikat an zweiter Stelle im Satz (zum Beispiel Z. 3 f., 16, 20 f.). Auffallend sind auch die fehlenden Satzzeichen bei allen wörtlichen Reden, so als wollte der Autor den gleichförmigen Fluss der Sätze nicht stören (Z. 9, 12, 14 usw.). Die Monotonie der Arbeit setzt sich im Privatleben fort. Dies äußert sich durch weiterhin kurze, unverbundene Sätze sowie Wiederholungen in Satzbau und Wortwahl: „Er glaubte ihr nicht. [...] Er glaubte ihm nicht." (Z. 23–25), „immer das Gärtchen, [...] immer dasselbe Gärtchen" (Z. 26 f.). Im letzten Abschnitt werden die Sätze insgesamt länger. Es herrscht ein abwechslungsreicher Satzbau vor mit einem Wechsel aus Satzreihen und Satzgefügen. Plötzlich scheint Ruhe in den Arbeiter zu kommen, wenn er die Betriebsamkeit rund um die Fabrik beobachten kann (Z. 33–35). 4.2 Satzbau

„Neapel sehen und sterben" lautet die Redensart, die Kurt Marti teilweise als Titel seiner Kurzgeschichte verwendet. Damit drückt man eine Sehnsucht nach fernen und schönen Orten aus. Zum „fernen und schönen" Ort wird dem schwer erkrankten Akkordarbeiter „seine" Fabrik, die den einzigen Mittelpunkt seines Lebens darstellt und ohne die er weder leben noch am Ende sterben kann, obwohl er sie hasst. Der Autor weist zudem auf die Monotonie der Akkordarbeit und deren Folgen für die Gesundheit hin. Ferner stellt er dar, dass Arbeit nicht nur krank machen kann, sondern, wenn sie den einzigen Mittelpunkt des Lebens darstellt, das Leben eines Menschen schließlich zerstören kann und den Menschen so an sich kettet, dass dieser selbst im Sterben von ihr abhängt. 5 Absicht

Die Arbeit verlangt vom Einzelnen Kraft und Zeit und bringt neben Bestätigung und Freude auch vielfältige Belastungen. Umso wichtiger ist es, einen Ausgleich zur Arbeit zu finden. Welche Möglichkeiten bieten sich hierzu an? Zunächst sollte der Einzelne über den Einsatz am Arbeitsplatz seine Freundschaften und das Familienleben nicht vergessen. Nicht nur, dass man hier Ablenkung und Zerstreuung findet und auf andere Gedanken kommt, es ist auch eine wichtige Erfahrung, für andere da sein zu können. Daher sollte ein großer Teil der Freizeit z. B. für Unternehmungen mit der Familie genutzt werden, sei es für gemeinsame Ausflüge oder Spielabende. 6 a) Erörterung 6.1

Einen ähnlich wichtigen Ausgleich stellt die sportliche Betätigung in der Freizeit dar. Oft besteht die Arbeit aus gleichförmigen Abläufen, die den Körper einseitig belasten, oder aus einer sitzenden Tätigkeit. Deswegen ist es wichtig, sich nach der Arbeit sportlich zu betätigen, auch um etwas für seine Gesundheit zu tun und zum Beispiel Rückenbeschwerden vorzubeugen. Dabei bringt Sport im Verein bzw. eine Mannschaftssportart wie Fußball den weiteren Vorteil, dass man mit Gleichgesinnten zusammen aktiv ist und neue Kontakte schließen kann. 6.2

Neben sozialen Kontakten und Sport als Ausgleich können auch Hobbys ein guter Ausgleich zum Arbeitsleben sein. Auf diese Weise kann man außerberufliche Interessen und Fähigkeiten vertiefen und sich wichtige Er- 6.3

folgserlebnisse gönnen. Darüber hinaus wirkt sich ein Hobby entspannend aus und trägt zum Stressabbau bei, ganz gleich ob jemand Modellflugzeuge baut oder in seiner Freizeit fotografiert und diese Fotos selber entwickelt. Viele Hobbys verlangen Kreativität, die oft am Arbeitsplatz nicht gefragt ist.

oder:
6 b) Innerer Monolog

Jetzt ist er auch noch verrückt geworden. Damit er was anderes sieht … Wer wollte denn diese verfluchte Wand? Und warum? Damit er die Fabrik nicht sieht, die Fabrik, die an allem schuld ist. Auch daran, dass ich nichts von ihm hatte, das ganze Leben lang …
Er kannte nur die Arbeit, die ihn sogar bis in den Schlaf verfolgte: Fast jede Nacht bin ich davon aufgewacht, dass er im Traum weiter an seiner Maschine arbeitete und mit den Händen zuckte. Irgendwann habe ich es aufgegeben, ihn aufzuwecken. Denn jedes Mal hatten wir danach Streit. Aber nicht nur ich konnte mir den Mund fusselig reden. Niemandem wollte er glauben, auf niemanden hören. Hat alle Warnungen des Arztes ignoriert und auch das Angebot des Meisters, mit der Akkordarbeit aufhören zu können, in den Wind geschlagen. Denn damit hätte er ja seine Akkordprämie nicht mehr bekommen. Aber wozu? Wir hatten doch inzwischen alles, er hätte durchaus auch kürzer treten können.
Jetzt liegt er im Bett und schickt mich zum Nachbarn. Was soll ich dem sagen, der glaubt, wir seien alle verrückt geworden. Wie kann er sich wünschen, die Fabrik wiederzusehen? Der er alles opferte, die unser ganzes Leben beherrschte … wegen der er todkrank ist.
Will er dadurch wieder gesund werden? Na ja, schön wär's. Wahrscheinlich denkt er schon wieder nur an seine Arbeit. Aber er braucht sich nicht einzubilden, dort noch mal hinzugehen. Ich werde dies mit dem Arzt verhindern. Möchte noch ein paar Jahre mit ihm haben, ein paar für die, die sie uns gestohlen haben, die er mir gestohlen hat, mit seiner Schufterei und seiner Sturheit … Aber er …! Und nun soll ich zum Nachbarn und die Wand aufmachen lassen! Aber wenn's ihm hilft, gesund zu werden … Ich mache doch immer alles für ihn, auch wenn ich weiß, dass er mir seine Dankbarkeit nicht zeigen kann.

**C. Schluss**

Arbeit ist zwar ein wichtiger Lebensinhalt und die Grundlage für ein finanziell sorgenfreies Leben. Dennoch sollte man darauf achten, dass der Beruf nicht so in den Mittelpunkt des Lebens rückt, dass man keine Zeit mehr für sich, seine Mitmenschen und seine Hobbys hat. Ansonsten kann Arbeit sehr schnell belastend werden und krank machen. Entscheidend ist doch, dass man ein ausgeglichenes und zufriedenes Leben führt, und dazu gehört neben einem interessanten Beruf auch ein vielfältiges Privatleben.

Leerseiten verbilligen in diesem Fall die Herstellung des Buches!

Leerseiten verbilligen in diesem Fall die Herstellung des Buches!

## Abschlussprüfung 2011 an Realschulen: Deutsch
## Aufgabengruppe A: Erörterung

### Erörterungen ohne Informationsmaterial

1. Musizieren, Malen, Theaterspielen haben in der Gesellschaft ein hohes Ansehen. Inwiefern können Kinder und Jugendliche von einem musischen Hobby profitieren? Warum gehen viele einem solchen Hobby trotzdem nicht nach?

2. Die Bedeutung der Familie für Jugendliche ist laut aktueller Studien weiter angestiegen. Worin liegt für Sie persönlich der Wert der Familie? Welche Belastungen können sich innerhalb der Familie für Jung und Alt ergeben?

3. Welche Vorteile bietet eine Schülerzeitung für Schule und Schüler? Welche Schwierigkeiten können bei der Erstellung auftreten?

4. Wohnen auf dem Land – Wohnen in einer größeren Stadt. Beides hat seine Vorteile. Erörtern Sie.

5. Welche Vorteile hat es für Jugendliche, Mitglied in einem Sportverein zu sein, welche Nachteile können sich ergeben?

### Erörterung mit Informationsmaterial

6. Welche Bedeutung hat der Wald für die Menschen? Welchen Gefährdungen ist er ausgesetzt?

   *Hinweis:* Gehen Sie zur Bearbeitung des Themas zunächst das vorliegende Material durch und überlegen Sie sich, welche Informationen Sie für Ihren Aufsatz verwerten möchten. Das Material dient *zur Ergänzung* Ihrer eigenen Ideen. **Es muss jedoch deutlich erkennbar sein, dass Teile des Materials in die Bearbeitung mit einbezogen wurden.** Falls Sie Textstellen wörtlich übernehmen bzw. angegebene Daten oder Aussagen verwenden, müssen Sie dies in Ihrem Aufsatz angeben.

**Material 1: Logo**

INTERNATIONALES JAHR DER WÄLDER • 2011

Quelle: Deutsche Gesellschaft für die Vereinten Nationen e.V.

**Material 2: Schlagzeilensammlung**

**Wald als Müllhalde missbraucht**

**Kettensägen gegen jahrhundertealte Urwaldriesen**

**Dutzende Waldbrände in Griechenland**

**Material 3: Zitate**

„Der Wald ist nicht eine von vielen Ressourcen für uns, sondern er ist das Leben selbst. Für uns ist er der einzige mögliche Ort zu leben.“

Evaristo Nugknag Ikanan, Präsident der Indianerorganisation COICA

„Holz ist ein einsilbiges Wort, aber dahinter verbirgt sich eine Welt der Märchen und Wunder.“

Theodor Heuss, erster Bundespräsident der Bundesrepublik Deutschland

**Material 4: Aus einem Blog**

Etwa in der Mitte des 19. Jahrhunderts entstand die Mythologie des deutschen Waldes. Der Wald wurde nicht mehr nur als Nutzwald mit seiner erheblichen wirtschaftlichen Bedeutung, sondern auch als Sehnsuchtsort angesprochen. Das Wandern in frischer Waldluft, der Waldlehrpfad, der Sonntagsausflug haben hier ihren Ursprung.

**Nach Ingo Steinhaus, www.blog.denkschriften.de**

**Material 5: Grundgesetz**

**Artikel 20a**

Der Staat schützt auch in Verantwortung für die künftigen Generationen die natürlichen Lebensgrundlagen und die Tiere […].

**Material 6: Grafik „Patient Wald“**

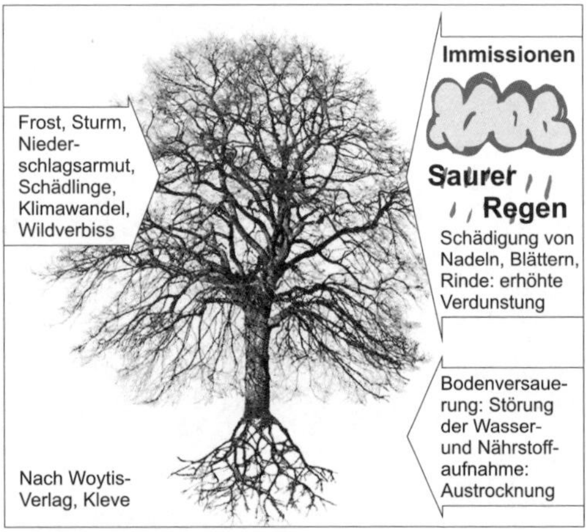


Illustration: © mirpic – Fotolia.com

**Material 7: Gedicht**

**Der Wald**

Ich bin der Wald, ich bin uralt.
Ich hege den Hirsch, ich hege das Reh,
ich schütz' euch vor Sturm,
ich schütz' euch vor Schnee,
ich wehre dem Frost, ich wahre die Quelle,
ich hüte die Scholle, ich bin immer zur Stelle,
ich bau euch ein Haus, ich heiz' euch den Herd,
darum, ihr Menschen: Haltet mich wert!

Quelle: Waldlehrpfad Schwabegg

**Material 8: Infotext**

**Klimaschützer Wald**

Holz ist ein Naturstoff und besteht zu einem Großteil aus Kohlenstoff. Dieser wird während des Wachstums in Form des Treibhausgases Kohlendioxid der Umwelt entnommen und im Holz fixiert. Kohlendioxid gilt als einer der Hauptverursacher der globalen Erwärmung der Erde. […]

Quelle: Schulen ans Netz e.V.

**Material 9: Diagramm**

**Flächennutzung in Deutschland**

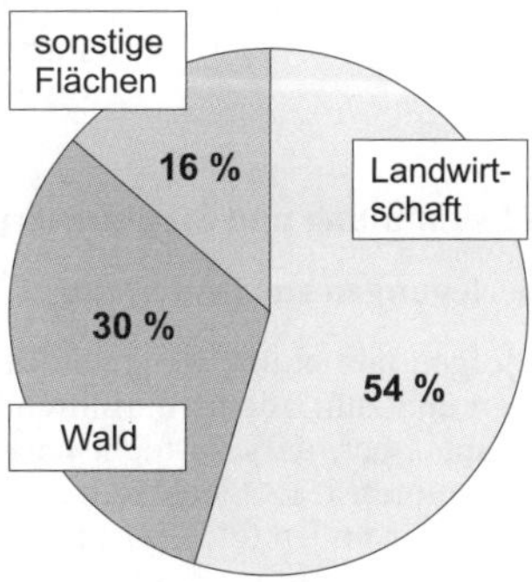


**Gesamtfläche: 35 694 700 Hektar**

**Material 10: Notizen für ein Referat**

- Tropenwälder „grüne Lunge" unseres Planeten!
  Photosynthese: Umwandlung (mithilfe von Sonnenlicht) des aus der Luft aufgenommenen Kohlendioxids ($CO_2$) und Wassers in Sauerstoff und Traubenzucker (benötigt Baum zum Wachstum!), Sauerstoffabgabe an die Luft
- Aber: Millionengeschäfte durch Raubbau. Edelhölzer (Mahagoni, Teakholz) locken; Plantagen! Weideflächen für die Landwirtschaft! „weniger wertvolle" Bäume für Bauholz oder Papier
- Über 50 % der weltweit lebenden Pflanzen und Tiere im Regenwald!
- Brasilien: Jährlich verschwindet Regenwaldfläche von ca. 25 500 $km^2$ (= ungefähr Fläche Belgiens)
- Verlust stoppen durch nachhaltige Nutzung!

**2011/1 Musizieren, Malen, Theaterspielen haben in der Gesellschaft ein hohes Ansehen. Inwiefern können Kinder und Jugendliche von einem musischen Hobby profitieren? Warum gehen viele einem solchen Hobby trotzdem nicht nach?**

## Hinweise zur Erschließung des Themas

Der Themabegriff „musisches Hobby" findet sich im ersten Teil der Aufgabenstellung und wird durch einige Beispiele im Vorspann veranschaulicht. Präzisiert wird das Thema durch die beiden Erörterungsaufträge, in denen sich auch die Einschränkung auf Kinder und Jugendliche findet. Zum einen wird danach gefragt, inwiefern diese von einem musischen Hobby profitieren können, zum anderen, warum viele von ihnen dennoch kein solches Hobby ausüben.

| | |
|---|---|
| **Themabegriff** | musisches Hobby |
| **Einschränkung** | Kinder und Jugendliche |
| **Präzisierung** | Gewinn für Kinder und Jugendliche aus einem musischen Hobby und Gründe, warum viele kein solches Hobby ausüben |
| **Erörterungsauftrag** zweigliedrig | 1. Welchen Gewinn können Kinder und Jugendliche aus der Ausübung eines musischen Hobbys ziehen?<br>2. Warum üben dennoch viele kein solches Hobby aus? |

## Stoffsammlung und Strukturierung

### Überlegungen zur Einleitung

Es folgen nun einige Beispiele für W-Fragen, mit deren Beantwortung du zu einer anschaulichen und zum Thema hinführenden Einleitung gelangen kannst. Besonders aufpassen musst du dabei aber, dass du nicht bereits hier Argumente zu einem der Teilbereiche des Themas vorwegnimmst. Es bietet sich an, auf den Vorspann der Aufgabenstellung bzw. auf die Situation in deinem Umfeld einzugehen:

- Wer betreibt in meinem Freundeskreis/meiner Klasse welches musische Hobby bzw. wer/wie viele betreiben keines?
- Warum haben künstlerische Tätigkeiten wie Musizieren, Malen usw. in unserer Gesellschaft ein hohes Ansehen?
- Welche musischen Hobbys gibt es?

Eher abzuraten ist davon, bei der Einleitung vom eventuell eigenen künstlerischen Hobby auszugehen, da auch hier die Gefahr droht, bereits in die Argumentation abzugleiten. Möglich ist es aber beispielsweise, zu schildern, wie du zu deinem Hobby gekommen bist. Ein Einleitungsgedanke, der aufzeigt, dass man kein musisches Steckenpferd hat, führt dagegen nicht weit.
Schließe deinen Einleitungsgedanken mit einer Überleitung zur Themafrage und mit dieser selbst ab.

### Vorarbeiten für den Hauptteil

Um genügend Material zur Veranschaulichung zu bekommen, ist es sinnvoll, zuerst einmal einige musische Hobbys zu sammeln. Dazu zählen u. a.:

Theater spielen, Töpfern, Stein oder Holz bearbeiten, Gedichte/Texte schreiben, Malen und Zeichnen, Lieder und Texte komponieren, in einer Band Musik machen, ein Musikinstrument spielen, Fotokunst usw.

**Überlegungen zum ersten Teil der Themafrage – Welchen Gewinn können Kinder und Jugendliche aus der Ausübung eines musischen Hobbys ziehen?**

Bei den Überlegungen zu diesem Teil der Stoffsammlung solltest du auch den Gewinn für die Persönlichkeit durch die Ausübung eines musischen Hobbys im Blick haben (z. B. Stärkung von Selbstbewusstsein), dich also nicht nur auf die Möglichkeiten zum Erlernen verschiedener Fähigkeiten beschränken.

**Überlegungen zum zweiten Teil der Themafrage – Warum üben dennoch so viele kein musisches Hobby aus?**

Hier ist es wichtig, zu überlegen, ob es neben persönlichen auch Faktoren von außen gibt, die verhindern, dass Kinder und Jugendliche ein musisches Hobby betreiben.

### Überlegungen zum Schlussgedanken

Im Schlussteil solltest du deinen Aufsatz sinnvoll abrunden, z. B. indem du die Argumente des Hauptteils aufnimmst und Vor- und Nachteile abwägst. Als Schlussgedanke eignet sich aber auch:
- Bewertung der eigenen Erfahrungen
- Begründung, warum man mit seinem musischen Hobby sehr zufrieden ist
- Begründung, warum man gerne auf die Ausübung eines solchen verzichtet
- Begründung, warum man andere Steckenpferde hat

Ausgehend von der zweiten Themafrage ist auch die Überlegung möglich, wie man die Attraktivität dieser Hobbys fördern kann.

### Gliederungsvorschlag

***Hinweis:*** *Gliederungspunkte, die mit Spiegelstrich angeordnet sind, können auch nummerisch (z. B. 1.1.1) aufgeführt werden.*

**A. In meinem Freundeskreis sind musische Hobbys sehr verbreitet**

**B. Welchen Gewinn können Kinder und Jugendliche aus der Ausübung eines musischen Hobbys ziehen? Warum üben dennoch viele kein solches Hobby aus?**

**1 Gewinn, den Kinder und Jugendliche daraus ziehen können**

1.1 Stärkung von Neigungen und Fähigkeiten
- Erlernen von Instrumenten oder von anderen künstlerischen Fähigkeiten
- Vertiefung vorhandener Fähigkeiten und Talente
- Möglichkeit einer späteren künstlerischen Karriere

1.2 Stärkung der sozialen Beziehungen und des Ansehens
- Erleben intensiver Gemeinschaft
- Knüpfen neuer Kontakte
- Steigerung des Ansehens in der Öffentlichkeit

1.3 Stärkung der Persönlichkeit
- Erlernen von Selbstdisziplin
- Ausgleich und Entspannung
- Erlernen von Teamfähigkeit und Zuverlässigkeit
- Verbesserung des Selbstbewusstseins

**2 Gründe, warum dennoch viele kein solches Hobby ausüben**

2.1 Eventuell hohe Kosten
2.2 Großer Zeitaufwand
2.3 Fehlen von Übungs- und Ausbildungsmöglichkeiten
2.4 Mangelnde Förderung durch die Eltern
2.5 Fehlen von Talent und Neigung
2.6 Negative Erfahrungen im Musik- oder Kunstunterricht
2.7 Existenz von Vorurteilen
2.8 Schlechtes Image bei Freunden, kein Trend
2.9 Mangel an Interesse

**C. Gerade der Wahlfachunterricht an den Schulen könnte die Verbreitung musischer Hobbys stärker fördern**

**2011/2 Die Bedeutung der Familie für Jugendliche ist laut aktueller Studien weiter angestiegen. Worin liegt für Sie persönlich der Wert der Familie? Welche Belastungen können sich innerhalb der Familie für Jung und Alt ergeben?**

## Hinweise zur Erschließung des Themas

Themabegriff ist die Familie. Der Vorspann führt mit seiner Darstellung der aktuellen Situation in das eigentliche Thema ein. Eingeschränkt wird der Themabegriff durch die Frage nach dem „Wert", also nach der Bedeutung der Familie, und durch die Eingrenzung „für Sie persönlich". Das heißt, dass es im ersten Teil des Themas um deine ganz individuelle Sichtweise zum Wert der Familie geht. Der zweite Teil des Themas ist sehr allgemein gefasst. Hier sollst du dich mit den Belastungen innerhalb der Familie für „Jung und Alt", also sowohl für die Kinder als auch für die Eltern, auseinandersetzen.

| | |
|---|---|
| **Themabegriff** | Familie |
| **Einschränkung** | Gründe für den Wert der Familie aus persönlicher Sicht und Belastungen innerhalb der Familie für Jung und Alt |
| **Präzisierung** | Persönlicher Wert der Familie<br>Belastungen innerhalb der Familie für Jung und Alt |
| **Erörterungsauftrag** zweigliedrig | 1. Worin besteht für mich persönlich der Wert der Familie?<br>2. Welche Belastungen können sich innerhalb der Familie für Jung und Alt ergeben? |

## Stoffsammlung und Strukturierung

### Überlegungen zur Einleitung

Einige W-Fragen sollen dir dabei helfen, eine passende Hinführung zu deinem Aufsatz zu formulieren, ohne Argumente vorwegzunehmen. Du kannst für die Einleitung auf Wissen aus anderen Unterrichtsfächern (Wirtschafts- und Rechtslehre, Sozialkunde, Erdkunde) zurückgreifen, selbst wenn du keine konkreten Zahlen im Kopf hast, mit welchen du deine Aussagen untermauern könntest. Überlege dir beispielsweise:
- Wie haben sich die Familienstrukturen verändert? (fast vollständiges Verschwinden der Großfamilie, weniger Kinder pro Familie, Anstieg der kinderlosen Ehen, Zunahme der Singlehaushalte, Erhöhung der Scheidungsrate, Anstieg der Zahl der Alleinerziehenden etc.)
- Welche Formen von Familien gibt es? (Großfamilie, Kleinfamilie, Kernfamilie, unvollständige Familie, Patchwork-Familie)
- Wie definiert sich die Familie rechtlich? (Eheschließung vor Kirche und/oder Staat, besonderer Schutz der Familie im Grundgesetz)

Schließe deinen Einleitungsgedanken mit einer Überleitung zum Hauptteil ab und formuliere die Themafrage.

### Vorarbeiten für den Hauptteil

Es geht hier zunächst um die Auseinandersetzung mit dem Wert, den die Familie für dich hat. Das bedeutet, dass dieser Teil deiner Erörterung einen sehr individuellen Charakter besitzen wird, der sich nicht mit den nachfolgend vorgeschlagenen Punkten decken muss. Wichtig bei der Stoffsammlung sind W-Fragen. Für die erste Themafrage sind dies zum Beispiel:
- Was schätze ich an meiner Familie? Welche Rolle spielen meine Eltern für mich?
- Worum kümmert sich meine Familie für mich?
- Wann ist meine Familie für mich da?
- Wobei kann ich auf Unterstützung und Hilfe zählen? usw.

**Überlegungen zum ersten Teil der Themafrage – Worin besteht für mich persönlich der Wert der Familie?**

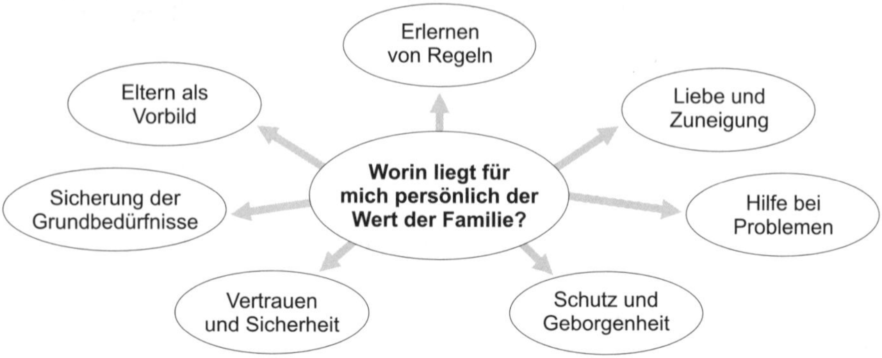


**Überlegungen zum zweiten Teil der Themafrage – Welche Belastungen können sich innerhalb der Familie für Jung und Alt ergeben?**

Auch hier ist es sinnvoll, sich der Lösung mit W-Fragen zu nähern. Da die Familie als kleinste Einheit innerhalb der Gesellschaft von allen Seiten beeinflusst wird, stellt sich auch die Frage, inwiefern Gesellschaft, Arbeitswelt etc. auf die Familie einwirken:

- Wer oder was kann dafür verantwortlich sein, wenn in der Familie „der Haussegen schief hängt"?
- Woraus können Belastungen für die Familie entstehen?
- Welche Konflikt- und Problemursachen gibt es?

Die gefundenen Antworten lassen sich einzelnen Oberbegriffen zuordnen, z. B.:

| | |
|---|---|
| **Belastungen durch gesellschaftliche Einflüsse** | – Hohes Anspruchsdenken der Kinder<br>– Negativer Einfluss der Medien<br>– Veränderungen der Werte |
| **Belastungen durch die Arbeitswelt und finanzielle Lage** | – Ungünstige Wohnsituation<br>– Finanzielle Not<br>– Folgen von Arbeitslosigkeit<br>– Hohe Leistungsanforderungen und Stress |
| **Belastungen aus Problemen und Konflikten** | – Unterschiedliche Auffassungen in Erziehungsfragen<br>– Zerrüttete Familienverhältnisse<br>– Überzogene gegenseitige Erwartungen<br>– Schulische Probleme |

**Überlegungen zum Schlussgedanken**

Ideen für einen sinnvollen Abschluss sind z. B.:

- zusammenfassende Bewertung der herausragenden Bedeutung der Familie für den Einzelnen und für die Gesellschaft
- Verweis auf die Bedeutung einer intakten Familie in Zusammenhang mit dem demografischen Wandel (Alter und Pflege bzw. Voraussetzung für mehr Geburten)
- Darstellung der eigenen Zukunftsplanung
- Begründete Forderung nach mehr finanzieller Förderung von Familien, nach Hilfen bei der Arbeitszeitgestaltung und Kinderbetreuung

**Gliederungsvorschlag**

**A. Die Familienstrukturen haben sich in den letzten 100 Jahren erheblich gewandelt**

**B. Worin besteht für mich persönlich der Wert der Familie?**
**Welche Belastungen können sich innerhalb der Familie für Jung und Alt ergeben?**

**1 Wert der Familie für mich persönlich**

1.1 Sicherung der Grundbedürfnisse
1.2 Erlernen von Regeln
1.3 Eltern als Vorbild
1.4 Wichtigste Vertrauenspersonen
1.5 Hilfe bei Problemen
1.6 Schutz und Geborgenheit
1.7 Liebe und Zuneigung

**2 Belastungen, die sich innerhalb der Familie ergeben können**

2.1 Belastungen durch gesellschaftliche Einflüsse
- Hohes Anspruchsdenken der Kinder
- Negativer Einfluss der Medien
- Veränderungen der Werte

2.2 Belastungen durch die Arbeitswelt und finanzielle Lage
- Ungünstige Wohnsituation
- Finanzielle Not
- Folgen von Arbeitslosigkeit
- Hohe Leistungsanforderungen und Stress

2.3 Belastungen aus Problemen und Konflikten, die sich aus dem Zusammenleben ergeben
- Unterschiedliche Auffassungen in Erziehungsfragen
- Überzogene gegenseitige Erwartungen
- Probleme in der Partnerschaft oder zerrüttete Familienverhältnisse

**C. Die Gründung einer eigenen Familie steht in meiner Zukunftsplanung an ganz wichtiger Stelle**

## 2011/3 Welche Vorteile bietet eine Schülerzeitung für Schule und Schüler? Welche Schwierigkeiten können bei der Erstellung auftreten?

### Hinweise zur Erschließung des Themas

Der Themabegriff ist Schülerzeitung. Präzisiert wird der Erörterungsauftrag durch den Hinweis „Vorteile für Schule und Schüler". Der zweite Teil verlangt die Darstellung der möglichen Schwierigkeiten bei der Erstellung, wobei hier keine Unterteilung in Schule und Schüler mehr vorgenommen wird.

| | |
|---|---|
| **Themabegriff** | Schülerzeitung |
| **Einschränkung** | Schule und Schüler |
| **Präzisierung** | Vorteile für Schule und Schüler und Schwierigkeiten bei der Erstellung |
| **Erörterungsauftrag** zweigliedrig | 1. Welche Vorteile bietet eine Schülerzeitung für Schule und Schüler? 2. Welche Schwierigkeiten können bei der Erstellung auftreten? |

### Stoffsammlung und Strukturierung

### Überlegungen zur Einleitung

Deine Einleitung soll Interesse wecken, zum Thema passen und keine Argumente des Hauptteils vorwegnehmen. Viele Ansätze führen aber bei dieser Themenstellung fast unweigerlich dazu, dass du schon bei den Vor- oder Nachteilen landest, erst recht, wenn du eigene Erfahrungen schildern möchtest. Deswegen ist es notwendig, sich W-Fragen zu überlegen, die einen direkten Bezug zum Themabegriff haben, deren Beantwortung aber nicht in die Darstellung von Vor- und Nachteilen einer Schülerzeitung mündet. Also zum Beispiel:

| **Was kann ich über die Schülerzeitung an meiner Schule mitteilen?** | **Welche Voraussetzungen sind nötig, eine Schülerzeitung zu produzieren?** | **Welche Voraussetzungen sollte man mitbringen?** |
|---|---|---|
| – Wie oft erscheint sie?<br>– Wie hoch ist die Auflage?<br>– Welche Themen stehen im Vordergrund?<br>– Welche Themen sind am beliebtesten?<br>– Gibt es ein festes Redaktionsteam?<br>– Wie viel kostet sie?<br>– Wie ist sie finanziert? | – Redaktionsteam oder Wahlfach<br>– Computer- und Druckerzugang<br>– Erlaubnis der Schulleitung<br>– Lehrkraft zur Betreuung<br>– Finanzierung, z. B. Einnahmen aus Werbeanzeigen<br>– gute Ideen für Berichte<br>– Werbung in eigener Sache | – Freude am Schreiben<br>– sichere Rechtschreibung, sicheren Ausdruck<br>– Freude am Zeichnen, Gestalten, Fotografieren<br>– Spaß an Teamarbeit<br>– Kreativität |

Falls es an deiner Schule keine Schülerzeitung gibt, könntest du veranschaulichen, warum dies so ist *(Vorsicht, hier nicht in die Erläuterung von Schwierigkeiten bei der Erstellung abgleiten!)*:
- Schulleitung ist dagegen
- kein Lehrer, der als Betreuer fungiert
- keine Schüler, die sich engagieren wollen usw.

Schließe deinen Einleitungsgedanken mit einer Überleitung zur Themafrage und mit dieser selbst ab.

## Vorarbeiten für den Hauptteil

Die im ersten Teil des Themas vorgegebene Aufteilung in „Schule“ und „Schüler“ bei der Stoffsammlung beizubehalten, ist sinnvoll. Auch wenn es auf den ersten Blick vielleicht nicht viel darüber zu sagen gibt, was die **Schule** von einer Schülerzeitung hat, so kannst du mit ein paar Fragen durchaus einige wichtige Aspekte erarbeiten:

- Wie wirkt eine Schülerzeitung innerhalb der Schule? Welchen Effekt hat sie auf das Schulleben? Was hat die Schule von einer Schülerzeitung?
- Wirkt eine Schülerzeitung nach außen? Was kann eine (erfolgreiche) Schülerzeitung in der Öffentlichkeit Positives bewirken?

Bei den Vorteilen für die **Schüler** kannst du deine Frageebene noch „verfeinern“, indem du auch zwischen „Machern“ und Lesern unterscheidest:

- Welche Vorteile haben alle Schüler von einer Schülerzeitung? Was bringt sie für die Leser?
- Welche Vorteile haben die „Macher“ der Zeitung? Was können sie dabei lernen? Welche Vorteile bietet darüber hinaus die gemeinsame Arbeit im Team?

## Überlegungen zum ersten Teil der Themafrage – Welche Vorteile bietet eine Schülerzeitung für Schule und Schüler?

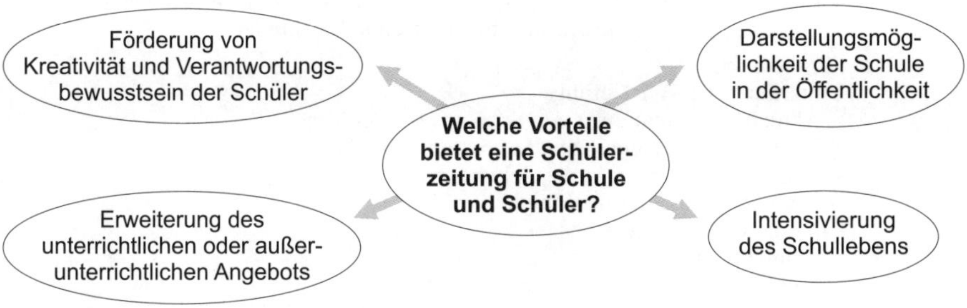


## Überlegungen zum zweiten Teil der Themafrage – Welche Schwierigkeiten können bei der Erstellung auftreten?

Überlege dazu zunächst, in welchen Bereichen Schwierigkeiten auftreten können. Am wahrscheinlichsten ist es, dass innerhalb des Redaktionsteams oder der Gruppe, die die Zeitung erstellt, Konflikte auftauchen können. Überlege dir:

- Wodurch/worüber kann es im Redaktionsteam Streit und Uneinigkeit geben?
- Was erfordert die Erstellung einer Schülerzeitung?
- Was kann die Erstellung einer Schülerzeitung sehr schwierig machen?

Probleme könnten sich schließlich noch mit der Schulleitung oder dem betreuenden Lehrer ergeben, wenn Inhalte oder Themen nicht passen oder verändert werden sollen.

| | |
|---|---|
| **Welche Schwierigkeiten können bei der Erstellung auftreten?** | – Streit über Themen und Inhalte<br>– Negative Rückmeldungen von Lesern<br>– Uneinigkeit über die Arbeitsverteilung<br>– Unterschätzung der zeitlichen Belastung<br>– Mangelnde Gestaltungsfreiheit<br>– Unsichere Finanzierung, geringer Verkauf<br>– Streit über Themen und Inhalte |

**Überlegungen zum Schlussgedanken**

– Abwägung von Nutzen und Schwierigkeiten
– Begründung, warum man gerne bei der Schülerzeitung mitarbeitet
– Begründung, warum man nicht mitarbeiten möchte
– eigene positive oder negative Erfahrungen mit Schülerzeitungen

**Gliederungsvorschlag**

**A. Eine gute Schülerzeitung braucht vor allem ein gutes und motiviertes Redaktionsteam**

**B. Welche Vorteile bietet eine Schülerzeitung für Schule und Schüler? Welche Schwierigkeiten können bei der Erstellung auftreten?**

**1 Vorteile für Schule und Schüler**

1.1 Für die Schule
- Stärkung der Öffentlichkeitswirkung
- Intensivierung des Schullebens
- Erweiterung des unterrichtlichen oder außerunterrichtlichen Angebots
- Förderung des Verantwortungsbewusstseins der Schüler

1.2 Für die Schüler
- Stärkung des Wir-Gefühls
- Aktuelle Informationen von Schülern für Schüler
- Förderung von Neigungen, Interessen, Fähigkeiten
- Praktischer Einblick in die Zeitungsarbeit
- Verbesserung der Teamfähigkeit
- Steigerung des Ansehens
- Einüben von Verantwortung
- Freude an der Arbeit in der Redaktion

**2 Schwierigkeiten bei der Erstellung**

2.1 Mangelnde Gestaltungsfreiheit
2.2 Unsichere Finanzierung und/oder geringer Verkauf
2.3 Häufiger Wechsel der Mitarbeiter
2.4 Unterschätzung der zeitlichen Belastung
2.5 Negative Rückmeldungen von Lesern
2.6 Streit über Themen und Inhalte
2.7 Uneinigkeit über die Arbeitsverteilung

**C. Der persönliche Nutzen, den man für sich aus der Arbeit an einer Schülerzeitung zieht, überwiegt gegenüber den möglicherweise auftretenden Schwierigkeiten**

## 2011/4 Wohnen auf dem Land – Wohnen in einer größeren Stadt. Beides hat seine Vorteile. Erörtern Sie.

### Hinweise zur Erschließung des Themas

Der Themabegriff ist Wohnen. Zum einen wird er eingeschränkt durch „auf dem Land", zum anderen durch „in einer größeren Stadt". Präzisiert wird der Erörterungsauftrag durch „Vorteile". Es geht hier also darum, sowohl die Vorteile des Wohnens auf dem Land als auch die des Wohnens in einer größeren Stadt zu erörtern. Wichtig für die Vorarbeiten ist zunächst die Klärung der Begriffe.

„Auf dem Land" meint sicherlich nicht, dass man auf einem Bauernhof oder in einem kleinen Weiler lebt. Du kennst aus dem Erdkundeunterricht den Begriff „ländlicher Raum", der dörfliche und kleinstädtische Strukturen mit einschließt, und weißt sicher, dass sich der Begriff „Kleinstadt" auf Ortschaften mit bis zu 20 000 Einwohnern bezieht. Damit bist du auch der Einordnung „größere Stadt" näher gekommen, womit nicht unbedingt eine Großstadt gemeint sein muss, die aber deutlich mehr Einwohner und Angebote haben wird als eine Kleinstadt.

Diese Vorüberlegungen sind wichtig, da du in der Stoffsammlung ganz konkrete Beispiele von Städten oder Ortschaften vor Augen haben solltest, um aus den Eigenschaften Vorteile für das Wohnen abzuleiten. Diese Vorteile müssen allgemeine Gültigkeit haben, deine persönliche Meinung kannst du im Schluss äußern.

| | |
|---|---|
| **Themabegriff** | Wohnen |
| **Einschränkung** | Auf dem Land<br>In einer größeren Stadt |
| **Präzisierung** | Vorteile |
| **Erörterungsauftrag**<br>zweigliedrig | 1. Welche Vorteile bietet das Wohnen auf dem Land?<br>2. Welche Vorteile bietet das Wohnen in einer größeren Stadt? |

### Stoffsammlung und Strukturierung

### Überlegungen zur Einleitung

Auch ohne Material aus dem Erdkundeunterricht (z. B. Anteil der Stadtbevölkerung in Deutschland, Einteilung der Städte nach ihrer Bedeutung) kannst du zu diesem Thema sehr schnell eine geeignete Einleitung formulieren. Einen geeigneten Ausgangspunkt bietet dir deine aktuelle Wohnsituation: Schildere zunächst einige Nachteile und leite dann auf die Themafrage über (siehe ausgeführtes Aufsatzbeispiel im Anschluss).

### Überlegungen zum Hauptteil

Stelle zu Beginn die Überlegung an, was „Wohnen" bedeutet. Es bedeutet nichts weniger als „Leben". Liste daher zunächst alles auf, was zum Leben dazugehört:

| | | |
|---|---|---|
| – Arbeiten | – Freizeit | – Gesundheit |
| – Einkaufen | – Sport | – soziale Kontakte |
| – (Aus-)Bildung | – Kultur | – Erholung |

In einem nächsten Schritt versuchst du mithilfe dieser Bereiche jeweils für einen Wohnort im ländlichen Raum bzw. in der Stadt entsprechende Vorteile zu finden. Liste sie in einer Tabelle auf und ordne sie anschließend nach Wichtigkeit.

| Vorteile des Lebens auf dem Land | Vorteile des Lebens in einer größeren Stadt |
|---|---|
| – Geringere Lärmbelastung<br>– Bessere Luftqualität<br>– Nähe zu Erholungsgebieten<br>– Geringere Lebenshaltungskosten<br>– Günstigere Mieten<br>– Niedrigere Grundstückspreise<br>– Viele soziale Kontakte | – Großes Angebot an Ausgehmöglichkeiten<br>– Weniger soziale Kontrolle, mehr Anonymität<br>– Gute Verkehrsinfrastruktur<br>– Vielfältige Einkaufsmöglichkeiten<br>– Umfassendes Kulturangebot<br>– Vielseitige Sportmöglichkeiten<br>– Differenziertes Gesundheitswesen<br>– Großes Arbeitsplatzangebot<br>– Umfassende (Aus-)Bildungsmöglichkeiten |

**Überlegungen zum Schluss**

Hier bietet sich nun deine persönliche Sichtweise an. Stelle dar, wo du lieber wohnst oder wohnen würdest. Mit den Argumenten aus dem Hauptteil liegen dir zusätzliche Begründungen für deine Entscheidung vor.
Du kannst auch einen oder mehrere Aspekte herausgreifen und begründen, warum diese/r für dich entscheidend ist/sind.

**Gliederungsvorschlag**

**A. Ich wohne in einem kleinen Dorf und am meisten stören mich die unzureichenden Verkehrsverbindungen in die nächste Großstadt**

**B. Welche Vorteile bietet das Wohnen auf dem Land?**
**Welche Vorteile bietet das Wohnen in einer größeren Stadt?**

**1 Vorteile des Lebens auf dem Land**

1.1 Geringere Lärmbelastung
1.2 Bessere Luftqualität
1.3 Nähe zu Erholungsgebieten
1.4 Geringere Lebenshaltungskosten
1.5 Günstigere Mieten
1.6 Niedrigere Grundstückspreise
1.7 Viele soziale Kontakte

**2 Vorteile des Lebens in einer größeren Stadt**

2.1 Mehr Anonymität
2.2 Großes Angebot an Ausgehmöglichkeiten
2.3 Gute Verkehrsinfrastruktur
2.4 Vielfältige Einkaufsmöglichkeiten
2.5 Umfassendes Kulturangebot
2.6 Vielseitige Sportmöglichkeiten
2.7 Differenziertes Gesundheitswesen
2.8 Großes Arbeitsplatzangebot
2.9 Viele Bildungs- und Ausbildungsmöglichkeiten

**C. Das vielfältigere Arbeitsplatz- und Ausbildungsplatzangebot spricht in meinen Augen für die größeren Städte**

## Aufsatzbeispiel

(Die Randbemerkungen sind nicht Teil des Aufsatzes, sie dienen nur deiner Orientierung.)

*A. Einleitungsgedanke – Überleitung: Thema*

Das Dorf, in dem ich wohne, hat ca. 2 500 Einwohner und immerhin gibt es dort eine Grundschule, einige Gasthäuser und einen Laden mit einer Metzgerei und einer Bäckerei. Sonst ist leider nicht sehr viel geboten. Am meisten stören mich jedoch die unzureichenden öffentlichen Verkehrsverbindungen in die nächste Großstadt. Wenn ich dort einmal einen Stadtbummel machen möchte, brauche ich für die 50 Kilometer mit Bus und Bahn über eine Stunde. Vor diesem Hintergrund muss man sich die Frage stellen, welche Vorteile es jeweils hat, auf dem Land bzw. in einer größeren Stadt zu leben.

*B.1 – 1.1 Behauptung – Begründung – Beispiele*

Zu den Vorteilen des Landlebens gehört zunächst sicherlich einmal die geringere Lärmbelastung. Denn in der Regel sind Autobahnen weit weg und auch stark befahrene Straßen fehlen häufig. Auch große Industrieanlagen oder Flughäfen liegen meist in größerer Entfernung zum ländlichen Raum, weswegen auch von diesen möglichen Lärmquellen keine Belästigung zu erwarten ist.

*1.2 Behauptung – Begründung – Beispiele*

In engem Zusammenhang mit der geringeren Lärmbelastung steht die bessere Luftqualität, weil es große Emissionsquellen wie starker Verkehr und Industrie – anders als in Großstädten und Ballungsräumen – auf dem Land nicht gibt. Nicht zu vergessen ist dabei auch die geringere Belastung durch Feinstaub, die vor allem in größeren Städten aufgrund des Verkehrs zu einem schwerwiegenden Problem geworden ist.

*1.3 Behauptung – Beispiele*

Hinzu kommt, dass der ländliche Raum, sofern er nicht selbst als Erholungsgebiet zählt, näher an den Erholungs- und Freizeitgebieten gelegen ist, in denen die Menschen Sport treiben, wandern, baden oder ausspannen und die Natur genießen können. Gute Beispiele für Landschaften mit Erholungswert „vor der Haustüre“ sind Regionen wie das Voralpenland, der Bayerische Wald oder die Fränkische Schweiz.

*1.4 Behauptung – Beispiele*

Neben dem Erholungswert kann ein Wohnort auf dem Land auch durch die geringeren Lebenshaltungskosten punkten. In vielen Bereichen des täglichen Bedarfs, bei der Freizeitgestaltung oder bei Eintritten sind die Preise niedriger als in größeren Städten. Dies lässt sich beispielsweise an den Kosten für ein Mittagessen im Lokal oder am Preis einer Tasse Cappuccino ablesen, welche man in der Kleinstadt noch für unter 2 € bekommen kann. Gleiches gilt bei Eintrittspreisen für Kinos oder Freibäder: Sie sind in großen Städten häufig um einiges höher.

*1.5 Behauptung – Begründung – Beispiel*

In einem direkten Zusammenhang mit den allgemein niedrigeren Lebenshaltungskosten stehen auch die günstigeren Mietpreise. Eine geringere Nachfrage bedingt ein niedrigeres Mietpreisniveau, sodass selbst für neue Wohnungen auf dem Dorf oder in der Kleinstadt deutlich weniger bezahlt werden muss.

*1.6 Behauptung – Begründung – Beispiel*

Nicht nur die Mieten sind auf dem Land günstiger, dasselbe gilt für die Grundstückspreise. Auch hier ergeben sich aufgrund eines größeren Angebots und einer weitaus geringeren Nachfrage viel günstigere Quadratmeterpreise als in den Ballungsräumen und in den sie direkt umgebenden Gemeinden. Dies führt dazu, dass man sich auf dem Dorf viel leichter seinen Traum vom eigenen Haus verwirklichen kann.

*1.7 Behauptung – Begründung – Beispiele*

Der für die meisten Menschen wohl wichtigste Vorteil des Landlebens sind vermutlich die vielen sozialen Kontakte und die Gemeinschaft, in die man dort eingebunden ist. Dies beginnt schon mit der Tatsache, dass meist jeder jeden kennt und man sich noch grüßt. Darüber hinaus gibt es in vielen Vereinen die Möglichkeit, Freundschaften zu pflegen und neue Kontakte zu knüpfen. Gemeinsam organisierte Feste bieten im Laufe eines Jahres viele Gelegenheiten dazu.

So wie für manche die vielfältigen sozialen Kontakte auf dem Land wichtig **B.2**
sind, fühlen sich viele Menschen gerade in der Anonymität der Großstadt wohl. Überleitung
Für sie zählt zu den Vorteilen des Lebens in einer größeren Stadt, dass sie hier 2.1
mehr persönliche Freiheit genießen können. In der Stadt kennt natürlich nicht Behauptung
jeder jeden und daher findet bei Weitem weniger soziale Kontrolle statt. Das Begründung
bedeutet, dass man viel weniger der Neugier seiner Mitmenschen ausgesetzt ist Beispiel
und man z. B. nicht wegen flippiger Kleidung zum Tagesgespräch im Ort wird.
Ein weiterer Vorteil des Lebens in einer größeren Stadt ist, dass die Möglichkei- 2.2
ten, auszugehen, zahlreicher und vielfältiger sind. Dies ist vor allem für junge Behauptung
Leute ein klarer Pluspunkt, denn Lokale, Bars und Cafés gibt es in der Stadt für Begründung
jeden Geschmack. Auch große Diskotheken und moderne Kinocenter findet Beispiele
man fast ausschließlich in größeren Städten. Hinzu kommt, dass diese Vergnü- Wirkung
gungsorte leicht mit öffentlichen Verkehrsmitteln erreichbar sind und somit kei-
ne langen und gefährlichen Autofahrten unternommen werden müssen.
Die gute Verkehrsinfrastruktur spricht deshalb ebenfalls für das Leben in einer 2.3
größeren Stadt. Ein dichtes Netz an Stadtbussen ist hier auf jeden Fall vorhanden Behauptung
und wird in Großstädten sogar noch ergänzt durch Straßenbahnen, U- und S-Bah- Begründung
nen und sogar Nachtbuslinien für Nachtschwärmer. In größeren Städten profi- Beispiele
tiert man zudem von den überörtlichen Verkehrsverbindungen in Form gut aus-
gebauter Straßen. Häufig besteht auch ein guter Anschluss an das Eisenbahnnetz.
Doch nicht nur die Verkehrsanbindung spricht für größere Zentren, positiv sind 2.4
auch die vielfältigen Einkaufsmöglichkeiten zu bewerten. Diese gehen weit über Behauptung
den täglichen Bedarf hinaus: Neben einer großen Zahl von Supermärkten findet Begründung
man hier natürlich auch Elektronikfachmärkte, Musikläden und Bekleidungsge- Beispiele
schäfte, um nur einige Beispiele zu nennen.
Natürlich verbringt man in der Stadt seine Zeit nicht nur mit Einkaufen oder 2.5
Ausgehen. Auch das Kulturangebot kann sich sehen lassen und je größer die Behauptung
Stadt ist, desto vielfältiger wird es. Neben Theater und Oper bieten Museen, Beispiele
Ausstellungen und Konzerte Unterhaltung für jede Altersklasse.
Ähnlich verhält es sich mit den Sportmöglichkeiten. Eine große Anzahl an Sport- 2.6
vereinen bietet auch exotischere Sportarten an, zum Beispiel Baseball, Rugby Behauptung
oder Klettern. Neben Fußballplätzen – die es auch in den meisten Kleinstädten Begründung
gibt – kann man in der Großstadt häufig ein abwechslungsreiches Angebot an Beispiele
verschiedenen Sportstätten nutzen, z. B. Hallenbäder, Beachvolleyball-Felder
oder auch Anlagen zum Skaten.
Auf der Seite der Vorteile einer größeren Stadt steht auch ein differenziertes 2.7
Gesundheitswesen, das nicht nur die Grundversorgung über den Allgemeinarzt Behauptung
oder ein Krankenhaus sicherstellt. Die Größe einer Stadt und ihr weiträumiges Begründung
Einzugsgebiet bewirken, dass man dort neben vielen Fachärzten auch Spezialkli- Beispiel
niken findet, die die neuesten Behandlungsmethoden anbieten können.
Nicht zuletzt zählt die Nähe zu einem großen Arbeitsplatzangebot zu den Vor- 2.8
teilen, in einer größeren Stadt zu wohnen. Hier finden sich nicht nur häufiger Behauptung
größere Industriebetriebe oder bedeutende Firmen. Entscheidend ist auch die Begründung
Vielseitigkeit, denn es gibt sowohl Arbeitsplätze in der Industrie als auch in den Beispiele
unterschiedlichsten Dienstleistungsberufen, angefangen bei den Banken, bei
Versicherungen oder im IT-Bereich bis hin zur Verwaltung.
Neben dem größeren Angebot an Arbeitsplätzen verfügen größere Städte auch 2.9
über ein umfassendes Bildungs- und Ausbildungsangebot. Nicht nur weiterfüh- Behauptung
rende Schulen in den unterschiedlichsten Ausbildungsrichtungen sind hier vor- Begründung
handen, die bereits erwähnte Vielseitigkeit der ansässigen Unternehmen bietet Beispiele
Auszubildenden den Vorteil, dass sie viel mehr Möglichkeiten haben, ihre Aus-
bildung zu beginnen, sei es im handwerklichen, technischen oder kaufmännischen
Bereich.

In meinen Augen spricht vor allem das vielfältigere Arbeitsplatz- und Ausbildungsangebot für ein Leben in einer größeren Stadt. Der Trend, dorthin zu ziehen, ist nach wie vor ungebrochen, dies kann man leicht am Einwohnerzuwachs etwa im Großraum München ablesen. Auch für mich wird wohl der Weg in Richtung Stadt gehen, da ich nach dem Abschluss der Fachoberschule an ein Studium denke und meine berufliche Zukunft auch wegen der anderen erörterten Vorteile lieber in der Großstadt verwirklichen möchte. C. Schlussgedanke

## 2011/5 Welche Vorteile hat es für Jugendliche, Mitglied in einem Sportverein zu sein, welche Nachteile können sich ergeben?

### Hinweise zur Erschließung des Themas

Die Mitgliedschaft in einem Sportverein ist der Themabegriff, eingeschränkt durch den Bezug auf „Jugendliche". Damit ist gemeint, dass die Jugendlichen im Verein aktiv Sport betreiben. Präzisiert wird die Aufgabenstellung mit der Frage nach Vor- und Nachteilen.

| | |
|---|---|
| **Themabegriff** | Mitgliedschaft in einem Sportverein |
| **Einschränkung** | Jugendliche |
| **Präzisierung** | Vorteile und Nachteile |
| **Erörterungsauftrag** zweigliedrig | 1. Welche Vorteile hat es für Jugendliche, Mitglied in einem Sportverein zu sein?<br>2. Welche Nachteile können sich daraus ergeben? |

### Stoffsammlung und Strukturierung

### Überlegungen zur Einleitung

Um einen passenden Einleitungsgedanken schreiben zu können, ist es auch hier sinnvoll, sich selbst einige W-Fragen zu überlegen. Danach kannst du entscheiden, ob die Voraussetzung, keine Argumente vorwegzunehmen, erfüllt ist und zu welcher Frage dir eine passende Veranschaulichung einfällt, z. B.:
- Welche Sportvereine/Welche Angebote gibt es in meinem Ort/Stadtviertel?
- Bei welchen Sportvereinen bin ich und sind meine Freunde/Freundinnen Mitglied?
- Wie zufrieden bin ich mit meinem Sportunterricht an der Schule? Suche ich deshalb zusätzliche Möglichkeiten?

Schließe deinen Einleitungsgedanken mit einer Überleitung zur Themafrage und mit dieser selbst ab.

### Überlegungen zum Hauptteil

Da das Thema vor allem dann geeignet ist, wenn du über entsprechende Erfahrungen in einem Verein verfügst, die Vorteile für dich also auf der Hand liegen, sind weitere Vorarbeiten nicht nötig. Einige Impulsfragen können deine Stoffsammlung aber unterstützen:
- Warum bin ich Mitglied im Verein?
- Welche Ziele verfolge ich dort?
- Welche Erfahrungen habe ich bisher gemacht?
- Konnte ich meine Ziele verwirklichen?
- Was hat mir die Mitgliedschaft bisher persönlich gebracht?
- Was hat mir die Mitgliedschaft bisher sportlich/körperlich gebracht?

und:
- Gibt es Nachteile, seit ich regelmäßig im Verein Sport betreibe?
- Habe ich noch genügend Zeit für die Schule/andere Hobbys?
- War ich schon einmal verletzt?
- Wie ist mein Verhältnis zu Mitgliedern/Mannschaftskameraden/Mannschaftskameradinnen?
- Wollte ich schon einmal aufhören und wenn ja, warum?

Liste nun zunächst die Vorteile auf:

| | |
|---|---|
| **Welche Vorteile hat es für Jugendliche, Mitglied in einem Sportverein zu sein?** | – Stärkung des Herz-Kreislaufsystems<br>– Förderung der Koordination und Bewegungssicherheit<br>– Verbesserung der Kondition<br>– Aufbau der Muskulatur und Stärkung der Gelenke<br>– Reduzierung oder Vermeidung von Übergewicht<br>– Ausgleich und Stressabbau<br>– Förderung der Konzentration<br>– Stärkung des Selbstbewusstseins<br>– Steigerung von Teamfähigkeit und Verantwortungsbewusstsein<br>– Förderung sozialer Kontakte<br>– Erleben des Gemeinschaftsgefühls |

Nun kannst du die einzelnen Argumente für die Gliederung noch den Bereichen „Körperliche Entwicklung“ und „Persönliche Entwicklung“ zuordnen.

Eine Untergliederung nach „gesundheitlichen“ und „persönlichen Nachteilen“ ist hier, ähnlich wie beim ersten Teil der Themafrage, möglich.

**Überlegungen zum Schluss**

Zum Abschluss deines Aufsatzes bieten sich dir unter anderem folgende Möglichkeiten an:
- Darstellung eigener Erfahrungen (positive oder negative) mit einer Mitgliedschaft in einem Sportverein
- Begründung, warum Sport im Verein für dich nicht infrage kommt
- Begründung, warum du nur innerhalb eines Vereins Sport treiben möchtest
- Abwägung von Vor- und Nachteilen
- Einstellung zum Sport allgemein

Dabei ist es gleichgültig, ob du zu einem positiven oder negativen Ergebnis kommst. Deine Position muss in jedem Fall ausführlich und schlüssig begründet werden.

**Gliederungsvorschlag**

**A. Mein Sportverein bietet ein umfangreiches Angebot an Mannschafts- und Einzelsportarten, sodass für jeden etwas dabei ist**

**B. Welche Vorteile hat es für Jugendliche, Mitglied in einem Sportverein zu sein? Welche Nachteile sind damit verbunden?**

**1 Vorteile für Jugendliche, Mitglied in einem Sportverein zu sein**

1.1 Vorteile für die körperliche Entwicklung
- Förderung der Koordination und Bewegungssicherheit
- Aufbau der Muskulatur und Stärkung der Gelenke
- Stärkung des Herz-Kreislaufsystems
- Reduzierung oder Vermeidung von Übergewicht
- Verbesserung der Kondition

1.2 Vorteile für die persönliche Entwicklung
- Ausgleich und Stressabbau
- Förderung der Konzentration
- Stärkung des Selbstbewusstseins
- Steigerung von Teamfähigkeit und Verantwortungsbewusstsein
- Erleben des Gemeinschaftsgefühls
- Förderung sozialer Kontakte

**2 Nachteile, die sich aus einer Mitgliedschaft in einem Sportverein für Jugendliche ergeben können**

2.1 Gesundheitliche Nachteile
- Überschätzung der eigenen Fähigkeiten
- Überbelastung des Körpers
- Hohe Verletzungsgefahr

2.2 Persönliche Nachteile
- Übersteigertes Konkurrenzdenken
- Hohe Anschaffungskosten für Sportausrüstung
- Störung des Familienlebens
- Vernachlässigung anderer Pflichten
- Großer Zeitaufwand und Vernachlässigung der Schule
- Zurücksetzung von Freunden außerhalb des Vereins

**C. In meinem Verein erlebe ich nicht nur viel Gemeinschaft, auch mein Verantwortungsgefühl hat sich verbessert, weil ich regelmäßig und zuverlässig am Training teilnehmen muss.**

## 2011/6 Welche Bedeutung hat der Wald für die Menschen? Welchen Gefährdungen ist er ausgesetzt?

### Hinweise zur Erschließung des Themas

Der Themabegriff dieser materialgestützten Erörterung ist „der Wald". Es sind also alle Arten von Wäldern gemeint, heimische ebenso wie die tropischen Regenwälder oder die Nadelwälder der Taiga. Eingeschränkt wird der Themabegriff im ersten Teil der Aufgabenstellung durch „Menschen". Im zweiten Teil geht es ganz allgemein um „Gefährdungen", denen er ausgesetzt ist. Die Auseinandersetzung mit dem vorgegebenen Material steht am Anfang deiner Arbeit und ist ein wesentlicher Teil der Stoffsammlung. Dabei ist es wichtig, zu überlegen, welche Informationen du für welchen Bereich deines Aufsatzes verwenden kannst. Konkret heißt das: Welche Materialvorgaben enthalten Argumente? Was kannst du zur Veranschaulichung deiner Argumente verwenden? Welche Informationen können in die Einleitung oder den Schluss einfließen? Da sich unter den Materialien auch Textauszüge finden, ist es sinnvoll, wichtige Aussagen zu markieren und dazu zu notieren, wie du sie im Aufsatz verwenden möchtest. Ein zweiter Teil der Stoffsammlung besteht dann in Überlegungen, ob sich für dich aus dem vorliegenden Informationsmaterial weitere Argumente ergeben bzw. ob du selbst weitere Gesichtspunkte weißt, z. B. aus dem Erdkunde- oder Biologieunterricht.

| | |
|---|---|
| **Themabegriff** | Wald |
| **Einschränkung** | Menschen |
| **Präzisierung** | Bedeutung und Gefährdungen |
| **Erörterungsauftrag** zweigliedrig | 1. Welche Bedeutung hat der Wald für die Menschen?<br>2. Welchen Gefährdungen ist er ausgesetzt? |

### Stoffsammlung und Strukturierung

### Überlegungen zur Einleitung

Du überprüfst das Material auf seine Verwendbarkeit für einen sinnvollen Einleitungsgedanken hin oder greifst auf eigenes Wissen zu dieser Thematik zurück. Es ist auch eine Kombination aus mehreren Materialaussagen möglich.

### Welche Einleitungsgedanken kann ich aus dem Material gewinnen?

- Historische Aspekte: Der Wald als Sehnsuchtsort, Wandel in der Beziehung zum Wald ab dem 19. Jahrhundert (M 4); Wald als Gegenstand für Gedichte (M 7) und als Schauplatz vieler Märchen (M 3)
- Statistische Angaben zur Flächennutzung in Deutschland (M 9)
- Aktueller Bezug: „Internationales Jahr der Wälder 2011" (M 1)
- Schutz des Waldes durch das Grundgesetz (M 5)

Natürlich brauchst du nicht auf diese Ideen zurückgreifen, wenn du selbst einen guten Einleitungsgedanken hast. Achte aber darauf, nicht schon hier die zu erörternden Fragen abzuhandeln.

**Mögliche weitere Einleitungsgedanken**

- Arten und Verbreitung der Wälder auf der Erde
- Waldbestand und -zusammensetzung in Deutschland und in vielen Teilen der Erde nicht mehr natürlich, sondern Resultat der Nutzung durch den Menschen
- Wachstum der Waldfläche in Deutschland aufgrund von Aufforstung ehemals landwirtschaftlicher Flächen
- Historische Folgen der Waldnutzung im Mittelmeerraum → Verkarstung

**Überlegungen zum Hauptteil**

Bei der Auswertung des Materials ist darauf zu achten, dass in manchen Materialien gleich mehrere Argumente zu finden sind. Ein Beispiel hierfür ist M 6. Hier findest du nicht nur eine Reihe von Bedrohungen des Waldes durch die Natur selbst (Frost, Sturm, Trockenheit, Schädlinge, Wildverbiss), sondern auch jene, die durch den Menschen ausgelöst werden (Klimawandel, Saurer Regen).

**Überlegungen zum ersten Teil der Themafrage – Welche Bedeutung hat der Wald für den Menschen?**

Welche Bedeutungen finde ich im Informationsmaterial und welche kann ich daraus ableiten?

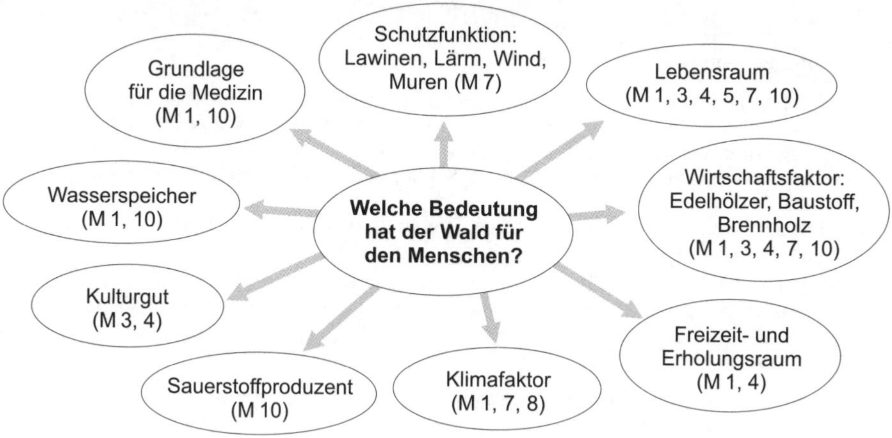

**Überlegungen zum zweiten Teil der Themafrage – Welchen Gefährdungen ist er ausgesetzt?**

Welche Bedeutungen finde ich im Informationsmaterial und welche kann ich daraus ableiten?

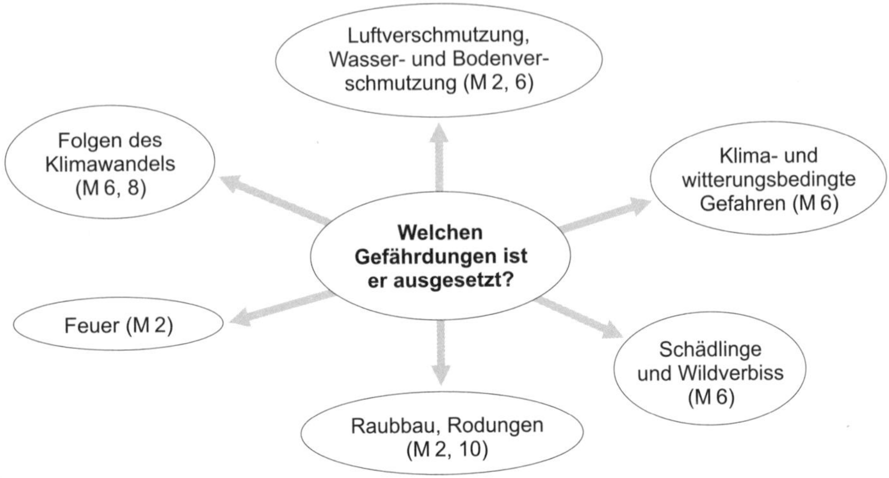


**Überlegungen zum Schluss**

Aus dem Material kannst du einige Gedanken für einen passenden Schluss ableiten.

- Rückgriff auf den Zweck des Internationalen Jahres der Wälder: Notwendigkeit des Schutzes, Bewusstmachen der Bedeutung (M 1)
- Ausblick in die Zukunft, Forderung nach Schutz und nachhaltiger Bewirtschaftung (M 5, M 7, M 8, M 10)
- Wald in der Literatur (Gedichte, Märchen, Romantik) und Kunst (M 3, M 4, M 7)
- Wald als natürliches Klassenzimmer: Lehrpfade etc. (M 7)

Darüber hinaus kannst du auch mit eigenen Gedanken abschließen, etwa zu deinem Verhältnis zum Wald oder zu eigenen Bemühungen, die Wälder zu schützen (z. B. Baumpatenschaften).

**Gliederungsvorschlag**

**A. Knapp ein Drittel der Fläche Deutschlands ist von Wäldern unterschiedlichster Zusammensetzung bedeckt**

**B. Welche Bedeutung hat der Wald für die Menschen? Welchen Gefährdungen ist er ausgesetzt?**

**1 Die Bedeutung des Waldes für den Menschen**

1.1 Vielseitige Schutzfunktion
1.2 Lebensraum für Naturvölker
1.3 Kulturgut der Menschen
1.4 Aufgabe als Wasserspeicher
1.5 Grundlage für die Medizin
1.6 Wichtige Funktion für das Klima
1.7 Produzent von Sauerstoff
1.8 Bedeutender Wirtschaftsfaktor
1.9 Freizeit- und Erholungsraum

**2 Gefährdungen, denen er ausgesetzt ist**

2.1 Gefahr durch Luft-, Boden- und Wasserverschmutzung
2.2 Klima- und witterungsbedingte Gefahren
2.3 Gefahr durch Waldbrände
2.4 Schädlinge und Wildverbiss
2.5 Folgen des Klimawandels
2.6 Raubbau und Rodungen

**C. Vor dem Hintergrund der vielfältigen Bedeutungen und der zahlreichen Gefährdungen besteht die dringende Notwendigkeit, die Wälder zu schützen**

## Aufsatzbeispiel

(Die Randbemerkungen sind nicht Teil des Aufsatzes, sie dienen nur deiner Orientierung.)

| | |
|---|---|
| Knapp ein Drittel der Fläche Deutschlands ist nach einem Diagramm des Earth-Way-Network von Wäldern bedeckt (Material 9). In Hektar ausgedrückt, umfasst die Waldfläche des Landes rund 10,7 Millionen. Dabei handelt es sich um Laub- und Nadelwälder sowie um Mischwälder, die als Teil der natürlichen Lebensgrundlagen auch unter den Schutz des Grundgesetzes fallen (Artikel 20a, Material 5). In diesem Jahr haben die Vereinten Nationen auch das „Internationale Jahr der Wälder" ausgerufen und werben mit einem eigenen Logo (Material 1) dafür. Vor diesem Hintergrund lohnt es sich, die Bedeutung des Waldes für den Menschen zu hinterfragen und sich näher mit den Gefährdungen auseinanderzusetzen, denen der Wald ausgesetzt ist. | **A.**<br>Einleitungsgedanke (M 9)<br>M 5<br>Überleitung<br>M 1<br>Themafrage als Aussagesatz |
| Eine erste und wichtige Bedeutung des Waldes liegt in seiner vielseitigen Schutzfunktion. Auf diese weist auch das Logo der Deutschen Gesellschaft für die Vereinten Nationen hin, das den Menschen in den Mittelpunkt rückt. Wälder spielen nicht nur als Lärmschutz entlang vielbefahrener Autobahnen eine wichtige Rolle, sie dienen auch als Windschutz und bewahren Siedlungen in den Alpen vor Lawinen- oder Murenabgängen. Dies lässt sich auch aus einem Gedicht am Waldlehrpfad in Schwabegg (Material 7) herauslesen. | **B.1**<br>1.1<br>Behauptung<br>Begründung<br>Beispiel, M 1<br>Beispiel, M 7 |
| Neben seiner Schutzaufgabe für die Menschen übernimmt der Wald noch in vielen Teilen der Erde die Aufgabe, Lebensraum für Naturvölker zu sein. Vor allem in den Regenwäldern der Tropen gibt es Völker, deren Existenz vollkommen vom Wald abhängt. Zum einen sind sie auf die Ressourcen angewiesen, die er bietet, zum anderen ist er für sie der einzig mögliche Ort zum Leben, wie es der Präsident der Indianerorganisation COICA formuliert (nach Material 3). | 1.2<br>Behauptung<br>Begründung<br>Beispiel, M 3 |
| Aber auch für die Menschen in unserem Land, die nicht im und mit dem Wald leben, ist er Bestandteil ihrer Kultur und Mythologie. Vor allem im 19. Jahrhundert wurde der Nutzwald mehr und mehr ein Sehnsuchtsort, so heißt es in einem Internet-Blog (Material 4). „Das Wandern in frischer Waldluft, der Waldlehrpfad und der Sonntagsausflug haben hier ihren Ursprung", ist hier weiter zu lesen. Der erste deutsche Bundespräsident Heuss bezeichnete den Wald als eine Welt der Märchen (Material 3) und verwies damit auf die Tatsache, dass unsere Wälder auch eine bedeutende Rolle in der Literatur spielen. | 1.3<br>Behauptung<br>Begründung<br>M 4<br>Beispiel M 3 |
| Daneben erfüllen Wälder eine wichtige Aufgabe als Wasserspeicher. Darauf spielt das bereits angesprochene Gedicht an (Material 7), in dem es heißt: „[I]ch wahre die Quelle". Wälder wirken wie riesige Wasserspeicher, sie verzögern durch ihre große Oberfläche das Eindringen des Wassers in den Boden, wodurch es in der Folge lange darin gespeichert werden kann. | 1.4<br>Behauptung<br>Begründung<br>M 7, Beispiel |

Das Symbol für Medizin auf dem bereits erwähnten Logo (Material 1) und die 1.5
Tatsache, dass 50 Prozent aller Pflanzenarten im Regenwald vorkommen (Mate- Begründung
rial 10), unterstreicht die Bedeutung der Wälder als Grundlage für die moderne Behauptung
Medizin. Weltweit befinden sich Forscher in einem Wettlauf gegen die Zerstö- Beispiel
rung der Regenwälder, da dort immer wieder neue Pflanzen mit wirksamen Inhaltsstoffen gefunden werden, aus denen möglicherweise neue Medikamente hergestellt werden können.

Nicht zu unterschätzen sind auch die Funktionen des Waldes für das Klima. 1.6
Wälder sind zum einen ein Instrument, dem Anstieg des Kohlendioxids in der Behauptung
Atmosphäre entgegenzuwirken. Auf der Homepage von „Schulen ans Netz“ Begründung
(Material 8) wird der Wald als Klimaschützer bezeichnet, weil die Bäume das M 8
Kohlendioxid während des Wachstums als Kohlenstoff einlagern und dauerhaft binden. Wälder wirken jedoch auch kleinräumig als Klimafaktor. Sie tragen zum Temperaturausgleich bei, weil sich über ihnen die Luft nicht so schnell erwärmt
oder abkühlt (siehe Material 7, „ich wehre dem Frost“), außerdem dienen sie als Beispiel, M 7
riesige Luftbefeuchter, da sie sehr viel Wasser verdunsten.

In engem Zusammenhang mit dem Klima steht auch die Bedeutung als Sauer- 1.7
stoffproduzent. Wälder erzeugen im Rahmen der Photosynthese mithilfe des Behauptung
Sonnenlichts und des Kohlendioxids Sauerstoff und können, wie es auch in den Begründung
Referatnotizen des Materials 10 heißt, als „grüne Lunge“ unseres Planeten be- M 10
zeichnet werden. Sie tragen einen erheblichen Anteil an der Produktion des lebensnotwendigen Sauerstoffs.

Doch nicht nur Sauerstoff produzieren die Wälder, in erster Linie ist der nach- 1.8
wachsende Rohstoff Holz interessant, wodurch sie zu einem bedeutenden Wirt- Behauptung
schaftsfaktor werden. Holz ist nicht nur als vielseitiger Baustoff beliebt (Mate- Begründung
rial 7) und ist Grundstoff für die Papierherstellung, es wird auch als regenerativer und Beispiele
und $CO_2$-neutraler Energieträger immer bedeutender (Verweis in Material 7). aus M 7, 10
Zudem werden mit Edelhölzern Millionengeschäfte gemacht.

Doch schon längst hat sich bei uns die Einstellung gegenüber den Wäldern ge- 1.9
ändert und wir sehen sie nicht nur in ihrer Nutzfunktion. Für viele Menschen Verknüpfung
dienen sie vor allem als vielseitiger Freizeit- und Erholungsraum. Ob sie zum Behauptung
Wandern in frischer Luft, als Ziel für einen Sonntagsausflug (Material 4) oder Begründung
dazu dienen, die Stille zu genießen oder von einem der neu entstandenen Wald- M 4, Beispiele
wipfelpfade die Natur von oben zu erleben, der Freizeit- und Erholungswert der Wälder ist sehr hoch.

Trotz der vielfältigen Bedeutungen, die die Wälder für den Menschen besitzen, **B.2**
sind sie einer ganzen Reihe von Gefährdungen durch ihn ausgesetzt. Zu nennen Überleitung
ist hier zunächst die Gefahr der Luft-, Boden- und Wasserverschmutzung. Häufig 2.1
werden Wälder auch als Mülldeponien missbraucht (Material 2). Aus dem Müll Behauptung
herausgelöste Stoffe und der Saure Regen als Folge der Luftverschmutzung Beispiele
durch Abgase führen zu einer Bodenversauerung, worauf in der Grafik „Patient Begründung
Wald“ (Material 6) hingewiesen wird. Diese Versauerung stört die Nährstoffauf- Beispiel
nahme der Bäume und führt zur Austrocknung der Wälder.

Aber auch die Natur selbst kann den Bestand der Wälder gefährden, denn mit- 2.2
unter werden ihnen Klima und Witterung gefährlich. Stürme, starke Fröste und Behauptung
Trockenperioden können flächendeckende Zerstörungen hervorrufen, von denen M 6
sich die Bestände nur sehr schwer erholen. Darauf wird in einer Infografik Begründung
(Material 6) hingewiesen. Immer wieder gibt es auch in Deutschland Sturm- M 6
ereignisse, die großen Schaden anrichten. An den Orkan „Kyrill“ im Jahr 2008 Beispiel
und dessen Auswirkungen können sich bestimmt viele Menschen erinnern.

Nicht zu unterschätzen ist das Vernichtungspotenzial durch Waldbrände, die 2.3
auch eine natürliche Ursache, z. B. Blitzschlag, haben können. Weitaus häufiger Behauptung
jedoch werden sie von Menschen gelegt (Material 2), die damit erreichen wollen, aus M 2
dass die vernichteten Flächen in Bauland umgewandelt werden. Jeden Sommer Begründung
erreichen uns solche Schlagzeilen, wobei besonders der trockene Mittelmeer- Beispiele
raum betroffen ist. Aber auch in anderen Regionen der Erde werden immer häufiger extreme Dürren von verheerenden Waldbränden begleitet (z. B. in Russland, Kalifornien oder Australien).

Ein weiterer Feind des Waldes kommt eher aus seinem Inneren. Wildverbiss 2.4
kann die natürliche Verjüngung zunichtemachen oder die vom Menschen mühe- Behauptung
voll gepflanzten jungen Bäume vernichten (Material 6). Auch Schädlingsbefall M 6
zerstört immer wieder große Waldflächen. Die durch Klima- und Schadstoffein- Begründung
flüsse bereits geschwächten Fichtenwälder in den Hochlagen des Bayerischen Beispiel
Waldes wurden beispielsweise in den 1990er-Jahren Opfer des Borkenkäfers.

Noch gar nicht absehbar sind die Folgen, die sich aufgrund des Klimawandels 2.5
für die Wälder ergeben. Auch darauf verweist die schon mehrfach zitierte Grafik Behauptung
(Material 6). Eine weitere Erwärmung der Erdatmosphäre würde für viele M 6
Waldsysteme, die an ein bestimmtes Klima angepasst sind, das sichere Aus be- Begründung
deuten. Wir wissen heute, dass der Klimawandel eine Häufung von Wetterex- eigene
tremen wie Orkanen, massiven Schneefällen oder ausgeprägter Trockenheit her- Beispiele
vorruft, die den Bestand unserer Wälder gefährden.

Dennoch stellt die wirtschaftliche Nutzung, oder besser gesagt der Raubbau 2.6
durch den Menschen die größte existenzielle Bedrohung der Wälder auf diesem Behauptung
Planeten dar. Große Konzerne machen Millionengeschäfte mit dem Handel von Begründung
Edelhölzern und holzen dafür die Regenwälder ab. Zudem wird gerodet, um Beispiel M 10
Flächen für Futterplantagen oder Weiden zu gewinnen (Material 10). Alleine in
Brasilien verschwinden nach diesen Angaben jährlich 25 000 km$^2$ Wald, was ei- Folge
ner Fläche so groß wie Belgien entspricht und deutlich macht, in welch beängstigender Geschwindigkeit die „grüne Lunge“ der Welt mittlerweile schrumpft. Auch weiß man inzwischen, dass gerade tropische Wälder sich kaum wieder aufforsten lassen, weshalb man hier besorgt in die Zukunft blicken muss.

Überblickt man die vielfältigen, auch für uns Menschen existenziellen Bedeu- C. Schluss-
tungen des Waldes und seine zahlreichen Gefährdungen, muss man zu dem gedanke
Schluss kommen, dass die dringende Notwendigkeit besteht, die Wälder zu aus M 10
schützen und nachhaltig zu bewirtschaften. Nachhaltigkeit bedeutet, vereinfacht gesagt, dass sich Abholzung und Nachwachsen der Bäume die Waage halten sollen. Vielleicht gelingt es mit dem Internationalen Jahr der Wälder, bei möglichst vielen Menschen einen Bewusstseinswandel herbeizuführen, damit der Schutz der Wälder mehr im Mittelpunkt steht als die sicher auch berechtigten wirtschaftlichen Interessen.

## Aufgabe 7

## Auszug aus dem Roman „Gut gegen Nordwind“ von Daniel Glattauer

*Emmi Rothner möchte per E-Mail ihr Abo der Zeitschrift „Like“ kündigen, doch durch einen Tippfehler landen ihre Nachrichten bei Leo Leike. Als Emmi wieder und wieder E-Mails an die falsche Adresse schickt, klärt Leo sie über den Fehler auf. Es beginnt ein außergewöhnlicher „Briefwechsel“, wie man ihn nur mit einem Unbekannten führen kann. Obwohl sie sich zunächst völlig fremd sind, kommen sie sich auf besondere Weise immer näher. (Klappentext – leicht verändert)*

*[…] 45 Minuten später*
AW:
Sie schreiben wie 30. Aber Sie sind um die 40, sagen wir: 42. Woran ich es zu erkennen glaube? – Eine 30-Jährige liest nicht regelmäßig „Like“. Das Durchschnittsalter einer „Like“-Abonnentin beträgt etwa 50 Jahre: Sie sind aber jünger, denn beruflich beschäftigen Sie sich mit Homepages, da könnten Sie also wieder 30 und sogar deutlich darunter sein. Allerdings schickt keine 30-Jährige eine Massenmail an Kunden, um ihnen „Frohe Weihnachten und ein gutes neues Jahr“ zu wünschen. Und schließlich: Sie heißen Emmi, also Emma. Ich kenne drei Emmas, alle sind älter als 40. Mit 30 heißt man nicht Emma. Emma heißt man erst wieder unter 20, aber unter 20 sind Sie nicht, sonst würden Sie Wörter wie „cool“, „spacig“, „geil“, „elementar“, „heavy“ und Ähnliches verwenden. Außerdem würden Sie dann weder mit großen Anfangsbuchstaben noch in vollständigen Sätzen schreiben. Und überhaupt hätten Sie Besseres zu tun, als sich mit einem humorlosen vermeintlichen Professor zu unterhalten und dabei interessant zu finden, wie jung oder alt er Sie einschätzt. Noch was zu „Emmi“: Heißt man nun Emma und schreibt man jünger, als man ist, zum Beispiel, weil man sich deutlich jünger fühlt, als man ist, nennt man sich nicht Emma, sondern Emmi. Fazit, liebe Emmi Rothner: Sie schreiben wie 30, Sie sind 42. Stimmt's? Sie haben 36er Schuhgröße. Sie sind klein, zierlich und quirlig, haben kurze dunkle Haare. Und Sie sprudeln, wenn Sie reden. Stimmt's? Guten Abend, Leo Leike.

*Am nächsten Tag*
Betreff: ???
Liebe Frau Rothner, sind Sie beleidigt? Schauen Sie, ich kenne Sie ja nicht. Wie soll ich wissen, wie alt Sie sind? Vielleicht sind Sie 20 oder 60. Vielleicht sind Sie 1,90 groß und 100 Kilo schwer. Vielleicht haben Sie 46er Schuhgröße – und deshalb nur drei Paar Schuhe, maßgefertigt. Um sich ein viertes Paar finanzieren zu können, mussten Sie Ihr „Like“-Abonnement kündigen und Ihre Homepagekunden mit Weihnachtsgrüßen bei Laune halten. Also bitte, seien Sie nicht böse. Mir hat die Einschätzung Spaß gemacht, ich habe ein schemenhaftes Bild von Ihnen vor mir, und das habe ich Ihnen in übertriebener Präzision mitzuteilen versucht. Ich wollte Ihnen wirklich nicht zu nahe treten. Liebe Grüße, Leo Leike.

*Zwei Stunden später*
RE:
Lieber „Professor“, ich mag Ihren Humor, er ist nur einen Halbton von der chronischen Ernsthaftigkeit entfernt und klingt deshalb besonders schräg!! Ich melde mich morgen. Ich freu' mich schon! Emmi.

*Sieben Minuten später*
AW:
Danke! Jetzt kann ich beruhigt schlafen gehen. Leo.

*Am nächsten Tag*
Betreff: Nahe treten
Lieber Leo, den „Leike“ lasse ich jetzt weg. Sie dürfen dafür die „Rothner“ vergessen. Ich habe Ihre gestrigen Mails sehr genossen, ich habe sie mehrmals gelesen. Ich möchte Ihnen ein Kompliment machen. Ich finde es spannend, dass Sie sich so auf einen Menschen einlassen können, den Sie gar nicht kennen, den Sie noch nie gesehen haben und wahrscheinlich auch niemals sehen werden, von dem Sie auch sonst nichts zu erwarten haben, wo Sie gar nicht wissen können, ob da jemals irgendetwas Adäquates zurückkommt. Das ist ganz atypisch männlich, und das schätze ich an Ihnen. Das wollte ich Ihnen vorweg nur einmal gesagt haben. So, und jetzt zu ein paar Punkten: 1. Sie haben einen ausgewachsenen Massenmail-Weihnachtsgruß-Psycho! Wo haben Sie den aufgerissen? Anscheinend kränkt man Sie zu Tode, wenn man „Frohe Weihnachten und ein gutes neues Jahr“ sagt. Gut, ich verspreche Ihnen, ich werde es nie, nie wieder sagen! Übrigens finde ich es erstaunlich, dass Sie von „Frohe Weihnachten und ein gutes neues Jahr“ auf ein Lebensalter schließen können wollen. Hätte ich „Frohe Weihnachten und ein glückliches neues Jahr“ gesagt, wäre ich dann zehn Jahre jünger gewesen? 2. Tut mir leid, lieber Leo Sprachpsychologe, aber dass eine Frau nicht jünger als 20 Jahre sein kann, wenn sie nicht „cool“, „geil“ und „heavy“ verwendet, kommt mir schon ein bisschen weltfremd oberprofessorenhaft vor. Nicht, dass ich hier darum kämpfe, so zu schreiben, dass Sie meinen könnten, ich sei jünger als 20 Jahre. Aber weiß man es wirklich? 3. Ich schreibe also wie 30, sagen Sie. Eine 30-Jährige liest aber nicht „Like“, sagen Sie. Dazu erkläre ich Ihnen gerne: Die Zeitschrift „Like“ hatte ich für meine Mutter abonniert. Was sagen Sie jetzt? Bin ich nun endlich jünger, als ich schreibe? 4. Mit dieser Grundsatzfrage muss ich Sie alleine lassen. Ich habe leider einen Termin. (Firmunterricht? Tanzschule? Nagelstudio? Teekränzchen? Suchen Sie es sich ruhig aus.) Schönen Tag noch, Leo! Emmi.

*Drei Minuten später*
RE:
Ach ja, Leo, eines will ich Ihnen doch noch verraten: Bei der Schuhgröße waren Sie gar nicht so schlecht. Ich trage 37. (Aber Sie brauchen mir keine Schuhe zu schenken, ich habe schon alle.)

*Drei Tage später*
Betreff: Etwas fehlt
Lieber Leo, wenn Sie mir drei Tage nicht schreiben, empfinde ich zweierlei: 1. Es wundert mich. 2. Es fehlt mir etwas. Beides ist nicht angenehm. Tun Sie was dagegen! Emmi

[…]

*Textquelle: Daniel Glattauer, Gut gegen Nordwind. Deuticke Verlag, Wien 2006.*

**Autor:** Daniel Glattauer, geboren 1960 in Wien, studierte Pädagogik. Mit seinen beiden letzten Romanen, „Gut gegen Nordwind“ (2006) und „Alle sieben Wellen“ (2009), gelangen ihm zwei Bestseller, die in zahlreiche Sprachen übersetzt und auch als Theaterstücke zum Erfolg wurden.

**Aufgabenstellung**

Lesen Sie den Text sorgfältig durch und bearbeiten Sie dann die folgenden Aufgaben.
Bei Nummer 5 können Sie a oder b wählen.

1. Fassen Sie den Inhalt mit eigenen Worten zusammen.
2. Erläutern Sie die sprachlichen Besonderheiten des Textes. Gehen Sie dabei auch darauf ein, inwiefern sich der Kommunikationsstil Jugendlicher im Internet (z. B. in Chats, Social Networks) von dem im E-Mail-Roman unterscheidet.
3. Leo Leike versucht, Emmi Rothner aufgrund ihrer Mailtexte zu charakterisieren. Charakterisieren Sie Leo Leike aufgrund seiner E-Mails.
4. „Gut gegen Nordwind" ist anders als viele andere Romane. Erklären Sie, worin seine Besonderheiten liegen.
5. a) Erörtern Sie, welche Grundsätze man bei einer Kontaktaufnahme über das Internet beachten sollte.

   oder

   b) Verfassen Sie Leo Leikes Antwort auf Emmi Rothners letzte Mails.

---

## 2011/7 Auszug aus dem Roman „Gut gegen Nordwind" von Daniel Glattauer

**Mögliche Gliederung**

**A. Durch einen Tippfehler ergibt sich zufällig eine Kommunikation per E-Mail zwischen zwei Unbekannten. Leo Leike und Emmi Rothner beginnen, in einem witzigen Dialog Vermutungen über den jeweils anderen anzustellen**

**B. Auseinandersetzung mit dem Auszug aus dem Roman „Gut gegen Nordwind" und weiterführende Aufgabe**

**1 Inhaltszusammenfassung in eigenen Worten**

**2 Erläuterung der sprachlichen Besonderheiten und Darstellung der Unterschiede zwischen dem Kommunikationsstil im Roman und dem von Jugendlichen im Internet**

2.1 Wortwahl
2.2 Satzbau
2.3 Stil
2.4 Unterschiede zum Kommunikationsstil Jugendlicher im Internet

**3 Charakterisierung Leo Leikes**

**4 Besonderheiten des Romans „Gut gegen Nordwind"**

**5 Erörterung von allgemeinen Grundsätzen bei der Kontaktaufnahme über das Internet**

oder:

**5 Leo Leikes Antwort auf Emmi Rothners letzte Mails**

**C. Trotz aller sprachlichen Kreativität, die man in der Kommunikation über das Internet einsetzen kann, sollte man gewisse Grundregeln einhalten**

## Notizen und Lösungshinweise zu den einzelnen Bereichen der Gliederung

### Einleitung A.

- Thematik des Textes/Quelle/Hintergründe zum Autor:
  Emmi Rothner möchte per E-Mail ein Zeitschriftenabo kündigen. Durch einen Tippfehler landen diese und etliche weitere Mails bei Leo Leike, der sie über den Fehler aufklärt. Daraus entsteht ein „Briefwechsel" zwischen den beiden Unbekannten, die darin Vermutungen über den jeweils anderen anstellen. Schließlich gibt Emmi offen zu, bereits nach drei Tagen ohne Nachricht von Leo seine Mails zu vermissen. Der Auszug stammt aus dem Roman „Gut gegen Nordwind" des Schriftstellers Daniel Glattauer. Dem 51-jährigen Österreicher gelang damit 2006 sein erster Bestseller.

oder:

- eigenständige Hinführung zur Thematik des Textes „Internetkommunikation": z. B. Darstellung von persönlichen Erfahrungen mit E-Mail-Kommunikation, ggf. Kommunikationspannen, Kennenlernen von anderen Menschen via Internet, „Social Networking" usw.; anschließende Überleitung zur Bearbeitung des Textes im Hauptteil, Angaben zum Verfasser (siehe Hinweise am Ende des vorliegenden Textes) usw.

### Inhaltszusammenfassung in eigenen Worten B. 1

- Mail 1 (Z. 1–19): Der Empfänger der Mails, Leo Leike, mutmaßt über Alter und Aussehen der ihm unbekannten Frau, indem er Sprache und Inhalt der erhaltenen Nachrichten genauestens analysiert und ihr seine Rückschlüsse mitteilt.
- Mail 2 (Z. 20–30): Leike befürchtet, mit seinen Vermutungen zu weit gegangen zu sein, und entschuldigt sich vorbeugend auf sehr witzige Weise, indem er seine Aussagen relativiert.
- Mail 3 (Z. 31–35): Zwei Stunden später meldet sich Emmi Rothner mit der Nachricht, dass sie nicht beleidigt sei, sondern den Humor Leikes sehr schätze. Offenbar hatte sie keine Zeit zu antworten.
- Mail 4 (Z. 36–38): Unmittelbar darauf erfolgt die Antwort von Leo Leike, der seine Erleichterung darüber ausdrückt, Emmi nicht verärgert zu haben.
- Mail 5 (Z. 39–63): Emmi Rothners Antwort am nächsten Tag fällt sehr ausführlich aus. Punkt für Punkt geht sie Leikes Mail durch, hinterfragt und zerpflückt seine Vermutungen über ihr Alter, ohne dieses jedoch zu verraten.
- Mail 6 (Z. 64–68): Kurze Zeit später verfasst Emmi einen versöhnlichen Nachtrag hinsichtlich ihrer Schuhgröße, die Leike tatsächlich fast erraten hat.
- Mail 7 (Z. 69–72): Es vergehen drei Tage ohne Antwort und Emmi teilt Leo mit, dass sie seine Mails vermisse.

### Erläuterung der sprachlichen Besonderheiten und Darstellung der Unterschiede zwischen dem Kommunikationsstil im Roman und dem von Jugendlichen im Internet 2

### Wortwahl 2.1

- viele Fremdwörter: z. B. „Fazit" (Z. 17), „finanzieren" (Z. 25), „Präzision" (Z. 28), „Adäquates" (Z. 46), „atypisch" (Z. 47): umfangreicher und gehobener Wortschatz als Hinweis auf gute Bildung
- höfliche und gewählte Ausdrucksweise: z. B. „zu nahe treten" (Z. 29)
- Ausdrücke aus der Jugendsprache: z. B. „cool", „spacig", „geil" usw. (Z. 11, Z. 56): dienen Leo als Beweismittel bei der Altersanalyse bzw. werden von Emmi benutzt, um die Behauptungen zu widerlegen
- Neologismen: „Massenmail-Weihnachtsgruß-Psycho" (Z. 49), „oberprofessorenhaft" (Z. 56 f.): soll nach Diagnose und Analyse klingen
- Ironie in der Anrede: „Professor" (Z. 33), „Leo Sprachpsychologe" (Z. 54 f.): Anspielung auf die Vermutungen und die Beweisführung Leos

**Satzbau** 2.2

- nummerierte Aufzählungen (Z. 48, 54, 58, 61, 71, 72): wirken sachlich, bieten strukturierte und knappe Information und entsprechen offenbar Emmis Stil
- Anaphern mit aufzählender Wirkung: „Sie […]“ (Z. 3, 5, 8): Behauptungen Leos, Stil seiner „Analyse“
- Fragen: z. B. „Stimmt's?“ (Z. 18 f.): wirkt überheblich, von sich und seinem Urteil überzeugt; „Aber weiß man es wirklich?“ (Z. 58): soll Verunsicherung bei Leo auslösen
- Aneinanderreihung von Hauptsätzen (Parataxen): z. B. ab „Mir hat die Einschätzung Spaß gemacht […]“ (Z. 27–29), „ich mag Ihren Humor“ (Z. 33–35): knappe, klare Aussagen, auf das Wesentliche konzentriert, sehr sachlich auch bei Empfindungen
- Reihung von Nebensätzen: „den Sie gar nicht kennen, den Sie noch nie gesehen haben […]“ (Z. 43 ff.): Charakterisierung der Beziehung; evtl. Hinweis, dass persönliche Begegnung von Seiten Emmis auch zukünftig nicht gewünscht wird
- Reihung von (elliptischen) Fragen: „Firmunterricht? Tanzschule? Nagelstudio? Teekränzchen?“ (Z. 62 f.): jedes Wort repräsentiert eine bestimmte Altersschicht

**Stil** 2.3

- Gesprächsstil: z. B. „sagen wir“ (Z. 3), „Stimmt's?“ (Z. 18, 19), „Schauen Sie […]“ (Z. 22), „Ach ja, Leo, […]“ (Z. 66) usw.
- häufige Verwendung des Konjunktivs II: z. B. „würden“ (Z. 10, 12), „hätten“ (Z. 13), „wäre […] gewesen“ (Z. 54), „könnten“ (Z. 58): alle Vermutungen sind unsicher und unbewiesen
- Standardsprache mit gehobener Wortwahl trotz gelegentlicher umgangssprachlicher Wendungen (z. B. „aufgerissen“, Z. 49)
- Sprachbilder: Metapher „sprudeln“ (Z. 19): Vergleich des Redeflusses mit einer Quelle; „bei Laune halten“ (Z. 26): Pflege der Beziehung zu den Kunden
- Übertreibung (Hyperbel): „1,90 groß“, „100 Kilo“, „46er Schuhgröße“ (Z. 23 f.): unrealistisches Bild, bewusste Abschwächung der vorherigen Analyse

**Unterschiede zum Kommunikationsstil Jugendlicher im Internet** 2.4

- fehlerfreie Rechtschreibung und Zeichensetzung
- Einhaltung der Höflichkeitsformen (Anrede, Grußformeln)
- Standardsprache, nur gelegentlich Umgangs- oder Jugendsprache
- fehlerfreie Grammatik
- keine Emoticons (Symbole aus Satzzeichen), keine Smileys, keine Abkürzungen
- gehobenes Niveau in Ausdruck und Satzbau
- relativ lange Einzelbeiträge bis zu 24 Zeilen

**Charakterisierung Leo Leikes** 3

***Hinweis:*** *Hier werden von dir keine beweisbaren Merkmale erwartet, sondern Vermutungen, die sich aus Leos Aussagen ableiten lassen und daher als möglich erscheinen.*

- hoher Bildungsstand: Wortschatz, Satzbau, Rechtschreibung
- vermutlich älter als Emmi: höfliche, z. T. förmliche Ausdrucksweise
- intensiver oder zumindest versierter Internet-/Mailnutzer: Verweis auf jugendsprachliche Ausdrücke
- einfühlsam: macht sich Gedanken, wie es Emmi geht (vgl. Z. 22)
- neugierig: Mutmaßungen über Emmis Aussehen, Alter etc. (Mail 1)
- witzig, humorvoll, geistreich: Formulierungen in erster und vor allem zweiter Mail
- möglicherweise Akademiker, intellektuelle Tätigkeit: Analyse von Emmis Sprache in erster Mail, belehrender Unterton (vgl. z. B. Z. 4 f.)
- könnte auch Single sein: Neugier und Interesse an der unbekannten Mail-Schreiberin

**Besonderheiten des Romans „Gut gegen Nordwind“** 4

- Kommunikationsmittel E-Mail als einzige Darstellungsweise im Roman, kein Erzähler, keine Kommentare und Erklärungen
- Realistisch wirkende E-Mail-Kommunikation (mit Zeitangaben, Betreff usw.)
- Ähnlichkeit mit einem Briefroman, aufgrund der Schnelligkeit von Mails sehr hohes Erzähltempo
- Zusammenhänge und Erklärungen erschließen sich für den Leser nur über die Äußerungen der Personen
- Leser ist zwar „Mitwisser“ und „Mitleser“, erhält aber keinen Einblick in die Personen, hat dadurch genauso viel Raum für Spekulationen wie die beiden Romanfiguren

**Weiterführende Aufgabe: Erörterung von Grundsätzen bei der Kontaktaufnahme über das Internet** 5

*Hinweis: Zur Bearbeitung dieser Aufgabenstellung gehst du genauso vor wie bei einer Erörterung, da diese weiterführende Aufgabe die gleichen Anforderungen stellt. Nach einer genauen Themaanalyse und der Formulierung der Themafrage machst du eine kurze Stoffsammlung und suchst dir drei Argumente aus, die dir am wichtigsten erscheinen. In der Regel dürften drei ausführlich veranschaulichte Argumente (mit Begründung, Beispiel und eventuell Folge/Wirkung) genügen. Die Sprache ist sachlich zu halten. Verknüpfe deine Argumente mit Überleitungen.*

**Themafrage:** Welche Grundsätze soll man bei einer Kontaktaufnahme über das Internet beachten?
**Themabegriff:** Kontaktaufnahme über das Internet
**Präzisierung:** Grundsätze/Regeln

Die Formulierung „Kontaktaufnahme über das Internet“ ist sehr allgemein gehalten. Das bedeutet, dass du weder auf die Form noch auf den Anlass der „Kontaktaufnahme“ festgelegt bist. Als Form stehen beispielsweise zur Verfügung: E-Mails, Nachrichten an Mitglieder in sozialen Netzwerken, Pinnwand-Einträge, Chatbeiträge. Auch der Anlass kann höchst unterschiedlich sein: Information, Kontakt halten, Daten austauschen, Zahl der Freundschaften erweitern, Freundschaftsanfragen formulieren oder beantworten. Diese Überlegungen helfen dir, möglichst anschaulich und konkret zu argumentieren, da du hieraus Begründungen und vor allem Beispiele ableiten kannst.

**Mögliche Stichworte für die Stoffsammlung:**

- Einhaltung der Höflichkeitsregeln
- Bemühen um Freundlichkeit
- Wert legen auf Ehrlichkeit
- Bemühen um korrekte Sprache

*Ein Beispiel könnte so beginnen:*
Für Kontaktaufnahme und Kommunikation im Internet sollten im Prinzip dieselben Regeln gelten, wie sie außerhalb der virtuellen Welt erwartet und angewendet werden. So sollte es selbstverständlich sein, die Grundsätze der Höflichkeit nicht zu verletzen, denn hinter jedem Computer sitzt schließlich ein Mensch, der Gefühle hat und Respekt verdient. Das heißt konkret, dass man sich – je nach Art des Kontaktes – an die entsprechenden Grußformeln hält. Höflichkeit bei der Kommunikation bedeutet auch, dass man auf eine eingegangene Nachricht angemessen antwortet, auch wenn man beispielsweise kein Interesse an der Fortführung des Kontaktes hat. Eine kurze neutrale Begründung fällt nicht schwer. Genauso wenig gehören Beleidigungen oder Scherze, die unter die Gürtellinie zielen, in persönliche Nachrichten, ganz unabhängig davon, ob man sie über das Internet oder auf anderem Weg versendet.
Aber nicht nur die Höflichkeit ist ein wichtiger Grundsatz bei der Internetkommunikation, man sollte immer auch großen Wert auf Ehrlichkeit legen. […]

oder:

**Leo Leikes Antwort auf Emmi Rothners letzte Mails** 5

*Hinweis: Hier hast du relativ viele Freiheiten bei der inhaltlichen wie sprachlichen Gestaltung. Dennoch musst du berücksichtigen, dass du den Stil Leo Leikes in einigen wesentlichen Punkten nachahmen sollst. Anhaltspunkte dafür gibt dir deine eigene Analyse des Textes unter Punkt 2.*
*Als Zweites muss die Antwort schlüssig sein und zu den drei Mails von Emmi passen. Das bedeutet, dass du dir noch einmal die inhaltlichen Kernaussagen ansehen musst: Zunächst zerpflückt sie Leikes Analyse hinsichtlich ihres Alters und der Weihnachtswünsche. Angaben zu ihrem Alter lässt sie bewusst offen, im Gegenteil, sie fordert geradezu zu neuen Spekulationen heraus (vgl. Z. 61–63). Somit bietet diese Mail mindestens zwei Anlässe für eine Anknüpfung in Leos Antwort. Darüber hinaus kannst du auf Einzelheiten in Emmis Mail eingehen, zum Beispiel auf den Vorschlag, „die ‚Rothner' [zu] vergessen" (Z. 41). Weniger ergiebig ist die zweite Mail. Auf die Aussage, dass sie keine Schuhe mehr brauche und die Schuhgröße fast gestimmt habe, kann man jedoch am Rande eingehen. Wichtiger ist die letzte Mail. Ein „Typ" wie Leike könnte sich natürlich mehr als ausführlich damit beschäftigen, dass Emmi seine Mails vermisst. Schließlich musst du noch die formalen Dinge (Zeitangabe, Betreff) beachten.*

*Die Antwort von Leo Leike könnte so beginnen:*

*Am nächsten Abend*
RE: Etwas fehlt
Verehrte Emmi Rothner (warum sollte ich diesen entzückenden Nachnamen einfach „vergessen", das heißt weglassen?),
Sie haben meine mühevolle Beweisführung ziemlich zerpflückt. Sie stellen mich wiederum vor neue spannende Rätsel und ich bin sehr erleichtert, Ihnen mit meinen Spekulationen nicht zu nahe getreten zu sein. Und nun vermissen Sie auch noch meine „weltfremden und oberprofessorenhaften" Ausführungen, stimmt's? Dies alleine wäre der Anlass für weitere Mutmaßungen bezüglich Ihrer Person. Aber zuvor möchte auch ich einiges gerade rücken. Ich bin kein „Weihnachtsgruß-Psycho", finde es nur sehr exotisch, wenn solche Mails kurz vor Ostern verschickt werden. Da bin ich etwas empfindlich, das können Sie doch sicher nachvollziehen? Auch habe ich Sie nicht absichtlich warten lassen, sondern war verhindert. Wie wäre es mit folgender Erklärung: Wie wäre es, wenn der vermeintliche Professor ein Schuhgeschäft hätte und auf der Schuhmesse in Mailand gewesen wäre? Nur deswegen interessierte ihn Ihre Schuhgröße. […]

**Schlussgedanke** C.

Dein Schlussgedanke sollte den Aufsatz abrunden und könnte einerseits eine begründete Bewertung des Romanausschnitts bzw. der Romanidee beinhalten. Dabei kannst du dich an den in Aufgabe 4 herausgearbeiteten Besonderheiten dieses „E-Mail-Romans" orientieren.
Andererseits hast du die Möglichkeit, eigene Erfahrungen mit der Kommunikation per E-Mail zu formulieren oder kurz zu Vorteilen und Gefahren bei Internetkontakten Stellung zu nehmen.

**Aufgabe 8**

## Siegfried Lenz: Die Nacht im Hotel

Der Nachtportier strich mit seinen abgebissenen Fingerkuppen über eine Kladde[1] und hob bedauernd die Schultern […]. „Das ist die einzige Möglichkeit", sagte er. „Zu so später Stunde werden Sie nirgendwo ein Einzelzimmer bekommen. Es steht Ihnen natürlich frei, in anderen Hotels nachzufragen. Aber ich kann Ihnen schon jetzt sagen, dass wir, wenn Sie ergebnislos zurückkommen, nicht mehr in der Lage sein werden, Ihnen zu dienen. Denn das freie Bett in dem Doppelzimmer, das Sie – ich weiß nicht, aus welchen Gründen – nicht nehmen wollen, wird dann auch einen Müden gefunden haben."

„Gut", sagte Schwamm, „ich werde das Bett nehmen. Nur, wie Sie vielleicht verstehen werden, möchte ich wissen, mit wem ich das Zimmer zu teilen habe; nicht aus Vorsicht, gewiss nicht, denn ich habe nichts zu fürchten. Ist mein Partner – Leute, mit denen man eine Nacht verbringt, könnte man doch fast Partner nennen – schon da?"

„Ja, er ist da und schläft."

„Er schläft", wiederholte Schwamm, ließ sich die Anmeldeformulare geben, füllte sie aus und reichte sie dem Nachtportier zurück; dann ging er hinauf. […] Als er die Zimmertür mit der ihm genannten Zahl erblickte, drückte Schwamm die Klinke herab. Er schloss die Tür wieder und tastete mit flacher Hand nach dem Lichtschalter. Da hielt er plötzlich inne: Neben ihm – und er schloss sofort, dass da die Betten stehen müssten – sagte jemand mit einer dunklen, aber auch energischen Stimme: „Halt! Bitte machen Sie kein Licht. Sie würden mir einen Gefallen tun, wenn Sie das Zimmer dunkel ließen."

„Haben Sie auf mich gewartet?", fragte Schwamm erschrocken; doch er erhielt keine Antwort. Stattdessen sagte der Fremde: „Stolpern Sie nicht über meine Krücken, und seien Sie vorsichtig, dass Sie nicht über meinen Koffer fallen, der ungefähr in der Mitte des Zimmers steht. Ich werde Sie sicher zu Ihrem Bett dirigieren: Gehen Sie drei Schritte an der Wand entlang, und dann wenden Sie sich nach links, und wenn Sie wiederum drei Schritte getan haben, werden Sie den Bettpfosten berühren können."

Schwamm gehorchte: Er erreichte sein Bett, entkleidete sich und schlüpfte unter die Decke. Er hörte die Atemzüge des anderen und spürte, dass er vorerst nicht würde schlafen können.

„Übrigens", sagte er zögernd nach einer Weile, „mein Name ist Schwamm."

„So", sagte der andere.

„Ja."

„Sind Sie zu einem Kongress hierhergekommen?"

„Nein. Und Sie?"

„Nein."

„Geschäftlich?"

„Nein, das kann man nicht sagen."

„Wahrscheinlich habe ich den merkwürdigsten Grund, den je ein Mensch hatte, um in die Stadt zu fahren", sagte Schwamm. […] „Wollen Sie in der Stadt Selbstmord begehen?", fragte der andere.

[…] „Gott bewahre, nein. Ich habe einen Sohn, Herr … (der andere nannte nicht seinen Namen), einen kleinen Lausejungen, und seinetwegen bin ich hierher gefahren."

„Ist er im Krankenhaus?"

„Wieso denn? Er ist gesund, ein wenig bleich zwar, das mag sein, aber sonst sehr gesund. Ich wollte Ihnen sagen, warum ich hier bin, hier bei Ihnen, in diesem Zimmer. Wie ich schon sagte, hängt das mit meinem Jungen zusammen. Er ist äußerst sensibel, mimosenhaft, er reagiert bereits, wenn ein Schatten auf ihn fällt."

„Also ist er doch im Krankenhaus."

1 Schmierheft

„Nein“, rief Schwamm, „ich sagte schon, dass er gesund ist, in jeder Hinsicht. Aber er ist gefährdet, dieser kleine Bengel hat eine Glasseele, und darum ist er bedroht.“

„Warum begeht er nicht Selbstmord?“, fragte der andere.

„Aber hören Sie, ein Kind wie er, ungereift, in solch einem Alter! Warum sagen Sie das? Nein, mein Junge ist aus folgendem Grund gefährdet: Jeden Morgen, wenn er zur Schule geht – er geht übrigens immer allein dorthin –, jeden Morgen muss er vor einer Schranke stehen bleiben und warten, bis der Frühzug vorbei ist. Er steht dann da, der kleine Kerl, und winkt, winkt heftig und freundlich und verzweifelt.“

„Ja und?“

„Dann“, sagte Schwamm, „dann geht er in die Schule, und wenn er nach Hause kommt, ist er verstört und benommen, und manchmal heult er auch. Er ist nicht imstande, seine Schularbeiten zu machen, er mag nicht spielen und nicht sprechen: das geht nun schon seit Monaten so, jeden lieben Tag. Der Junge geht mir kaputt dabei!“

„Was veranlasst ihn denn zu solchem Verhalten?“

„Sehen Sie“, sagte Schwamm, „das ist merkwürdig: Der Junge winkt, und – wie er traurig sieht – es winkt ihm keiner der Reisenden zurück. Und das nimmt er sich so zu Herzen, dass wir – meine Frau und ich – die größten Befürchtungen haben. Er winkt, und keiner winkt zurück; man kann die Reisenden natürlich nicht dazu zwingen, und es wäre absurd und lächerlich, eine diesbezügliche Vorschrift zu erlassen, aber …“

„Und Sie, Herr Schwamm, wollen nun das Elend Ihres Jungen aufsaugen, indem Sie morgen den Frühzug nehmen, um dem Kleinen zu winken?“

„Ja“, sagte Schwamm, „ja.“

„Mich“, sagte der Fremde, „gehen Kinder nichts an. Ich hasse sie und weiche ihnen aus, denn ihretwegen habe ich – wenn man’s genau nimmt – meine Frau verloren. Sie starb bei der ersten Geburt.“

„Das tut mir leid“, sagte Schwamm. […]

Der andere fragte: „Sie fahren nach Kurzbach, nicht wahr?“

„Ja.“

„Und Ihnen kommen keine Bedenken bei Ihrem Vorhaben? Offener gesagt: Sie schämen sich nicht, Ihren Jungen zu betrügen? Denn, was Sie vorhaben, Sie müssen es zugeben, ist doch ein glatter Betrug, eine Hintergehung.“

Schwamm sagte aufgebracht: „Was erlauben Sie sich, ich bitte Sie, wie kommen Sie dazu!“ Er […] zog die Decke über den Kopf, lag eine Weile überlegend da und schlief dann ein.

Als er am nächsten Morgen erwachte, stellte er fest, dass er allein im Zimmer war. Er blickte auf die Uhr und erschrak: Bis zum Morgenzug blieben ihm noch fünf Minuten, es war ausgeschlossen, dass er ihn noch erreichte. Am Nachmittag – er konnte es sich nicht leisten, noch eine Nacht in der Stadt zu bleiben – kam er niedergeschlagen und enttäuscht zu Hause an.

Sein Junge öffnete ihm die Tür, glücklich, außer sich vor Freude. Er warf sich ihm entgegen und hämmerte mit den Fäusten gegen seine Schenkel und rief: „Einer hat gewinkt, einer hat ganz lange gewinkt.“

„Mit einer Krücke?“, fragte Schwamm.

„Ja, mit einem Stock. Und zuletzt hat er sein Taschentuch an den Stock gebunden und es so lange aus dem Fenster gehalten, bis ich es nicht mehr sehen konnte.“

*Textquelle: Siegfried Lenz, Erzählungen I. 1949–1955. Verlag Hoffmann und Campe, Hamburg 1996.*

**Autor:** Siegfried Lenz, geboren 1926, ist einer der bekanntesten deutschsprachigen Erzähler der Nachkriegs- und Gegenwartsliteratur. Der vorliegende Text entstand 1949.

**Hinweis:** Die Rechtschreibung wurde zu Prüfungszwecken den geltenden Regeln angepasst.

**Aufgabenstellung**

Lesen Sie den Text sorgfältig und bearbeiten Sie dann die folgenden Aufgaben.
Bei Nummer 5 können Sie a oder b wählen.

1. Fassen Sie den Inhalt des Textes zusammen.
2. Welche Elemente der Kurzgeschichte weist der Text auf?
3. Charakterisieren Sie Schwamm und seinen Zimmerpartner.
4. Erläutern Sie die sprachlichen Besonderheiten des Textes.
5. a) Der Zimmerpartner spricht von Betrug. Begründen Sie, warum Schwamm diesen Vorwurf weit von sich weist.

   oder

   b) Schwamm hat Name und Adresse seines Zimmerpartners in Erfahrung gebracht und möchte sich nun in einem persönlichen Brief bei ihm bedanken. Verfassen Sie diesen Brief.

---

## 2011/8 „Die Nacht im Hotel" von Siegfried Lenz

**Mögliche Gliederung**

**A. Ein um sein Kind besorgter Vater und ein Fremder, der dies offenbar nicht verstehen kann, müssen sich in einem überfüllten Hotel ein Zimmer teilen**

**B. Auseinandersetzung mit dem Text „Die Nacht im Hotel" und weiterführende Aufgabe**

**1 Zusammenfassung des Textinhalts**

**2 Nachweis der Elemente einer Kurzgeschichte**

**3 Charakterisierung der Hauptfiguren**

3.1 Schwamm
3.2 Der Zimmerpartner

**4 Erläuterung der sprachlichen Besonderheiten des Textes**

4.1 Wortwahl
4.2 Satzbau

**5 Argumentation: Warum weist der Vater den Betrugsvorwurf weit von sich?**

oder:

**5 Persönlicher Brief: Dank des Vaters an den Zimmerpartner**

**C. Aus einer Verzweiflungstat aus Vaterliebe wird durch die überraschende Wendung ein großes Zeichen der Menschlichkeit**

## Notizen und Lösungshinweise zu den einzelnen Bereichen der Gliederung

### Einleitung A.

- Thematik des Textes/Hintergründe: Die Kurzgeschichte erzählt von einem Vater, der sich große Sorgen um sein sensibles Kind macht und der in die Stadt gereist ist, um ihm einen Wunsch zu erfüllen. In einem überfüllten Hotel trifft er auf einen Fremden, mit dem er sich ein Doppelzimmer teilen muss und der scheinbar weder menschliche Wärme noch Kinderliebe empfindet. Am anderen Tag stellt sich heraus, dass der Fremde offenbar seine Einstellung grundlegend geändert hat. Die Geschichte stammt von Siegfried Lenz, einem der bekanntesten deutschsprachigen Erzähler der Nachkriegszeit und der Gegenwart. Das Entstehungsjahr des Textes, 1949, also unmittelbar nach dem Zweiten Weltkrieg, erklärt die heute ungewöhnliche Situation, sich mit einem Fremden ein Hotelzimmer teilen zu müssen. Außerdem dürfte es sich bei dem Fremden um einen Mann handeln, der im Krieg nicht nur sein Bein verloren hat, auch seine Gefühle scheinen wie betäubt zu sein.

### Inhaltszusammenfassung B.1

- Ein Mann namens Schwamm muss in einem Hotel das letzte noch freie Bett in einem Doppelzimmer nehmen, da alle anderen belegt sind.
- Im Zimmer angekommen, fordert ihn der andere Gast auf, kein Licht zu machen, und dirigiert Schwamm an seinen Krücken vorbei zum Bett.
- Der Fremde, der sich nicht vorstellt, fragt Schwamm nach dem Grund seiner Anwesenheit.
- Dieser erzählt von seinem Sohn, der jeden Tag trauriger werde, weil ihm niemand aus dem Frühzug zuwinke, obwohl er dort täglich verzweifelt an der Schranke winke.
- Deshalb ist Schwamm in die Stadt gekommen: Er möchte seinem kleinen Sohn eine Freude machen, selbst mit dem Zug fahren und dem Jungen zuwinken.
- Der Zimmerpartner äußert seine negative Einstellung zu Kindern, da er seine Frau bei der Geburt des ersten Kindes verloren habe. Er wirft Schwamm vor, einen Betrug an seinem Sohn zu planen.
- Der Vater verschläft und verpasst die Möglichkeit, seinem Kind aus dem Frühzug zuzuwinken.
- Enttäuscht wieder zu Hause angekommen, öffnet ihm sein Sohn überglücklich die Tür und Schwamm erfährt, dass ihm jemand mit einem Stock und einem Tuch zugewinkt habe.
- Schwamm erkennt, dass es sich dabei nur um seinen Zimmergenossen gehandelt haben kann.

### Nachweis der Elemente einer Kurzgeschichte 2

- unmittelbarer Beginn der Handlung, fehlende Einleitung, fehlende Erklärungen, keine genauen Orts- und Zeitangaben
- Charakterisierung der Hauptfiguren über ihre Handlungen, Aussagen, ihr Verhalten; abgesehen von „Schwamm" keine Namen für die vorkommenden Figuren
- ausschnittartige Beschränkung auf ein wesentliches Ereignis und die Folgen (Gespräch der beiden im Bett und Ereignisse am nächsten Tag)
- Darstellung eines kurzen Lebensausschnitts mit einem überraschenden und tiefgreifenden Wendepunkt für alle Beteiligten: Schwamm überrascht das Verhalten des Fremden nach dessen hartherzigen Aussagen. Der Fremde überwindet seine Menschenfeindlichkeit, indem er dem Sohn eine Freude macht. Die schon krankmachende Sehnsucht des Sohnes wird erfüllt.
- Symbolhafte Verwendung des Namens „Schwamm" (vgl. Z. 67: Probleme aufsaugen) und der Krücke, die an zwei zentralen Stellen eine Rolle spielt: Zum einen als Hindernis, das im Dunkeln bleiben soll, zum anderen als Stock für das Tuch, mit dem der Fremde dem Jungen lange zuwinkt.

## Charakterisierung der Hauptfiguren 3

### Der Vater 3.1

- fürsorglich, besorgt, erfüllt von großer Vaterliebe: Er nimmt eine Fahrt in die Stadt und eine Hotelübernachtung mit einem Fremden auf sich, um seinen Sohn glücklich zu machen.
- wohl ein einfacher Mann ohne viel Geld (vgl. Z. 84 f.)
- denkt nicht an die mögliche Fragwürdigkeit seines Plans, stellt nur das Wohl seines Sohnes in den Vordergrund; reagiert aufgebracht auf den Vorwurf des Fremden, er plane einen Betrug (vgl. Z. 76–81).
- Verhalten ist von Unsicherheit und geringem Selbstbewusstsein geprägt: Zögern beim Angebot des Portiers (vgl. Z. 1–11), nimmt die Anweisungen des Fremden widerspruchslos hin (vgl. Z. 17–27), verzichtet darauf, den Namen des Fremden zu erfahren (vgl. Z. 30), lässt sich von ihm regelrecht ausfragen (vgl. Z. 32–75).
- offenherzig und mitteilsam: Er scheint aufgrund der Tatsache, dass ihn die Niedergeschlagenheit des Sohnes sehr belastet, das Bedürfnis zu haben, sich jemandem anzuvertrauen.

### Der Fremde 3.2

- hat eine Verletzung oder Körperbehinderung: Er benötigt Krücken (vgl. Z. 21). Die Entstehungszeit des Textes legt den Schluss nahe, dass es sich um eine Kriegsverletzung handeln könnte.
- widersprüchlich: Er will nicht gesehen werden, gibt „mit einer dunklen, aber auch energischen Stimme" Verhaltensanweisungen (vgl. Z. 18 f.).
- ist zynisch und schonungslos: Zum einen unterstellt er Schwamm Selbstmordabsichten (vgl. Z. 38 f.), zum anderen schlägt er vor, der Sohn solle Selbstmord begehen (vgl. Z. 50); Rückschlüsse auf das psychische Befinden des Fremden
- wirkt emotionslos, kalt und unnahbar: ablehnende Haltung gegenüber Kindern (vgl. Z. 70 f.), berichtet ohne Regung vom Tod seiner Frau (vgl. Z. 71 f.), „versteckt" sich in der Dunkelheit des Zimmers (vgl. Z. 18), nennt seinen Namen nicht (vgl. Z. 30)
- ist selbstgefällig und moralisierend: Vorwurf des Betrugs (vgl. Z. 76 ff.)

## Erläuterungen der sprachlichen Besonderheiten 4

### Wortwahl 4.1

- Verwendung von Symbolen: Krücken (vgl. Z. 21) stehen für Leid und erscheinen als Hindernis; Zug (vgl. Z. 54, 68, 83) symbolisiert evtl. das Leben, die Zukunft; das Taschentuch an der Krücke (vgl. Z. 91) wirkt wie eine Fahne, die wiedergewonnene Lebensfreude verdeutlichen könnte
- ungewöhnlicher, symbolhafter Name „Schwamm": Unsicherheit des Mannes („schwammig"), „[…] das Elend Ihres Jungen aufsaugen […]" (Z. 67 ff.)
- Verniedlichungen: z. B. „einen kleinen Lausejungen" (Z. 41), „dieser kleine Bengel" (Z. 49), „der kleine Kerl" (Z. 54 f.): Ausdruck der Sorge und Vaterliebe

### Satzbau 4.2

- Hauptteil in Dialogform: spannende Gesprächsszene, die sich in der Dunkelheit abspielt; Steigerung dadurch, dass der Fremde den Vater zunehmend herausfordert: „Wollen Sie in der Stadt Selbstmord begehen?" (Z. 38), „Warum begeht er nicht Selbstmord?" (Z. 50), „Denn, was Sie vorhaben, […], ist doch ein glatter Betrug […]" (Z. 77 f.). Darauf reagiert Schwamm entrüstet und beendet das Gespräch (vgl. Z. 79).
- lange Sätze, häufig Satzgefüge beim Vater, sehr kurze Sätze, oft Einwortsätze beim Bettnachbarn: Schwamm bemüht sich, die komplizierte Situation zu erklären, möglicherweise auch ein Zeichen seiner Unsicherheit bzw. dafür, dass ihm die Situation unangenehm ist (vgl. Z. 44–46). Der Fremde konzentriert sich auf das Wesentliche, hat eigentlich die Gesprächsführung.

- Ausrufe des Vaters: z. B. „Aber hören Sie, ein Kind wie er, ungereift, in solch einem Alter!“ (Z. 51), „Der Junge geht mir kaputt dabei!“ (Z. 60), „Was erlauben Sie sich, ich bitte Sie, wie kommen Sie dazu!“ (Z. 79 f.): Emotionalität
- kurze, auf das Wesentliche beschränkte Sätze des Fremden (vgl. z. B. Z. 30, 34, 56, „Sie starb bei der ersten Geburt.“, Z. 71 f.): sachliche, emotionslose Haltung
- Einschübe: z. B. „[...] – er geht übrigens immer allein dorthin – [...]“ (Z. 53), „[...] und – wie er traurig sieht – [...]“ (Z. 62 f.): Zeichen von Unsicherheit, Umständlichkeit der Erklärungen
- kurze, z. T. elliptische Fragen (vgl. z. B. Z. 35, 42, 50, 56): der Fremde ist sehr direkt, fast befehlend, übernimmt die Gesprächsführung, Verhörcharakter

**Argumentation: Warum weist der Vater den Betrugsvorwurf weit von sich?** 5

***Hinweis:*** *Die Aufgabenstellung verlangt eine Begründung dafür, dass Schwamm den Vorwurf des Betrugs weit von sich weist, und hat damit argumentativen Charakter. Deine Aufgabe ist es, aus dem Text heraus zu entwickeln, warum der Vater bei seinem Vorhaben nie auf diesen Gedanken gekommen ist. Dabei ist die Sprache wie bei einer Erörterung sachlich zu halten.*

In einer kurzen Stoffsammlung suchst du zunächst Textstellen, die als Begründung dafür dienen können, dass der Vater aufgrund der Notlage des Jungen handelt und er keinen anderen Ausweg weiß. Zunächst kann man das daran erkennen, dass er einiges auf sich nimmt, um dem Sohn seinen Wunsch zu erfüllen:
- Er fährt in die ferne Stadt und teilt sich zögernd ein Doppelzimmer mit einem Fremden, was ihm ziemlich unangenehm ist (vgl. Z. 1–14). Die Fahrt und die Übernachtung macht er trotz begrenzter finanzieller Mittel (vgl. Z. 84 f.).
- Er lässt sich von dem Fremden herumkommandieren und ausfragen, obwohl dieser seinen Namen nicht nennt (vgl. Z. 21 ff.).

Aus seinen Aussagen lässt sich zudem schlussfolgern:
- Ausführlich und fast erleichtert erzählt er seine Geschichte (vgl. Z. 40–60), die ihn offenbar sehr bedrückt, und er lässt durchblicken, wie verzweifelt der Sohn ist und wie bemitleidenswert er dessen Zustand findet.
- Er ist in großer Sorge, dass sein Kind an der Situation zerbrechen könnte (vgl. Z. 60, Z. 63 f.), da es sehr niedergeschlagen und verstört zu sein scheint (vgl. Z. 58–60).
- Da es „absurd und lächerlich“ wäre, eine „Vorschrift zu erlassen“ (Z. 66), die die Reisenden zum Winken verpflichtet, scheint für den Vater der einzige Ausweg darin zu bestehen, seinem Sohn selbst zuzuwinken.

Aus der Stoffsammlung lässt sich ableiten, dass dem Vater zu keiner Zeit der Gedanke gekommen ist, dass er sein Kind mit seinem Plan betrügen würde. In seiner Not hat er keine andere Idee, als auf diese Art und Weise seinen Sohn glücklich zu machen.

*Die Begründung könnte wie folgt aussehen:*
Die Situation, in der sich Schwamms Sohn befindet, kommt einer absoluten Notlage gleich. Das Kind hat alle Lebensfreude verloren, mag nicht spielen, spricht nicht mehr, macht keine Schularbeiten – und das schon seit Monaten. Sein ganzes Glück scheint davon abzuhängen, dass ein Reisender auf sein tägliches verzweifeltes Winken reagiert. Im entbehrungsreichen Nachkriegsdeutschland scheint diese Hoffnung vergeblich, denn die Menschen haben andere Probleme, als Kindern an Bahnschranken zuzuwinken. Dies scheint der Vater begriffen zu haben, denn er sagt, man könne hierfür keine Vorschrift erlassen. Es bleibt ihm also nichts anderes übrig, als trotz begrenzter finanzieller Mittel in die Stadt zu reisen, dort zu übernachten, um selbst den Frühzug nehmen zu können und seinem Jungen diese Freude zu machen. Dabei nimmt er sogar in Kauf, sich ein Zimmer mit einem Fremden zu teilen, der alles andere als ein angenehmer Zeit-

genosse ist. Obwohl er herumkommandiert und ausgefragt wird, hat er selbst gegenüber dem Fremden das Bedürfnis, ausführlich von seinem Sohn zu erzählen und sich die verzweifelte Lage von der Seele zu reden. Dem Fremden gegenüber hätte er dies vermutlich nicht getan, wenn er nur in einem Augenblick an der Richtigkeit seines Tuns gezweifelt hätte oder er auf die Idee gekommen wäre, dass es nicht richtig sein könnte, seinem Sohn etwas vorzumachen und ihn zu täuschen. Dazu ist die geschilderte Notlage, die das Leben seines Sohnes existenziell bedroht, zu bedrückend. Somit wird glaubhaft, dass der Vater allein aus Liebe und Sorge so handelt.

<u>oder:</u>

**Persönlicher Brief: Dank des Vaters an den Zimmerpartner** 5

*Hinweis: Genaue Schritte zur Herangehensweise an einen persönlichen Brief findest zu auf Seite 47 in diesem Buch. Zu beachten ist, dass du deinen Brief sprachlich alterstypisch abfasst (Absender: Erwachsener). Orientiere dich dabei an dem Stil, in dem Schwamm seine Gesprächsbeiträge formuliert (lange Sätze, Satzgefüge, Einschübe). Beachte nicht nur die Aufgabenstellung genau, sondern analysiere auch die Ausgangssituation, in der Schwamm steckt: Laut Aufgabenstellung will er sich bedanken, da das Handeln des Fremden einen Erfolg ausgelöst hat und sich der Junge wieder freuen kann. Insgesamt erhält die Kurzgeschichte mit diesem Schluss eine völlig unerwartete Wendung. Diese muss auch für Schwamm überraschend und überwältigend gewesen sein. Andererseits ist es wohl naheliegend, dass der Vater in seinem Dankschreiben vorsichtig auch auf die Härte und Gefühllosigkeit sowie den Vorwurf des Fremden eingeht, denn seine Entrüstung darüber war groß. Für den Inhalt des Briefes kannst du auf die Informationen aus der Kurzgeschichte zurückgreifen.*

**Ein ausgearbeitetes Beispiel findest du im anschließenden Aufsatzbeispiel zur Aufgabe 2011/8.**

**Schlussgedanke** C.

Hier bietet es sich an, eine begründete Bewertung des Textes oder die Wirkung der Kurzgeschichte auf dich darzustellen. Darin wirst du vermutlich vor allem auf die Überraschung eingehen, die der Schluss der Geschichte beim Leser auslöst.

## Aufsatzbeispiel

(Die Randbemerkungen sind nicht Teil des Aufsatzes, sie dienen nur deiner Orientierung.)

Die Kurzgeschichte erzählt von einem Vater, der sich große Sorgen um sein sensibles Kind macht und der in die Stadt gereist ist, um ihm einen Wunsch zu erfüllen. In einem überfüllten Hotel trifft er auf einen Fremden, mit dem er sich ein Doppelzimmer teilen muss und der scheinbar weder menschliche Wärme noch Kinderliebe empfindet. Am anderen Tag stellt sich heraus, dass der Fremde seine Einstellung offenbar grundlegend geändert hat. Die Geschichte stammt von Siegfried Lenz, einem der bekanntesten deutschsprachigen Erzähler der Nachkriegszeit und der Gegenwart. Das Entstehungsjahr des Textes, 1949, unmittelbar nach dem Krieg, erklärt die heute ungewöhnliche Situation, sich mit einem Fremden ein Hotelzimmer teilen zu müssen. Ebenso dürfte es sich bei dem Fremden um einen Mann handeln, der im Krieg nicht nur sein Bein verloren hat, auch seine Gefühle scheinen wie betäubt zu sein. A.

Der Text beginnt damit, dass ein Mann namens Schwamm in einem Hotel das letzte noch freie Bett in einem Doppelzimmer nehmen muss, da alle anderen belegt sind. In dem Zimmer angekommen, fordert ihn der andere Gast auf, kein Licht zu machen, und dirigiert Schwamm an seinen Krücken vorbei zum Bett. Der Fremde, der sich nicht vorstellt, fragt Schwamm nach dem Grund seiner Anwesenheit. Dieser erzählt von seinem Sohn, der jeden Tag trauriger werde, weil ihm niemand aus dem Frühzug zuwinkt, ob- B. 1

wohl er täglich an der Schranke verzweifelt winke. Deshalb sei Schwamm in die Stadt gekommen: Er möchte seinem kleinen Sohn eine Freude machen, selbst mit dem Zug fahren und dem Jungen zuwinken. Der Zimmerpartner äußert seine negative Einstellung zu Kindern, da er seine Frau bei der Geburt des ersten Kindes verloren habe. Er wirft Schwamm vor, einen Betrug an seinem Sohn zu planen.
Der Vater verschläft und verpasst dadurch die Möglichkeit, seinem Sohn aus dem Frühzug zuzuwinken – eine weitere Nacht im Hotel kann er sich nicht leisten. Enttäuscht wieder zu Hause angekommen, öffnet ihm sein Sohn überglücklich die Tür. Schwamm erfährt, dass dem Sohn jemand mit einem Stock und einem Tuch zugewinkt habe. Der Vater erkennt, dass es sich dabei nur um seinen Zimmergenossen gehandelt haben kann.

Die Textgattung lässt sich anhand der folgenden Merkmale gut belegen: Die Handlung 2
der Kurzgeschichte setzt unmittelbar ein, es gibt keine Einleitung und keine Erklärung, die in die Ausgangssituation einführt. Auch konkrete Zeit- und Ortsangaben fehlen. Lediglich das Auftreten eines Nachtportiers lässt auf die Abend- oder Nachtzeit schließen. Im Laufe der Kurzgeschichte taucht zwar der Ortsname „Kurzbach“ auf, was jedoch keine weiteren Rückschlüsse zulässt. Die Hauptfiguren werden nicht direkt beschrieben, sondern über ihre Handlungen, ihre Aussagen und ihr Verhalten charakterisiert. Der Vater scheint besorgt und unsicher zu sein, der Fremde, mit dem er das Zimmer teilt, dagegen unnahbar, hart und gefühllos. Nur der Vater, Schwamm, hat einen Namen.
Die Kurzgeschichte beschränkt sich zudem auf einen kurzen zeitlichen Abschnitt zwischen der Nacht und dem Nachmittag des nächsten Tages. Der Text konzentriert sich dabei auf ein wesentliches Ereignis: das Gespräch zwischen Schwamm und dem Fremden im nächtlichen Hotelzimmer und dessen Folgen, nämlich ein überglücklicher Sohn, dessen Wunsch endlich in Erfüllung gegangen ist. Dieser kurze Lebensabschnitt, der hier dargestellt wird, bringt für alle Beteiligten einen tiefgreifenden Wendepunkt mit sich: Schwamm überrascht das Verhalten des Fremden nach dessen hartherzigen Aussagen in der Nacht. Der Fremde überwindet offenbar seine Menschen- und Kinderfeindlichkeit und die schon existenzbedrohende Sehnsucht des Sohnes wird endlich erhört.
Auch das Auftreten von Symbolen ist ein Merkmal der Kurzgeschichte, welches im vorliegenden Text zu finden ist. Zum einen steht der Name „Schwamm“ für das „Aufsaugen von Problemen“, wie es der Fremde formuliert. Zum anderen ist die Krücke ein Zeichen für eine Einschränkung oder ein Hindernis, bekommt aber im Verlauf der Geschichte eine positive Bedeutung als Befestigungsmöglichkeit für das Tuch, damit der Junge das Winken möglichst lange sehen kann.

Der Vater kann als fürsorglich und besorgt charakterisiert werden. Aus großer Vaterliebe 3
nimmt er eine Fahrt in die Stadt und eine Hotelübernachtung mit einem Fremden auf 3.1
sich, um seinen Sohn glücklich zu machen und ihn seiner schon lebensbedrohlichen Traurigkeit zu entreißen. Es handelt sich wohl um einen einfachen Mann ohne viel Geld, denn „[e]r konnte es sich nicht leisten, noch eine Nacht in der Stadt zu bleiben“ (Z. 84 f.). An die Folgen seines Plans denkt er nicht, stattdessen stellt er das Wohl seines Sohnes in den Vordergrund. Deshalb reagiert er so entrüstet auf den Vorwurf des Fremden, einen glatten Betrug zu planen (vgl. Z. 76–81). Schwamms Verhalten ist von Unsicherheit und geringem Selbstbewusstsein geprägt: Er zögert beim Angebot des Portiers (vgl. Z. 1–11), nimmt die Anweisungen des Fremden widerspruchslos hin (vgl. Z. 17–27), verzichtet darauf, den Namen des Fremden zu erfahren (vgl. Z. 30) und lässt sich von ihm regelrecht ausfragen (vgl. Z. 32–75). Auch seine Aussagen wirken zum Teil etwas umständlich und unbeholfen. Doch er erscheint offenherzig und mitteilsam, denn er hat aufgrund der Tatsache, dass ihn die Niedergeschlagenheit des Sohnes sehr belastet, das Bedürfnis, sich jemandem anzuvertrauen, obwohl er von diesem nicht einmal den Namen weiß.

Von dem Fremden erfährt der Leser, dass er eine Verletzung oder Körperbehinderung hat, da er Krücken benötigt (vgl. Z. 21). Die Entstehungszeit der Kurzgeschichte legt den Schluss nahe, dass es sich dabei um eine Kriegsverletzung handelt. Der Fremde verhält sich widersprüchlich, denn er will nicht gesehen werden, gibt aber „mit einer […] energischen Stimme" Verhaltensanweisungen (Z. 18 f.). Er wirkt in seinen Aussagen zynisch und schonungslos. Zum Beispiel unterstellt er zum einen Schwamm Selbstmordabsichten (vgl. Z. 38), zum anderen schlägt er vor, der Sohn solle Selbstmord begehen (vgl. Z. 50). Dies lässt aber auch Rückschlüsse auf das psychische Befinden des Fremden zu: Er scheint verzweifelt zu sein. Er äußert seine negative Haltung gegenüber Kindern (vgl. Z. 70 f.) und wirkt nicht nur hier emotionslos, kalt und unnahbar. Vom Tod seiner Frau bei der Geburt des ersten Kindes berichtet er ohne äußere Regung (vgl. Z. 71 f.). Der Fremde „versteckt" sich zudem regelrecht vor Schwamm in der Dunkelheit des Zimmers (vgl. Z. 18) und nennt nicht einmal seinen Namen (vgl. Z. 30), lässt sich also nicht auf Persönliches ein. Schließlich verhält er sich selbstgefällig und moralisierend, indem er dem Vater glatten Betrug und Hintergehung vorwirft (vgl. Z. 76 ff.). Dass der Fremde auch zu menschlichen Regungen fähig ist, erfährt der Leser am Schluss nur indirekt. Sein Verhalten im Frühzug steht völlig im Gegensatz zu den Eindrücken aus der vergangenen Nacht. 3.2

Bei näherer Betrachung der sprachlichen Besonderheiten des Textes fällt zunächst die **4**
bereits erwähnte Verwendung von Symbolen auf. Die Krücken (vgl. Z. 21) stehen für 4.1
Leid und erscheinen als Hindernis, der Zug (vgl. Z. 54, 68, 83 usw.) könnte für das Leben und die Zukunft stehen und das Taschentuch an der Krücke (vgl. Z. 91) wirkt wie eine Fahne, die wiedergewonnene Lebensfreude symbolisieren könnte. Hinzu kommt der symbolhafte Nachname „Schwamm", der einerseits die Unsicherheit des Mannes („schwammig" im Sinne von unentschieden, unentschlossen) verdeutlichen könnte. Andererseits bietet der Text eine weitere Deutung an („das Elend des Jungen aufsaugen", vgl. Z. 67 ff.), bei der der Name sinnbildlich für das Bemühen des Vaters stünde, dem Sohn zu helfen.

Schließlich verwendet Schwamm mehrmals Verniedlichungen zur Beschreibung seines Sohnes (z. B. „einen kleinen Lausejungen", Z. 41; „dieser kleine Bengel", Z. 49). Dies ist wohl als Ausdruck der Sorge und Vaterliebe zu verstehen.

Die Analyse des Satzbaus ergibt folgende Auffälligkeiten: Der Hauptteil ist in Dialogform gehalten und gibt eine spannungsgeladene Gesprächsszene wieder, die eine Steigerung enthält, da der Fremde den Vater mit seinen Aussagen zunehmend herausfordert: „Wollen Sie in der Stadt Selbstmord begehen?" (Z. 38), „Denn, was Sie vorhaben, […], ist doch ein glatter Betrug […]" (Z. 77 f.). Schwamm reagiert entrüstet und beendet das Gespräch (vgl. Z. 79). Lange Sätze, häufig Satzgefüge, finden sich vorwiegend beim Vater, sehr kurze Sätze, oft Einwortsätze, dagegen beim Bettnachbarn. Schwamm bemüht sich, die komplizierte Situation zu erklären, möglicherweise ist das auch ein Zeichen seiner Unsicherheit bzw. dafür, dass ihm die Situation unangenehm ist (vgl. Z. 44–46). Der Fremde konzentriert sich indessen auf das Wesentliche, er hat eigentlich die Gesprächsführung inne. Seine knappen Fragen erinnern an manchen Stellen an ein Verhör. 4.2

Die Gefühlslage des Vaters ist von größter Sorge geprägt und kommt auch in einigen Ausrufen zum Ausdruck (vgl. z. B. Z. 51, 60). Kurze, auf das Wesentliche beschränkte Sätze des Fremden (z. B. Z. 30, 34; „Sie starb bei der ersten Geburt.", Z. 71 f.) verdeutlichen dessen sachliche, emotionslose Haltung. Dazu passen auch die knappen Fragen (vgl. z. B. Z. 35, 42, 50, 56). Der Fremde ist sehr direkt, fast befehlend, der Vater hingegen reagiert oft unsicher und umständlich, worauf auch die Einschübe (vgl. z. B. Z. 53, 62 f.) in seinen meist ausführlichen Antworten hindeuten.

Herr
Josef Hart
Hauptstraße 3
1256 Langbach

Friedrich Schwamm
Bahnhofstraße 82
1234 Kurzbach

Kurzbach, den 30. 6. 1949

Sehr geehrter Herr Hart,

Sie werden sich vielleicht wundern, von mir Post zu bekommen nach unserer gemeinsamen, nicht unbedingt erfreulichen Nacht – wenigstens für mich – in diesem Hotelzimmer in der Stadt. Ich bin noch einmal dorthin gefahren und habe aus dem Meldebuch vom Portier Ihren Namen, den Sie mir damals vorenthalten hatten, und Ihre Adresse erhalten. Mir war es die erneute Reise wert, denn so kann ich mich nun persönlich bei Ihnen bedanken für das, was Sie für meinen Jungen getan haben. Aber ich muss der Reihe nach erzählen.

Ich hatte verschlafen und Sie waren schon weg am nächsten Morgen. Eine weitere Nacht konnte ich mir nicht leisten, also bin ich niedergeschlagen und enttäuscht mit dem Mittagszug nach Hause gefahren. Dort stürmte mir – ganz anders als erwartet – ein völlig veränderter kleiner Bengel entgegen, der immer nur rief: „Einer hat gewinkt, einer hat ganz lange gewinkt!" Ich fragte sofort, ob jemand mit einer Krücke gewinkt habe und als mein Sohn dies bejahte, war ich mir sicher, dass Sie das waren.

Ich schreibe Ihnen, um mich ganz herzlich bei Ihnen zu bedanken, denn Sie haben meinem Sohn die größte Freude gemacht und er hat seinen Lebensmut wiedergefunden, er spricht wieder, spielt wieder und macht seine Hausaufgaben.

Diese Freude wollte ich Ihnen mitteilen und mit Ihnen teilen. Sie haben mit einer ganz kleinen menschlichen Geste großes Glück erzeugt. Das hätte ich Ihnen nach dem, was Sie in dieser Nacht sagten, gar nicht zugetraut. Ich hoffe, dass mit diesem Geschenk, das Sie einem anderen bereitet haben, auch in Ihr Leben wieder mehr Freude einziehen kann und wünsche Ihnen alles Gute.

Mit den besten Grüßen

*Friedrich Schwamm*

c. Die Wendung durch die unerwartete Reaktion des Fremden kommt für den Vater und den Leser in mehrfacher Weise überraschend. Nachdem der Vater verschlafen hat, scheint der Zug wieder ohne winkenden Menschen am Sohn vorbeizufahren. Aber der Vater trifft auf einen überglücklichen Sohn, was schon alleine eine gewaltige Wendung in der Geschichte ist. Darüber hinaus stellt sich heraus, dass ausgerechnet der kalte und – so hatte Schwamm geglaubt – menschenverachtende Fremde offenbar über seinen Schatten gesprungen ist und dem Sohn das so lang ersehnte Zeichen geschenkt hat. Schließlich könnte man noch eine weitere Wendung darin sehen: Der Fremde, der durch die Krücke immer wieder an sein Handicap und an sein Schicksal erinnert wird, bindet ausgerechnet an diese das Tuch, das dem Jungen so große Freude bereitet. Vielleicht wollte Siegfried Lenz dies als Zeichen für neu gewonnenen Lebensmut sehen, der nach dem Krieg vielen Menschen, nicht nur den Kriegsverletzten, abhanden gekommen war.

**Aufgabe 9**

# Leben lernen

## Nach einer behüteten Kindheit im reichen Deutschland sehnen sich immer mehr junge Leute danach, die andere Seite der Realität kennenzulernen

Von Charlotte Frank

Grenzen, sie kann ihre Geschichte nicht erzählen, ohne das Wort immer wieder hervorzuholen und Grenzen in ihre Sätze einzubauen, dabei ist sie damals doch nur ins Nachbarviertel gegangen. „Ich bin noch nie in meinem Leben so an meine Grenzen gekommen", sagt Birte Weber über ihr soziales Jahr in einem Hamburger Altenheim, sie sagt aber auch, dass sie nie so viele Grenzen zu anderen Menschen abgebaut hat. Musste sie ja – ihre Tage bestanden aus Füttern, Waschen, Windeln. [...]

Wenn das keine guten Aussichten sind: [...] Zehntausende von Jugendlichen konkurrieren miteinander darum, wie Birte nach der Schule ein Jahr lang alte Menschen waschen und wickeln zu dürfen. Oder Behinderte. Oder Kranke. Andere machen zwölf Monate Pause, um in Dritte-Welt-Ländern Brunnen zu bohren oder Waisenkinder zu betreuen. Obwohl die Platzzahl im Freiwilligen Sozialen Jahr (FSJ) kontinuierlich ausgebaut wird, obwohl der Einsatzbereich immer stärker erweitert wurde – von rein sozialen Einrichtungen auf sportliche, kulturelle und Denkmalschutzvereine – und obwohl das FSJ seit 1993 vom Freiwilligen Ökologischen Jahr (FÖJ) flankiert wird, übersteigt die Nachfrage das Angebot immer noch um das Zwei- bis Dreifache. Im Jahr 2008 hatten fast 38 000 Bewerber Glück, sie bekamen einen FSJ-Platz im Inland. Das sind etwa drei Prozent aller Deutschen zwischen 17 und 27 Jahren. Weitere 7 000 bekamen über Programme wie „Weltwärts", „Kulturweit" oder den europäischen Freiwilligendienst eine Stelle im Ausland, 2 520 absolvieren ein FÖJ.

Und das ist erst ein Bruchteil der Jugendlichen, die ehrenamtlich aktiv sind. Insgesamt engagieren sich laut Freiwilligensurvey[1] des Familienministeriums 35 Prozent aller jungen Menschen regelmäßig – Mädchen mehr im sozialen und ökologischen Bereich, Jungen eher für Sicherheit und Ordnung im Wohnort. [...]

---

Weg von daheim,
weg von Schule und Alltag –
auch das treibt viele an.

---

Darf Deutschland sich also auf eine neue Generation von Altruisten[2] freuen? Folgt nun eine neue Ära ohne Ellenbogen, eine Generation, die sich nicht nur für ihre eigene Karriere interessiert, sondern auch für soziale und ökologische Belange? Natürlich, sagt Thomas Rauschenbach, Leiter des Deutschen Jugendinstituts (DJI) in München, gehe es den Jugendlichen darum, sich für eine Sache zu engagieren, viele wollten auch im Kleinen etwas bewegen. Doch in erster Linie sei das Engagement ein Weg, sich Freiräume zu verschaffen, da Schule und Alltag diese immer weiter beschnitten. In Verbänden, Vereinen und Initiativen könnten junge Menschen Anerkennung erfahren, die nichts mit Noten und klassischen Qualifikationen zu tun hat. Viele engagierten sich auch aus dem Wunsch heraus, Kontakte zu knüpfen. Der Freiwilligensurvey weist auf ein weiteres Motiv hin: 49 Prozent der einsatz-

1 Umfassende Erhebung zum besagten Thema
2 Menschen mit selbstlosem Verhalten (Gegenteil von Egoisten)

freudigen 14- bis 24-Jährigen sagen: „Ich will Qualifikationen erwerben, die im Leben wichtig sind.“ Dieser Wunsch ist in der Sondersituation FSJ noch ausgeprägter. „Die fürsorgliche Mentalität mag eine Rolle spielen“, sagt Rauschenbach, „aber vielen Schulabgängern dient das Jahr vor allem dazu, herauszufinden, was sie beruflich machen wollen.“

[…]

Wahrscheinlich ist mit diesem Verhalten am besten umschrieben, was in der Shell-Jugendstudie 2010 gemeint ist, wenn die Autoren von „pragmatischen Idealisten“ schreiben. Pragmatische Idealisten, darunter fassen die Autoren immerhin ein Viertel der Jugend zusammen, setzen sich ganz selbstverständlich für gesellschaftliche Anliegen und andere Menschen ein, ohne dabei den Leistungs- und Wettbewerbsgedanken zu verteufeln – und meist ohne politischen Hintergedanken. […] „Heute würde kein Jugendlicher mehr euphorisch in ein Land ziehen, nur weil er dessen Politik für gerechter hält“, sagt er. […] Die kühle Abwägung macht das Engagement aber nicht weniger wertvoll – im Gegenteil. Freiwillige sind für die Sozialverbände zu einer unverzichtbaren Hilfe geworden.

„Pragmatische Idealisten“ – ohne politische Hintergedanken

1954, als Jugendliche mit dem Diakonischen Jahr angesichts des Pflegenotstands in Kliniken und Heimen erstmals aufgerufen waren, dem Dienst am Nächsten ein Jahr zu opfern, folgten dem nur ein paar Idealisten. Trotzdem erwuchs daraus eine so große Bewegung, dass der Bundestag 1964 das Gesetz zur Förderung eines Freiwilligen Sozialen Jahres verabschiedete.

*Textquelle: Süddeutsche Zeitung, Ausgabe vom 6. 8. 2010 (gekürzt und leicht verändert)*
*Foto: ddp images/dapd/Martin Oeser*

## Aufgabenstellung

Lesen Sie den Text sorgfältig durch und bearbeiten Sie dann die folgenden Aufgaben.
Bei Nummer 5 können Sie a oder b wählen.

1. Fassen Sie den Textinhalt so zusammen, dass auch der Aufbau des Textes dargestellt wird.
2. Beschreiben Sie sprachliche Besonderheiten des Textes und gehen Sie dabei auf die Wirkung ein.
3. Was spricht dafür, den Text als Reportage einzuordnen?
4. Gehen Sie auf mögliche Absichten der Autorin ein.
5. a) 2011 ist das „Europäische Jahr der Freiwilligentätigkeit“. Schreiben Sie einen argumentativen Beitrag für die Schülerzeitung, in dem Sie bei Ihren Mitschülern „Werbung“ für das Ehrenamt machen.

   oder

   b) Ein Tag als ehrenamtlicher Helfer: Schildern Sie ein beeindruckendes Erlebnis.

**Mögliche Gliederung**

**A. Der Text befasst sich mit der anhaltend großen Beliebtheit des Freiwilligen Sozialen Jahres bei jungen Menschen und beschreibt die Gründe dafür, dass sich diese ehrenamtlich engagieren**

**B. Auseinandersetzung mit dem Text „Leben lernen“ und weiterführende Aufgabe**

**1 Inhaltszusammenfassung und Textaufbau**

**2 Sprachliche Besonderheiten und ihre Wirkung**

2.1 Wortwahl
2.2 Satzbau
2.3 Stilmittel

**3 Nachweis der Merkmale einer Reportage**

**4 Mögliche Absichten der Autorin**

**5 Argumentativer Beitrag für die Schülerzeitung, um für die Übernahme eines Ehrenamts zu werben**

<u>oder:</u>

**5 Schilderung eines beeindruckenden Erlebnisses als ehrenamtlicher Helfer**

**C. Die Möglichkeiten, ehrenamtlich tätig zu sein, sind äußerst vielfältig. Das Ehrenamt ist aus unserer Gesellschaft nicht wegzudenken**

**Notizen und Lösungshinweise zu den einzelnen Bereichen der Gliederung**

**Einleitung** A.

- Thematik des Textes: Ausgehend von einem konkreten Beispiel befasst sich die Reportage mit der unveränderten Beliebtheit des Freiwilligen Sozialen Jahres bei jungen Menschen. Mehr als ein Drittel von ihnen engagiert sich aus verschiedenen Gründen ehrenamtlich. Der Text von Charlotte Frank erschien am 6. 8. 2010 in der Süddeutschen Zeitung.

<u>oder:</u>

- Hinführung mit Beschreibung eigener Erfahrungen aus ehrenamtlicher Tätigkeit, mit einer Definition des Begriffs oder mit dem aktuellen Bezug auf das „Europäische Jahr der Freiwilligentätigkeit 2011“; Angabe von Autorin und Quelle.

**Inhaltszusammenfassung und Textaufbau** B.1

- Sinnabschnitt 1 (Z. 1–13): Einleitung und Hinführung zur Thematik: Birte Weber spricht über ihre Erfahrungen und die Grenzen, die sie bei der Arbeit in einem Hamburger Altenheim überwinden musste.
- Sinnabschnitt 2 (Z. 14–48): Hauptteil 1: Beschreibung der Situation in Deutschland im Bereich des Freiwilligen Sozialen Jahrs und der ehrenamtlichen Tätigkeit: Trotz weiteren Ausbaus des Angebots und anderer Möglichkeiten, z. B. durch das FÖJ, übersteigt die Nachfrage das Angebot; mehr als ein Drittel der Jugendlichen engagiert sich ehrenamtlich.
- Sinnabschnitt 3 (Z. 49–79): Hauptteil 2: Darstellung der Gründe, warum Jugendliche sich ehrenamtlich einbringen: soziales Engagement; Anerkennung außerhalb von Schule und Beruf; Wunsch, Kontakte zu knüpfen; Erwerb zusätzlicher Qualifikationen.

- Sinnabschnitt 4 (Z. 81–100): Hauptteil 3: Auch wenn dieses Engagement laut „Shell-Jugendstudie“ ganz sachliche Gründe habe, sind Freiwillige in Ehrenämtern für die Sozialverbände eine unverzichtbare Hilfe.
- Sinnabschnitt 5 (Z. 101–110): Schlussgedanke: Rückblick auf die zunächst zögerliche Entwicklung des FSJ, das 1954 eingerichtet wurde.

**Sprachliche Besonderheiten und ihre Wirkung** 2

**Wortwahl** 2.1

- Verwendung von Abkürzungen: z. B. „FSJ“ (Z. 24, 29, 34), „FÖJ“ (Z. 30, 40): zur Fachsprache gehörend, erleichtern den Lesefluss
- häufige Nennung von Zahlen, Prozentangaben (vgl. z. B. Z. 29–40): Hervorhebung von Tatsachen, hohe Beweiskraft
- Fachvokabular aus dem sozialen Bereich: neben den oben genannten Abkürzungen z. B. „[E]uropäische[r] Freiwilligendienst“ (Z. 38 f.), „Freiwilligensurvey“ (Z. 43 f., 69), „Shell-Jugendstudie“ (Z. 82 f.), „Sozialverbände“ (Z. 98 f.), „Gesetz zur Förderung eines Freiwilligen Sozialen Jahres“ (Z. 108 f.): zeigt fachliche Kompetenz der Autorin, hohe Informationsdichte
- viele Fremdwörter: z. B. „konkurrieren“ (Z. 15 f.), „flankiert“ (Z. 30), „ökologisch[en]“ (Z. 46 f.), „Altruisten“ (Z. 50), „pragmatische Idealisten“ (Z. 84 f.): sachlicher, gehobener Stil, anspruchsvolle Wortwahl

**Satzbau** 2.2

- stellenweise lange und komplizierte Sätze (vgl. z. B. Z. 22–32): Steigerung der Informationsdichte, erhöhte Überzeugungskraft der Ausführungen
- einige Einschübe (Parenthesen) bzw. durch Gedankenstriche abgesetzte Beifügungen (vgl. z. B. Z. 11 f., 26 ff., 45 ff., 85 f., 91 f.): Zusatzinformationen
- Fragesätze (z. B. Z. 49 ff.): Abwechslung im Satzbau, Überleitung zum zweiten Hauptteil mit provokanten Fragen nach den wahren Beweggründen der Jugendlichen

**Stilmittel** 2.3

- einzelne unvollständige Sätze (Ellipsen): z. B. „Oder Behinderte. Oder Kranke.“ (Z. 19): Hervorhebung der Arbeit Jugendlicher; in den Zwischenüberschriften zur Gliederung des Textes, verkürzte Wiedergabe des Inhalts
- Wiederholungen des Satzanfangs (Anaphern): z. B. erste Zwischenüberschrift, „Oder“ (Z. 19), „Obwohl“ (Z. 22 ff.): Verstärkung und Betonung von Aussagen
- Wortwiederholung am Anfang der Reportage: „Grenzen“ (Z. 1, 3, 7, 10): Schlüsselwort für die Erfahrungen der Jugendlichen aus dem Beispiel
- Aufzählungen: z. B. „Füttern, Waschen, Windeln.“ (Z. 12 f.), „In Verbänden, Vereinen und Initiativen […]“ (Z. 63 f.): Veranschaulichung der Situation
- Alliteration in der Überschrift („Leben lernen“): steigert den Leseanreiz, macht aufmerksam
- wörtliche (vgl. Z. 5 ff., Z. 71 ff., 75 ff., 93 ff.) und indirekte Reden (Z. 54–69): Aussagen von Fachleuten stützen die Behauptungen, untermauern die Glaubwürdigkeit

**Nachweis der Merkmale einer Reportage** 3

- Schilderung der persönlichen Erfahrung einer Jugendlichen als Hinführung zur Thematik (Momentaufnahme)
- Ausweitung des Themas: Ehrenamt allgemein, Motive der Jugendlichen
- mehrfacher Perspektivenwechsel: Sicht der Jugendlichen, Forschungsergebnisse, Expertenmeinung
- Wechsel zwischen individuellem Erfahrungsbericht, informierenden und berichtenden Abschnitten
- wörtliche Reden von Befragten, Wiedergabe von Expertenmeinungen in indirekter Rede
- Fotografie zur Veranschaulichung der Thematik

**Mögliche Absichten der Autorin** 4

- Information über das vielleicht überraschend große Interesse Jugendlicher am Ehrenamt und damit auch Aufklärung der Erwachsenen darüber (als größte Lesergruppe der Zeitung), dass die Jugend heute weitaus engagierter ist als ihr Ruf.
- Darstellung der Beweggründe für eine ehrenamtliche Tätigkeit und deren Veränderung im Laufe der letzten Jahrzehnte
- Veröffentlichung eines aktuellen Beitrags zur Thematik „Europäisches Jahr der Freiwilligentätigkeit" bzw. zur aktuellen gesellschaftlichen Diskussion
- Aufruf zum Nachdenken über die Bedeutung des Ehrenamts und eventuell über die eigene Bereitschaft, sich zu engagieren

**Argumentativer Beitrag für die Schülerzeitung, um für die Übernahme eines Ehrenamts zu werben** 5

***Hinweis:** Die Aufgabenstellung fordert einen „argumentativen Beitrag", der für das Ehrenamt werben soll, also die Leser überzeugen muss. Dies erreichst du durch einige gute und anschauliche Argumente. Stelle dem Ganzen eine Einleitung voran, wie du es aus der Erörterung kennst. Beende deinen Beitrag mit einem Schlussgedanken, z. B. mit einem abschließenden Appell oder einem Ausblick auf weitere Gesichtspunkte. Damit dir klar wird, wo du bei deiner Argumentation ansetzen musst, empfiehlt es sich, die Aufgabenstellung in eine Themafrage umzuwandeln, z. B.: Was spricht für eine ehrenamtliche Tätigkeit?*

*Danach kannst du in einer Stoffsammlung einige wichtige Aspekte notieren. Die überzeugendsten wählst du aus und baust sie zu anschaulichen Argumenten aus. Nicht vergessen solltest du, dass man deinem Beitrag auch in der äußeren Form ansehen soll, dass er in einer Zeitung erscheint (also mit Schlagzeile, Untertitel, eventuell Dachzeile). Verfasse den Text in sachlicher Sprache.*

Aspekte einer Stoffsammlung könnten sein:

- Soziale Verantwortung: Ehrenamt als Möglichkeit, zu helfen und Gutes zu tun, die Gesellschaft mitzugestalten
- Selbsterfahrung: Chance, Neues zu lernen und praktische Erfahrungen zu sammeln
- Soziales Umfeld: neue Kontakte knüpfen
- Möglichkeit zum Erwerb zusätzlicher Qualifikationen, z. B. für späteren Beruf oder zur Verbesserung der Bewerbungschancen
- Verbesserung des Selbstwertgefühls (z. B. „durch das Ehrenamt fühle ich mich wertvoll")
- Politische Verantwortung übernehmen und mitgestalten
- Verantwortung für die Umwelt übernehmen

*Der Beitrag für die Schülerzeitung könnte zum Beispiel dann so aussehen:*

**Europäisches Jahr der Freiwilligentätigkeit**

## Helfen lohnt sich auch für Helfer

Das Europäische Jahr der Freiwilligentätigkeit will das ehrenamtliche Engagement des Einzelnen in der Gesellschaft mehr in den Mittelpunkt rücken, verschiedene Möglichkeiten der Mitwirkung aufzeigen und an den Wert dieser Arbeit erinnern. Freiwillige sind in unserer Gesellschaft unverzichtbar, sei es im Bereich der Altenarbeit, in den Vereinen oder beim Umweltschutz – um nur einige Beispiele zu nennen. Auch Schulen profitieren von einem solchen Engagement. Denkt beispielsweise an unsere Tutoren, die Streitschlichter oder die Bushelfer! Die Frage, was es bringt, sich ehrenamtlich zu engagieren, lässt sich mit folgenden Argumenten beantworten: Einleitung

Mit einer freiwilligen Tätigkeit übernimmt man soziale Verantwortung. Ehrenamtliches Engagement eröffnet die Möglichkeit, Menschen in unserer Gesellschaft zu helfen, die beispielsweise nicht mehr alles selbst erledigen können oder alleine und einsam sind. Man kann zum Beispiel für ältere Menschen, die nicht mehr so gut zu Fuß sind, einen Einkaufsservice anbieten. Genauso freuen sich viele Senioren, die im Heim leben, über regelmäßigen Besuch gerade auch von jungen Menschen, mit denen sie sich austauschen können. Auf diese Weise kann jeder Helfer dazu beitragen, dass ältere Menschen noch länger in ihrem gewohnten Umfeld leben können oder nicht vereinsamen. Man tut also nicht nur Gutes, sondern kann auch davon profitieren, dass man durch den Kontakt mit älteren Menschen viel von ihrer Lebenserfahrung mitbekommt. Argument 1

Ein Ehrenamt bietet aber auch die Chance, praktische Erfahrungen zu sammeln, Neues zu lernen und dies für den Beruf oder eine Bewerbung zu nutzen. Eine aktive Mitgliedschaft in Vereinen, ohne die unsere Gesellschaft viel ärmer wäre, kann hier als Beispiel dienen. Dabei ist es egal, ob man in der Freiwilligen Feuerwehr, der Wasserwacht oder in einer kirchlichen Jugendgruppe gesellschaftliche Verantwortung übernimmt. Überall kann man neue Erfahrungen sammeln und seine Fähigkeiten einbringen. Eine aktive und erfolgreiche Vereinsarbeit steht im Lebenslauf als Nachweis für Teamfähigkeit und die Bereitschaft, Verantwortung zu übernehmen. Außerdem werten es viele Unternehmen positiv, wenn die Bewerber ein ehrenamtliches Engagement nachweisen können. Argument 2

[…]

Unsere Gesellschaft funktioniert nur im Miteinander und baut auf einem gegenseitigen Geben und Nehmen auf. Und sie wird umso menschlicher, je mehr Leute sich für ihre Mitmenschen interessieren und einsetzen. Das Ehrenamt bietet hierzu vielfältige Aufgabenfelder, denn es gibt nicht nur das soziale Engagement. Man kann sich auch für die Umwelt einsetzen oder unsere Demokratie stärken, indem man politisch aktiv wird. Und in jedem Fall profitiert auch der Helfer, sei es durch neue soziale Kontakte, durch den Erwerb besonderer Qualifikationen oder eine Stärkung des Selbstwertgefühls. Schluss

oder:

**Schilderung eines beeindruckenden Erlebnisses als ehrenamtlicher Helfer** 5

***Hinweis:*** *Diese Aufgabenstellung bietet dir mehr inhaltliche und sprachliche Freiheiten. Doch musst du darauf achten, dass du die Merkmale einer Schilderung erfüllst. Hierbei geht es um die anschauliche Darstellung deiner Gedanken, Stimmungen und Empfindungen mit dem Ziel, die Wirkung eines Geschehens auf dich darzustellen, also in dieser Aufgabe das, was dich in einer bestimmten Situation als ehrenamtlicher Helfer einmal besonders beeindruckt hat. Dazu schreibst du in der Ich-Form.*
*Weitere Hinweise zur Schilderung findest du auf Seite 49 dieses Buches. Da die hier geforderte Aufgabe dich persönlich anspricht, solltest du sie nur dann wählen, wenn du entsprechende Erfahrungen besitzt. Nur so ist das notwendige Maß an Echtheit zu erreichen.*

**Schlussgedanke** C.

Der Schluss soll deinen Aufsatz abrunden. Du kannst zum Beispiel allgemein auf das Thema des Textes eingehen und dessen Wirkung auf dich darstellen, indem du die Erkenntnis darüber formulierst, wie wichtig du ehrenamtliches Engagement in der Gesellschaft findest. Eine ebenso sinnvolle Möglichkeit besteht darin, kurz über eigene positive oder auch negative Erfahrungen zu berichten. Schließlich könntest du hier auch die Nachteile des Ehrenamts (hoher Zeitaufwand, mangelnde Anerkennung, kaum Ausgleich für eigene finanzielle Aufwendungen) anführen.

## Abschlussprüfung 2012 an Realschulen: Deutsch
## Aufgabengruppe A: Erörterung

### Erörterungen ohne Informationsmaterial

1. 2012 werden wieder die Olympischen Sommerspiele ausgetragen. Warum hat dieses Ereignis einen so hohen Stellenwert? Erörtern Sie auch mögliche Kritikpunkte.

2. Im Jahr 2011 durften im Bundesland Bremen 16-Jährige erstmals zur Wahl gehen. Was spricht für eine Herabsetzung des Wahlalters auf 16 Jahre, was dagegen?

3. Welche Gründe sprechen für einen Schüleraustausch mit einer Partnerschule im Ausland? Welche Probleme können dabei auftreten?

4. Einkaufen auch an Sonntagen – diese Forderung ist immer wieder zu vernehmen. Was spricht dafür, was dagegen?

5. Wissenschaftler beklagen den Bewegungsmangel von Kindern. Worin liegen die Ursachen für diese Entwicklung? Wie kann man dem Problem begegnen?

### Erörterung mit Material

6. Der Ausbau erneuerbarer Energien schreitet voran. Erörtern Sie Vorteile dieser Entwicklung. Welche Einwände können dagegen erhoben werden?

*Hinweis:* Gehen Sie zur Bearbeitung des Themas zunächst das vorliegende Material durch und überlegen Sie sich, welche Informationen Sie für Ihren Aufsatz verwerten möchten. Das Material dient *zur Ergänzung* Ihrer eigenen Ideen. **Es muss jedoch deutlich erkennbar sein, dass Teile des Materials in die Bearbeitung mit einbezogen wurden.** Falls Sie Textstellen wörtlich übernehmen bzw. angegebene Daten oder Aussagen verwenden, müssen Sie dies in Ihrem Aufsatz angeben.

## Material 1: Diagramm: Stromerzeugung 2011 in Deutschland nach Energieträgern

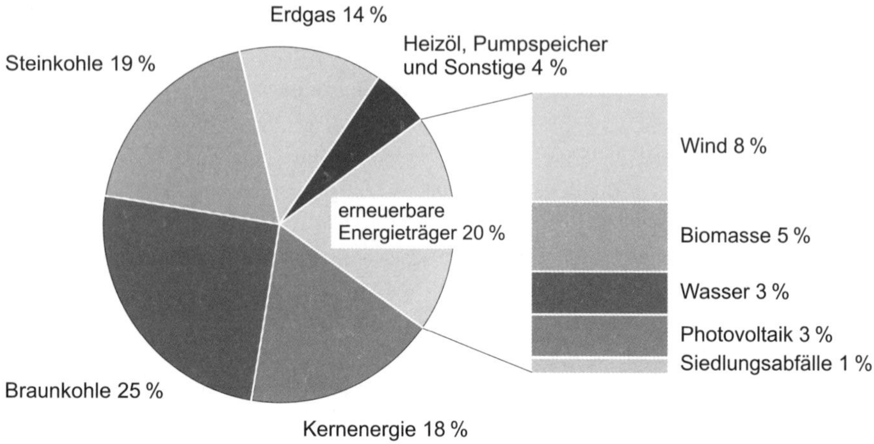


*Quelle: Bundesverband der Energie- und Wasserwirtschaft e. V. (Hrsg.): Erneuerbare Energien und das EEG: Zahlen, Fakten, Grafiken (2011). Berlin: 15. Dezember 2011 (korrigierte Fassung vom 23. Januar 2012), S. 11*

## Material 2: Karikatur

*Quelle: Klaus Stuttmann*

## Material 3: aus einer Reportage

**Die Ökokatastrophe im Golf von Mexiko zeigt, wie hoch die Risiken der Offshore-Ölförderung sind. In immer größeren Meerestiefen setzen die Konzerne ihre Bohrer an, um der Erdkruste noch die letzten Barrel Öl zu entreißen. […]**

Mehr als vier Kilometer unter dem Meeresgrund, in Millionen Jahre alten Gesteinsschichten aus der Erdperiode des Tertiär, findet sich das schwarze Gold. […]

Wenn in immer tieferen Gewässern gebohrt werde, seien Desaster wie jenes vor den Küsten Louisianas, Alabamas, Mississippis und Floridas künftig häufiger zu erwarten, sagt der Geologe Klaus Bitzer von der Universität Bayreuth voraus. Zwar sei derzeit noch unklar, welche Schuld das britische Mineralölunternehmen an der Katastrophe treffe, so Bitzer, „doch einen Vorwurf müssen wir der Industrie bereits heute machen: die standhafte Realitätsverweigerung bei der Einschätzung der künftigen Möglichkeiten der Erdölförderung". […]

*Quelle: Renate Nimtz-Köster, Nils Klawitter, Alexander Jung, Philip Bethge: Der Höllentrip. In: Der Spiegel 19/2010 (leicht verändert)*

## Material 4: Foto (Demo-Transparent)

*Foto: Rainer Weis*

## Material 5: Schlagzeilen

Erneuerbare Energien: Arbeitsmarktexperten sehen glänzende Jobperspektiven

---

**Droht ein Öl-Krieg?**

---

UNO erklärt 2012 zum „Internationalen Jahr der erneuerbaren Energie für alle“

---

**Photovoltaik-Recycling: Solarindustrie plagt sich mit ihren Altlasten**

---

Ja zu Photovoltaik, nein zu den hohen Kosten

## Material 6: Definition

Im Gegensatz zu den traditionellen Energiequellen wie Kohle, Gas und Öl, aber auch Uran (für die Kernkraftwerke), deren Vorkommen begrenzt sind, stehen die erneuerbaren Energien unbegrenzt zur Verfügung bzw. regenerieren sich immer wieder, wie z. B. Sonnenenergie, Wind, Wasserkraft, Holz, Geothermie (Erdwärme, Tiefenwärme), Biogas und auch die Umgebungswärme, die durch Wärmepumpen genutzt werden kann.

*Quelle: www.umweltdatenbank.de*

## Material 7 aus einem Internetforum

**Windräder** von Anders:
Warum müssen eigentlich immer so hässliche Propeller in die Landschaft gebaut werden?

**Windräder Ja! – AKWs Nein!** von Seppl:
Lieber ein Rauschen im Ohr als eine über Jahrhunderte verstrahlte, unbewohnbare Landschaft. Und lieber „hässlich“ anzusehen als „tödlich“. Was gibt es da noch zu überlegen? Aber der typisch Deutsche motzt an allem herum.

*http://foren.t-online.de*

## Material 8: Diagramm

**Als wichtigste Vorteile erneuerbarer Energien nennen die Deutschen …**

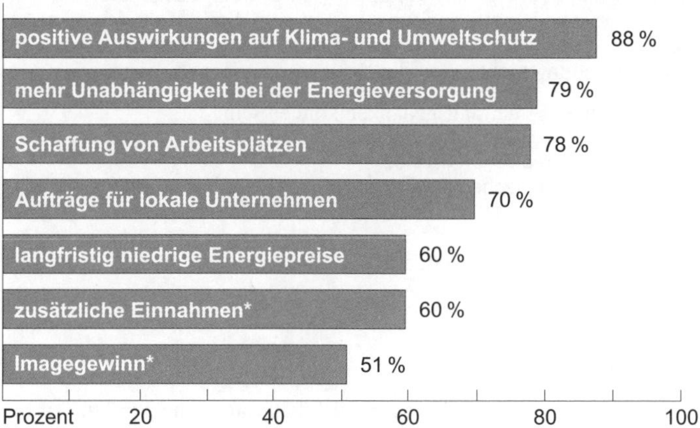


*Quelle: Forsa 11/2007* **für Gemeinde bzw. Landkreis*

**2012/1 2012 werden wieder die Olympischen Sommerspiele ausgetragen. Warum hat dieses Ereignis einen so hohen Stellenwert? Erörtern Sie auch mögliche Kritikpunkte.**

## Hinweise zur Erschließung des Themas

Der Themabegriff „die Olympischen Sommerspiele" findet sich im Vorspann der Aufgabenstellung. Eine Einschränkung des Themas ist zunächst nicht vorhanden. Diese Aufgabe übernehmen die beiden Erörterungsaufträge. In der Präzisierung des Themas geht es um die Frage nach dem „so hohen Stellenwert", also nach der herausragenden Bedeutung dieses Sportereignisses, und um mögliche Kritikpunkte an der Veranstaltung, die zu erörtern sind. Es ist nicht davon auszugehen, dass du die beiden Erörterungsaufträge allein auf die Spiele von London 2012 beziehen sollst, sondern allgemein auf die Olympischen Spiele, wie sie alle vier Jahre stattfinden.

| | |
|---|---|
| **Themabegriff** | Olympische Sommerspiele |
| **Präzisierung** | herausragende Bedeutung dieses Sportereignisses;<br>mögliche Kritikpunkte an den Olympischen Spielen |
| **Erörterungsauftrag**<br>zweigliedrig | 1. Warum besitzen die Olympischen Sommerspiele eine so herausragende Bedeutung?<br>2. Welche möglichen Kritikpunkte an den Olympischen Spielen gibt es? |

## Stoffsammlung und Strukturierung

### Überlegungen zur Einleitung

Hierbei ist es wichtig, dass dein Einleitungsgedanke Gesichtspunkte der beiden Erörterungsaufträge nicht vorwegnimmt. Das heißt, dass du noch nichts über die Gründe für die große Bedeutung und über mögliche Kontra-Argumente schreiben solltest. Es ist also sinnvoll, auf eigenes Wissen über die olympische Idee, die Geschichte, das antike Vorbild usw. zurückzugreifen. Ein guter Ausgangspunkt für eine passende Einleitung ist die Frage nach dem persönlichen Interesse an den Spielen und dem eigenen Verhalten während der Übertragungen, z. B. welche Sportarten du dir im Fernsehen anschauen wirst und warum. Solltest du deine Erörterung damit einleiten wollen, dass du z. B. keinerlei Interesse an den Spielen hast, musst du aufpassen, dass du bei der Begründung nicht schon die Kritikpunkte vorwegnimmst.

Mögliche Fragestellungen für deinen Einleitungsgedanken können sein:

- Was weiß ich über die antiken Olympischen Spiele?
- Was steckt hinter der Idee der Olympischen Spiele der Neuzeit?
- Seit wann gibt es die Spiele der Neuzeit? Wo fanden die letzten Sommerspiele, an die ich mich erinnern kann, statt?
- Welche Wettbewerbe interessieren mich besonders?
- Was und wie viel davon schaue ich mir an?

### Vorarbeiten für den Hauptteil

Um für den ersten Teil des Erörterungsauftrags genügend Inhalte und eine Struktur zu bekommen, solltest du dir einige W-Fragen überlegen und Notizen dazu machen:

- Für wen sind die Olympischen Spiele von großer Bedeutung?
- Wer ist an der Organisation, Durchführung, Finanzierung beteiligt?
- Wer profitiert von den Spielen?
- Was bewirkt dieses weltweit bedeutsamste Sportereignis?

Für den zweiten Teil des Themas können ebenfalls ein paar Leitfragen weiterhelfen. Denke dabei an deine eigene Einstellung und an Aspekte, die du vielleicht im Zusammenhang mit anderen großen Sportereignissen kennengelernt hast:

- Was gefällt mir an den heutigen Olympischen Spielen nicht?
- Steht der Sport noch im Vordergrund?
- Welche negativen Begleiterscheinungen gibt es bei sportlichen Großveranstaltungen?
- Welche negativen Schlagzeilen fallen mir im Zusammenhang mit dem Profisport ein?

**Überlegungen zum ersten Teil der Themafrage –**
**Warum besitzen die Olympischen Sommerspiele eine so herausragende Bedeutung?**

Besonders wichtig für eine gelungene Erörterung ist das Vorhandensein der wichtigsten Gesichtspunkte des Themas, das bedeutet hier, dass der sportliche Aspekt und vielleicht das Zuschauerinteresse alleine nicht ausreichen, um alle Bereiche des Themas zufriedenstellend abzudecken.
Aus der ersten Frage aus den Vorüberlegungen (Für wen sind die Olympischen Sommerspiele von großer Bedeutung?) schließt du vermutlich zunächst auf die Sportler, dann auf das Austragungsland und den Austragungsort und schließlich auf die Zuschauer, ob in den Stadien oder vor den Fernsehgeräten. Die zweite Frage nach der Organisation und Finanzierung bringt dich vielleicht auf das Internationale Olympische Komitee (IOC), das die Spiele jeweils vergibt und vermarktet. In diesem Zusammenhang fallen dir dann bestimmt die Industrie, die Werbebranche und die Medien ein, die an den Spielen verdienen wollen.
Somit sind diejenigen Bereiche klar, die näher betrachtet werden müssen, weil die Spiele für sie einen großen Stellenwert haben. Du brauchst nun nur noch zu überlegen, welche Bedeutung das Ereignis jeweils für Sportler, Zuschauer usw. konkret hat.

| | |
|---|---|
| **Bedeutung für die Sportler** | – Ehrenvoller Start für das eigene Land<br>– Erreichen eines sportlichen Lebensziels (Traum von einer olympischen Medaille)<br>– Erhöhung des eigenen Bekanntheitsgrads<br>– Finanzieller Gewinn durch Prämien und Werbeverträge<br>– Wettkampf mit der Weltelite<br>– Kennenlernen von Gleichgesinnten aus anderen Nationen |
| **Bedeutung für die Zuschauer** | – Friedliche Begegnung der Völker<br>– Mitverfolgen spannender Wettkämpfe<br>– Erleben sportlicher Höchstleistungen<br>– Kennenlernen anderer Länder und Kulturen |
| **Bedeutung für Austragungsland und -stadt** | – Stärkung des Tourismus<br>– Steigerung von Bekanntheit und Ansehen<br>– Verbesserung von Sportstätten und Infrastruktur<br>– Schaffung neuer Arbeitsplätze |
| **Bedeutung für Wirtschaft, Werbung, Medien:** | – Erhöhung des Bekanntheitsgrades von Marken, Image-Gewinn<br>– Gewinnung neuer Zuschauer/Kunden<br>– Erhöhung der Gewinne |

**Überlegungen zum zweiten Teil der Themafrage –**
**Welche möglichen Kritikpunkte an den Sommerspielen gibt es?**

Ausgehend von den Leitfragen aus den Vorüberlegungen zum zweiten Teil der Erörterung kannst du nun deine Überlegungen anhand der oben abgehandelten Bereiche überprüfen. Denke also nach, welche Kritikpunkte es im sportlichen Bereich gibt, eventuell auch bei den Zuschauern oder das Austragungsland betreffend sowie im Bereich Wirtschaft, Werbung, Medien. Je nachdem, wie viele Unterpunkte dir einfallen, kannst du sie nach den entsprechenden übergeordneten Punkten gliedern (siehe erster Teil) oder einfach der Reihe nach auflisten. Mögliche Kritikpunkte können sein:

| | |
|---|---|
| **Im sportlichen Bereich** | – Überbetonung sportlicher Leistungen<br>– Zunahme von Doping |
| **Die Zuschauer betreffend** | – Gefahr von Auseinandersetzungen zwischen den Fans |
| **Das Austragungsland betreffend** | – Enormer Aufwand zur Gewährleistung der Sicherheit<br>– Hoher Investitionsaufwand für Sportstätten, Infrastruktur etc.<br>– Gefahr von Terroranschlägen<br>– Möglicher Missbrauch des Sports für politische Absichten |
| **Wirtschaftliche Aspekte** | – Sport als Mittel zur Profitsteigerung |

**Überlegungen zum Schlussgedanken**

Der Schluss rundet deinen Aufsatz sinnvoll ab, das heißt, der abschließende Gedanke sollte zum Aufsatz passen. Deine Aussagen müssen ausreichend begründet sein.
Aus folgenden Überlegungen könntest du einen Schluss formulieren:

- Abwägung des hohen Stellenwerts gegenüber den Kritikpunkten
- Herausarbeitung deiner persönlichen Meinung zu einem für dich besonders wichtigen Argument, das die Bedeutung belegt, oder zu einem Kritikpunkt
- Darlegung der persönlichen Meinung zum Thema Olympische Spiele bzw. sportliche Großveranstaltungen
- Persönliche Erwartungen an die Sommerspiele 2012
- Beurteilung der zukünftigen Bedeutung oder Entwicklung der Olympischen Spiele

**Gliederungsvorschlag**

*Hinweis: Gliederungspunkte, die mit Spiegelstrich angeordnet sind, können auch nummerisch (z. B. 1.1.1) aufgeführt werden.*

**A. Seit 1896 gibt es die Olympischen Spiele der Neuzeit, die unter anderem unter dem Motto „Dabei sein ist alles" stehen**

**B. Warum besitzen die Olympischen Sommerspiele eine so herausragende Bedeutung? Welche möglichen Kritikpunkte an den Sommerspielen gibt es?**

**1 Gründe für die herausragende Bedeutung der Sommerspiele**

1.1 Bedeutung für die Sportler
- Ehrenvolle Aufgabe, für das eigene Land zu starten
- Wettkampf mit der Weltelite
- Kennenlernen von Gleichgesinnten anderer Nationen
- Erhöhung des Bekanntheitsgrads
- Finanzieller Gewinn durch Prämien und Werbeverträge
- Erreichen eines sportlichen Lebensziels

1.2 Bedeutung für die Zuschauer
- Kennenlernen anderer Länder und Kulturen
- Friedliche Begegnung der Völker
- Mitverfolgen spannender Wettkämpfe
- Erleben sportlicher Höchstleistungen

1.3 Bedeutung für Austragungsland und -stadt
- Stärkung des Tourismus
- Steigerung von Bekanntheit und Ansehen
- Verbesserung von Sportstätten und Infrastruktur
- Schaffung neuer Arbeitsplätze

1.4 Bedeutung für Wirtschaft, Werbung, Medien
- Steigerung der Gewinne
- Erhöhung des Bekanntheitsgrades von Marken
- Gewinnung neuer Zuschauer/Kunden

**2 Mögliche Kritikpunkte an den Sommerspielen**

2.1 Gefahr von Auseinandersetzungen zwischen Fans
2.2 Möglicher Missbrauch des Sports für politische Absichten
2.3 Überbetonung sportlicher Höchstleistungen
2.4 Zunahme von Doping
2.5 Enormer Aufwand zur Gewährleistung der Sicherheit
2.6 Gefahr von Terroranschlägen
2.7 Sport als Mittel zur Profitsteigerung

**C. Trotz aller Kritikpunkte überwiegen die positiven Aspekte dieses friedlichen sportlichen Wettstreits zwischen den Nationen**

## 2012/2 Im Jahr 2011 durften im Bundesland Bremen 16-Jährige erstmals zur Wahl gehen. Was spricht für eine Herabsetzung des Wahlalters auf 16 Jahre, was dagegen?

### Hinweise zur Erschließung des Themas

Im Vorspann findest du einen Hinweis auf einen aktuellen Bezug, nämlich dass bei der Bürgerschaftswahl (vergleichbar mit der Landtagswahl in Bayern) in Bremen erstmals Jugendliche mit 16 Jahren (statt wie üblicherweise mit 18) wählen durften. Der Themabegriff taucht im ersten Teil des Erörterungsauftrages auf. Es geht um das Wahlalter und die Einschränkung lautet „Herabsetzung auf 16 Jahre“. Präzisiert wird das Thema durch die beiden Erörterungsaufträge „Was spricht für eine Herabsetzung, was dagegen?“.

| | |
|---|---|
| **Themabegriff** | Wahlalter |
| **Einschränkung** | Herabsetzung auf 16 Jahre |
| **Präzisierung** | Argumente für eine Herabsetzung des Wahlalters auf 16 Jahre<br>Argumente, die dagegen sprechen |
| **Erörterungsauftrag**<br>zweigliedrig | 1. Welche Argumente sprechen für eine Herabsetzung des Wahlalters auf 16 Jahre?<br>2. Welche Argumente sprechen dagegen? |

### Stoffsammlung und Strukturierung

### Überlegungen zur Einleitung

Ohne bei diesem Thema in der Einleitung schon Argumente vorwegzunehmen, bieten sich folgende Überlegungen an, die zu Beginn ausformuliert werden können:

- Wie groß ist mein Interesse am politischen Geschehen?
- Wie groß ist das Interesse an Politik in meinem Freundeskreis?
- Welche Möglichkeiten der politischen Mitbestimmung haben Jugendliche unter 18 Jahren?
- Welche Wahlen gibt es im politischen System der Bundesrepublik Deutschland?
- Kann ich bei den nächsten Wahlen in Bayern und Deutschland 2013 schon mitwählen?

### Vorarbeiten für den Hauptteil

Wie dir aus den Leitfragen für die Einleitung wohl schon klar geworden ist, nimmt dieses Thema sehr stark Bezug auf deinen Sozialkundeunterricht oder/und fordert weitergehendes Interesse an und Wissen zum Thema Politik. *Ohne entsprechendes Hintergrundwissen, das man für die Findung von Argumenten braucht, ist es nicht empfehlenswert, derartige Themen auszuwählen.*

## Überlegungen zum ersten Teil der Themafrage – Welche Argumente sprechen für eine Herabsetzung des Wahlalters auf 16 Jahre?

Folgende Leitfragen können dir wichtige Antworten liefern:

- Gibt es eine Begrenzung des Wahlalters nach oben?
- Worin liegt die Bedeutung von Wahlen in einer Demokratie?
- Welche Bedeutung hat es für mich / für die Jugendlichen allgemein, zur Wahl zu gehen?
- Was kann meine Stimme / können die Stimmen der Jugendlichen bewirken?
- Sind Jugendliche ausreichend an Wahlentscheidungen beteiligt?
- Welche Auswirkungen hätte eine Herabsetzung des Wahlalters auf das politische Interesse Jugendlicher?
- Sind Jugendliche reif genug für Wahlentscheidungen?
- In welchen Bereichen dürfen Jugendliche bereits Entscheidungen treffen?

Die Antworten auf diese Fragen ergeben folgendes Bild: Ein großer Teil der jungen Generation ist von Wahlen ausgeschlossen, während die ältere Generation einen immer größeren Anteil erlangt (demografischer Wandel). Jugendliche, die am Wahltag 16 oder 17 Jahre alt sind, müssen aufgrund der Wahlperioden warten, bis sie 21 oder 22 sind, um ein erstes Mal wählen zu dürfen. Wählen heißt nicht nur, Verantwortung zu übernehmen, sondern bedeutet, in Bereichen mitzubestimmen, die auch für Jugendliche relevant sind. Die Absenkung des Wahlalters könnte das Politikinteresse fördern, erst recht wenn es im Unterricht begleitet würde. Politikinteressierte junge Menschen besitzen durchaus die nötige Reife und das nötige Verantwortungsgefühl. Jugendliche ab 14 sind bereits strafmündig und können überdies ihre Religionszugehörigkeit selbst bestimmen. Des Weiteren sind Jugendliche von politischen Entscheidungen unmittelbar oder in naher Zukunft betroffen.

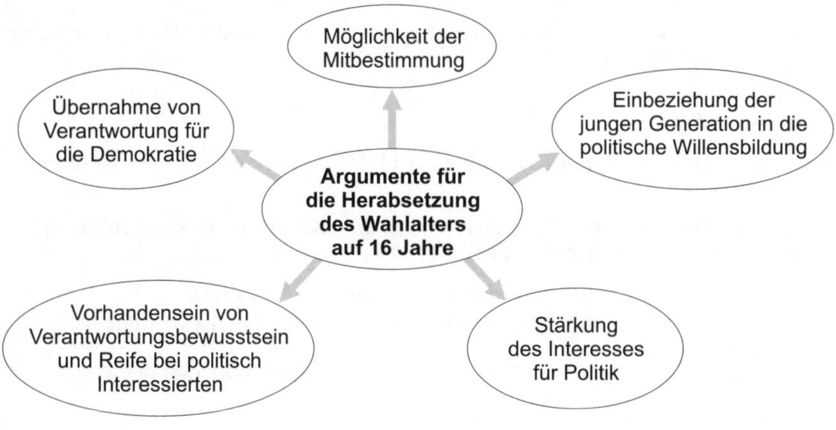


Die formulierten Argumente sind sehr allgemein gehalten und ermöglichen so eine umfangreiche Veranschaulichung anhand jeweils mehrerer Gesichtspunkte.

**Überlegungen zum zweiten Teil der Themafrage –**
**Welche Argumente sprechen gegen eine Herabsetzung des Wahlalters auf 16 Jahre?**

Folgende Leitfragen können wichtige Antworten für dich liefern:

- Wann ist man rechtlich gesehen voll selbstverantwortlich?
- Haben die Jugendlichen die nötige politische Bildung?
- Besitzen die Jugendlichen eine gesicherte politische Meinung?
- Haben Jugendliche das nötige Verständnis für komplizierte politische Zusammenhänge?
- Bereitet die Schule ausreichend vor?
- Wie groß ist das politische Interesse bei Jugendlichen?

Erst die Volljährigkeit mit 18 Jahren ermöglicht die völlige Selbstständigkeit und verlangt auch alle Pflichten. Die Herabsetzung des Wahlalters stellt also nur eine begrenzte Herauslösung eines Rechts dar, während alle anderen Rechte und Pflichten nach wie vor erst mit dem 18. Lebensjahr beginnen (z. B. volle Geschäftsfähigkeit). Schon allein wegen der für Jugendliche meist kaum relevanten Themen und der Tatsache, dass politische Aussagen häufig sehr kompliziert sind, entwickeln viele Jugendliche kein besonderes Interesse an Politik. Möglicherweise bestätigen dies deine Erfahrungen, auch aus dem Sozialkundeunterricht der Realschule. Darüber hinaus sind zwei Stunden Sozialkunde in der 10. Klasse viel zu wenig, um das nötige Politikverständnis zu vermitteln. Es wäre sinnvoll, mit diesem Fach früher zu beginnen. Ungefestigte Meinungen machen Jugendliche außerdem anfällig für Manipulation, z. B. durch extreme Gruppierungen.
Auch im zweiten Teil sind die für die Gliederung formulierten Argumente (siehe dort) allgemein gehalten, sodass sie entsprechend umfangreich veranschaulicht werden können.

**Überlegungen zum Schlussgedanken**

Entsprechend der Themenstellung bietet sich hier eine kurze begründete Darstellung deiner eigenen Meinung am besten an.

## Gliederungsvorschlag

**A. Bei den Landtags- und Bundestagswahlen 2013 besitze ich nach heutiger Regelung kein Stimmrecht**

**B. Welche Argumente sprechen für eine Herabsetzung des Wahlalters auf 16 Jahre? Welche Argumente sprechen dagegen?**

**1 Argumente für die Herabsetzung des Wahlalters auf 16 Jahre**

1.1 Vorhandensein von Verantwortungsbewusstsein und politischer Reife bei Interessierten
1.2 Einbeziehung der jungen Generation in die politische Willensbildung
1.3 Übernahme von Verantwortung für die Demokratie
1.4 Stärkung des Interesses für Politik
1.5 Möglichkeit der Mitbestimmung

**2 Argumente gegen die Herabsetzung des Wahlalters auf 16 Jahre**

2.1 Völlige Selbstständigkeit erst durch die Volljährigkeit mit 18 Jahren
2.2 Mangelhafte Vorbereitung im Unterricht
2.3 Geringes politisches Interesse und Verständnis bei der Mehrheit der Jugendlichen
2.4 Gefahr der Manipulation durch extreme Parteien

**C. Ich fühle mich nicht reif genug, an Wahlen teilzunehmen, weil mein Interesse für Politik noch sehr gering ist**

**Aufsatzbeispiel**
(Die Randbemerkungen sind nicht Teil des Aufsatzes, sie dienen nur deiner Orientierung.)

A. Einleitungsgedanke – Überleitung, Themafrage als Aussagesatz

In Bayern und auch auf Bundesebene gilt ein Wahlalter von 18 Jahren. Das hat zur Folge, dass ich im Jahr 2013 im Alter von 17 Jahren nicht an den nächsten Landtags- und Bundestagswahlen teilnehmen kann. Ganz anders ist da die Situation im Bundesland Bremen, denn dort dürfen seit 2011 16-Jährige zumindest auf Landesebene wählen. Aber nicht nur die unterschiedlichen Regelungen in verschiedenen Bundesländern werfen die Frage auf, welche Argumente für und welche gegen die Herabsetzung des Wahlalters auf 16 Jahre sprechen.

**B.1** 1.1 Behauptung – Begründung – Beispiel

Interessierte Jugendliche besitzen sicherlich das nötige Verantwortungsbewusstsein und die notwendige politische Reife, um an Wahlen teilzunehmen. Denn sie sind sich bewusst, dass die Entscheidung für eine Partei oder einen Kandidaten nicht leichtfertig getroffen werden sollte. Sie wissen, dass man sich vorher gründlich informiert haben und sich eine Meinung gebildet haben sollte. So gesehen sind auch Jugendliche in der Lage, die Position einzelner Parteien zu Jugendthemen, zum Beispiel zur Schaffung von Ausbildungsplätzen oder zur Freiheit des Internets, zu vergleichen und sich eine Meinung zu bilden, die die Grundlage für eine Wahlentscheidung darstellt.

1.2 Behauptung – Begründung – Beispiel – Rückführung

Eine Herabsetzung des Wahlalters auf 16 ermöglicht genau diese Einbeziehung der jungen Generation in die politische Willensbildung. Während es natürlich nach oben keine Altersbegrenzung gibt, bleiben die Vorstellungen junger Menschen unter 18 unberücksichtigt, obwohl auch sie eine Meinung besitzen und von Wahlentscheidungen betroffen sind. Man könnte auch sagen, dass sie und ihre Interessen, da sie in der Demokratie keine Stimme haben, von den Politikern gar nicht wahrgenommen werden. Dies würde sich durch eine entsprechende Wahlrechtsreform schnell ändern.

1.3 Behauptung – Begründung – Beispiel

Neben der Einbeziehung junger Menschen in die politische Willensbildung würde eine entsprechende Maßnahme den Jugendlichen auch die Möglichkeit geben, Verantwortung in der Demokratie zu übernehmen. Eine Demokratie lebt von der Beteiligung der Bürger und je mehr Bürger sich beteiligen können, desto mehr würde dies die Demokratie stärken. Wenn schon 16-Jährige volle politische Rechte und Pflichten bekämen, könnten sich mehr Menschen für eine lebendige und funktionierende Demokratie einsetzen. Damit würden die Mitgliedschaft in einer Partei und die aktive Mitarbeit für mehr Jugendliche interessant.

1.4 Behauptung – Begründung – Beispiel

Dies trägt auch all jenen Bemühungen Rechnung, die das Interesse Jugendlicher an Politik stärken möchten. Politik als theoretischer Gegenstand des Sozialkundeunterrichts ist für die meisten Jugendlichen uninteressant und Appelle, sich näher damit zu befassen, bleiben zumeist wirkungslos. Erst wenn junge Menschen unter 18 mitwählen können und somit als Teil der Gesellschaft ernst genommen werden, wird auch ihr Interesse für politische Themen zunehmen, denn dann sind sie ein Teil der Wählerschaft, der seine Wahlentscheidung gut informiert treffen will.

Überleitung – 1.5 Behauptung – Begründung – Beispiel

Doch nicht nur die Stärkung des Interesses an Politik ist ein gewichtiges Argument, auch die Möglichkeit der früheren Mitbestimmung spricht für ein Wahlalter von 16. Viele Entscheidungen betreffen auch die unmittelbare Zukunft Jugendlicher, wie kürzlich die Einführung des Bundesfreiwilligendienstes anstelle des Zivildienstes oder die Erhebung von Studiengebühren in Bayern bewiesen haben. Deshalb ist es ungünstig, dass die heute 16-Jährigen bei der nächsten Landtagswahl in Bayern und der Bundestagswahl 2013 nicht wählen dürfen, da sie die nächsten vier bzw. fünf Jahre keine Möglichkeit mehr dazu haben. Die Entscheidungen einer neuen Landes- und Bundesregierung betreffen sie jedoch als dann volljährige Staatsbürger in vollem Umfang.

Neben den Argumenten, die für eine Herabsetzung des Wahlalters auf 16 Jahre **B.2**
sprechen, gibt es jedoch auch eine Reihe von Gegenargumenten zu bedenken. Überleitung
Zunächst muss man feststellen, dass die völlige Selbstständigkeit und Verant- 2.1 Behauptung
wortlichkeit eines Menschen in Deutschland erst mit der Volljährigkeit mit
18 Jahren beginnt. Dazu gehört vor allem die volle Geschäftsfähigkeit, aber auch Beispiel
Auto fahren ohne Begleitung ist erst ab diesem Alter möglich. Somit würde eine Begründung
Absenkung des Wahlalters die Herauslösung eines einzelnen Rechts darstellen,
während wesentliche andere Rechte und Pflichten erst mit der Volljährigkeit
beginnen.
Aber es sind nicht nur rechtliche Aspekte, die eine Absenkung des Wahlalters 2.2
kritisch erscheinen lassen. In der Mehrheit der Schulen findet im Unterricht keine Behauptung
ausreichende Vorbereitung statt, damit die Schüler ihre Wahlfähigkeit erhalten.
An den bayerischen Realschulen gibt es beispielsweise lediglich zwei Stunden Begründung
Sozialkunde in der zehnten Jahrgangsstufe und diese Stunden sind vollgepackt
mit einem eher theoretischen Überblick nicht nur über das politische System der
Bundesrepublik. In der Regel fehlt der praktische Ansatz, mit dem Schüler ein
aktives Interesse an politischen Positionen der Parteien oder einzelnen Politikern
entwickeln können und motiviert werden, sich eine eigene Meinung zu bilden.
Aus meiner Erfahrung kann ich bestätigen, dass der Unterricht in diesem Fach Beispiel
mich nicht stärker für Politik begeistern konnte. Ob die Eltern hier eine Vor- Ausweitung
bildfunktion übernehmen könnten, bleibt ebenso dahingestellt.
Wenn ich meinen Freundeskreis betrachte oder auch die Situation in meiner 2.3 Begründung
Klasse, dann kann man mit Sicherheit behaupten, dass Interesse und Verständnis Behauptung
für Politik bei der Mehrheit der Jugendlichen im Alter von 16 Jahren noch nicht
sehr ausgeprägt sind. Ich kenne niemanden, der Mitglied in einer Partei oder de- Beispiel
ren Jugendorganisation ist, politische Themen im Unterricht waren immer von
Desinteresse begleitet, was wohl auch seinen Grund in der Kompliziertheit der
Themen und Aussagen hat. Nicht zuletzt machen es uns die Politiker auch nicht Ausweitung
leicht, sich für sie oder ihre Arbeit zu begeistern, weil sie selten eine verständ-
liche Sprache sprechen. Unvorbereitete und desinteressierte Erstwähler wären Folge
die Folge, was nicht im Sinne einer Demokratie sein kann.
Das bereits erläuterte mangelnde Interesse bringt mit sich, dass bei vielen Ju- 2.4
gendlichen noch keine gefestigte Meinung über unsere Demokratie vorhanden Begründung
ist. Dies birgt die Gefahr, dass sie gerade von extremen Parteien manipuliert wer- Behauptung
den könnten. Für diese wäre es ein Leichtes, die Jungwähler mit pauschalen
Sprüchen auf ihre Seite zu ziehen. Es ist leider eine Tatsache, dass rechte Grup- Beispiele
pierungen im Internet oder sogar direkt, etwa mit den sogenannten „Schulhof-
CDs", vor allem junge Menschen umwerben und immer mehr Zulauf haben.
Die Befürworter einer Herabsetzung des Wahlalters wollen aber bestimmt nicht Abrundung
erreichen, dass junge Wähler sich in großer Zahl für Parteien außerhalb des de-
mokratischen Bereiches entscheiden.

Persönlich fühle ich mich noch nicht reif genug, an Wahlen teilzunehmen, weil **C.** Schluss-
mein Interesse für Politik eher gering ist. Deshalb besitze ich zu vielen Themen, gedanke
die mich direkt oder indirekt betreffen, noch keine gefestigte Meinung. Merk-
mal einer demokratischen Wahl ist es, frei und geheim zu entscheiden und vor
allem umfassend informiert zu sein, um seine Meinung mit den Aussagen der
politischen Parteien vergleichen zu können. In diese Verantwortung möchte ich
langsam hineinwachsen können, weshalb ein Wahlalter von 18 Jahren meiner
Meinung nach weiterhin sinnvoll ist.

## 2012/3 Welche Gründe sprechen für einen Schüleraustausch mit einer Partnerschule im Ausland? Welche Probleme können dabei auftreten?

### Hinweise zur Erschließung des Themas

Der Themabegriff lautet „Schüleraustausch" und ist eingeschränkt durch den Zusatz „mit einer Partnerschule im Ausland". Zumeist handelt es sich dabei um den regelmäßigen, etwa zwei Wochen dauernden Austausch mit einer Partnerschule in bestimmten Jahrgangsstufen – ein ganzes Austauschjahr ist hier vermutlich nicht gemeint. Präzisiert wird das Thema durch die beiden Erörterungsaufträge, die nach den Gründen für einen solchen Austausch fragen und nach den Problemen, die dabei auftreten können.

| | |
|---|---|
| **Themabegriff** | Schüleraustausch |
| **Einschränkung** | mit einer Partnerschule im Ausland |
| **Präzisierung** | Gründe, die für einen Schüleraustausch sprechen<br>Probleme, die dabei auftreten können |
| **Erörterungsauftrag**<br>zweigliedrig | 1. Welche Gründe sprechen für einen Schüleraustausch mit einer Partnerschule im Ausland?<br>2. Welche Probleme können dabei auftreten? |

### Stoffsammlung und Strukturierung

### Überlegungen zur Einleitung

Ideen für eine Einleitung, die eine Vorwegnahme von Argumenten vermeidet, bekommst du zum Beispiel aus folgenden Leitfragen:

- Gibt es an meiner Schule einen Schüleraustausch?
- Wie läuft an unserer Schule ein Schüleraustausch ab?
- Mit welchen Partnerschulen in welchen Ländern finden unsere Austauschprogramme statt?
- Wie sieht das Programm bei einem Schüleraustausch aus?

### Vorarbeiten für den Hauptteil

Unabhängig davon, ob du entsprechende Erfahrungen mit einem Schüleraustausch besitzt, kannst du für die Sammlung der Gründe, die für ein solches Vorhaben sprechen, folgende Überlegungen in den Mittelpunkt stellen:

- Was ist ein Schüleraustausch? Welchem Zweck dient er? Welche Inhalte stehen im Vordergrund?
- Wer profitiert von einem Schüleraustausch?
- Wie profitieren die Beteiligten von einem Schüleraustausch?

Für den zweiten Teil des Themas solltest du dir die Frage stellen, welche Probleme es bei der Organisation und Durchführung geben kann und welche negativen Aspekte sich für die Beteiligten einstellen können.

**Überlegungen zum ersten Teil der Themafrage –**
**Welche Gründe sprechen für einen Schüleraustausch mit einer Partnerschule im Ausland?**

Ein Schüleraustausch mit einer ausländischen Schule verfolgt vor allem den Zweck, dass sich Schüler zweier Partnerschulen näherkommen, dass also Freundschaften entstehen oder zumindest Kontakte geknüpft werden können, dass die jeweilige Kultur näher kennengelernt und dass vor allem die Praxis in den gewählten Fremdsprachen vertieft werden kann. Für die am Austausch beteiligten Schüler ergeben sich daraus aber noch weitere Vorteile: Sie erlernen ein Stück Selbstständigkeit beim Aufenthalt in einem fremden Land. Der Austausch ist eine willkommene Abwechslung zum Schul- und Familienalltag und man lernt „Land und Leute" kennen, denn der touristische Aspekt bei solchen Veranstaltungen kommt nicht zu kurz. Die Schüler erhalten einen Eindruck vom Alltagsleben im Gastland und durch Unterrichtsbesuche auch Einblicke in das Schulsystem. Ein Schüleraustausch dient somit nicht nur der eigenen Horizonterweiterung, sondern ist ein wichtiger Beitrag zur Völkerverständigung. Durch die erworbenen sozialen und sprachlichen Kompetenzen kann er auch eine Verbesserung der Berufschancen darstellen. Schließlich steigert ein entsprechendes Angebot auch das Ansehen der Schulen.

**Überlegungen zum zweiten Teil der Themafrage –**
**Welche Probleme können dabei auftreten?**

Zum einen erfordert die Organisation eines Schüleraustausches einen großen Aufwand, für dessen Bewältigung geeignete Lehrkräfte nötig sind. Zum anderen ist die Reise mit hohen Kosten und zusätzlichen Ausgaben vor Ort verbunden. Für den Einzelnen können Probleme zwischenmenschlicher Art auftreten, sowohl innerhalb der Austauschschülergruppe als auch in der Gastfamilie. Eventuelle sprachliche Hindernisse, wenn man die Fremdsprache noch nicht gut genug beherrscht, können sich negativ auswirken. Auch die Möglichkeit der Enttäuschung, weil die Regeln und das Programm wenig Freiraum erlauben, kann hier angeführt werden. Schließlich könnte man noch darlegen, dass die Vorteile eines 14-tägigen Aufenthalts im Ausland die Unterbrechung des Unterrichts mit dem entsprechenden Ausfall von Schulstunden nicht aufwiegen.
Bei der Strukturierung der Gliederung ist eine Unterteilung in verschiedene Bereiche (z. B. „für die Schüler", „für die Eltern" etc.) nicht sinnvoll, weil bei beiden Erörterungspunkten der individuelle Bereich einen deutlichen Schwerpunkt besitzt. Vielmehr ist bei der Gliederung darauf zu achten, dass du sie entweder vom Allgemeinen zum Besonderen oder vom weniger wichtigen zum besonders bedeutenden Argument aufbaust.

**Überlegungen zum Schlussgedanken**

Hier würden deine eigenen Schüleraustausch-Erfahrungen (egal ob positiv oder negativ) gut als Abrundung passen. Du kannst auch die Vorteile wertend zusammenfassen (Was war für dich am wichtigsten?). Ebenso ist eine Abwägung zwischen den Gründen, die dafür sprechen, und den Problempunkten sinnvoll. Als Ausblick in die Zukunft könntest du auch eine gut begründete Forderung nach einer verpflichtenden Durchführung eines Schüleraustauschs in den höheren Jahrgangsstufen aufstellen. Argumente dafür hast du im Hauptteil genügend angeführt.

**Gliederungsvorschlag**

**A. Beim Schüleraustausch mit unserer Partnerschule in Frankreich steht neben viel gemeinsamer Freizeit in den Gastfamilien mit interessanten Ausflügen der Unterricht mit mehreren Projekten im Mittelpunkt**

**B. Welche Gründe sprechen für einen Schüleraustausch mit einer Partnerschule im Ausland? Welche Probleme können dabei auftreten?**

**1 Gründe für einen Schüleraustausch**

1.1 Einblicke in das Schulsystem anderer Länder
1.2 Steigerung des Ansehens der Schule
1.3 Erlernen von Selbstständigkeit
1.4 Verbesserung der Berufschancen
1.5 Einblick in die Kultur und das Alltagsleben im Gastland
1.6 Besichtigung von Sehenswürdigkeiten
1.7 Knüpfung von Kontakten und Freundschaften
1.8 Vertiefung der Fremdsprachenkenntnisse

**2 Probleme, die dabei auftreten können**

2.1 Großer Organisationsaufwand
2.2 Unstimmigkeiten in der Austauschschülergruppe
2.3 Anpassungsprobleme in der Gastfamilie
2.4 Ausfall von Unterricht
2.5 Mögliche Verständigungsschwierigkeiten
2.6 Gewährung von zu wenig Freiraum für die Schüler
2.7 Hoher finanzieller Aufwand

**C. Die verpflichtende Durchführung eines Schüleraustausches in den höheren Jahrgangsstufen halte ich vor dem Hintergrund des Nutzens für sehr sinnvoll**

**2012/4 Einkaufen auch an Sonntagen – diese Forderung ist immer wieder zu vernehmen. Was spricht dafür, was dagegen?**

## Hinweise zur Erschließung des Themas

Der Themabegriff und die Einschränkung finden sich bereits im Vorspann der Aufgabenstellung. Es geht um das Einkaufen und zwar an Sonntagen, d. h. um die Öffnung der Geschäfte an diesem Tag. Präzisiert wird das Thema durch die beiden Erörterungsaufträge, die nach den Argumenten dafür und dagegen fragen.

| | |
|---|---|
| **Themabegriff** | Einkaufen |
| **Einschränkung** | am Sonntag |
| **Präzisierung** | Argumente, die dafür sprechen<br>Argumente, die dagegen sprechen |
| **Erörterungsauftrag**<br>zweigliedrig | 1. Welche Argumente sprechen für das Einkaufen am Sonntag?<br>2. Welche Argumente sprechen dagegen? |

## Stoffsammlung und Strukturierung

### Überlegungen zur Einleitung

Für eine sinnvolle Hinführung zum Thema bieten sich unter anderem folgende Leitfragen an:

- Wie ist der Ladenschluss gegenwärtig geregelt?
- Wie sind die Öffnungszeiten der Geschäfte an meinem Wohnort?
- Besitze ich Erfahrungen aus Urlaubsländern?
- Wann kaufe ich hauptsächlich ein, nutze ich die Öffnungszeiten der Geschäfte?

Die Gefahr, bereits in der Einleitung in das Für und Wider zu gelangen, ist durch die Darstellung der aktuellen Situation bzw. eigener Erfahrungen vermeidbar.

### Vorarbeiten für den Hauptteil

Um eine möglichst umfangreiche Stoffsammlung zu erstellen, solltest du dir im Vorfeld folgende Fragen stellen:

- Was brächte eine Ladenöffnung am Sonntag für mich?
- Wer/Was wäre davon betroffen?
- Warum sind die Geschäfte in der Regel sonntags nicht geöffnet?

### Überlegungen zum ersten Teil der Themafrage – Welche Argumente sprechen für das Einkaufen am Sonntag?

Zunächst kannst du bei deinen Überlegungen von deiner eigenen Einstellung ausgehen und nach Vorteilen für dich suchen. Aus der Frage nach den Betroffenen lassen sich als Antworten folgende Personengruppen herausarbeiten: Kunden, Personal in Geschäften, die Geschäftsinhaber und Personal in anderen Bereichen (Nahverkehr, Sicherheitsbeamte). Darüber hinaus könnten die Wirtschaft allgemein und die Auswirkungen auf die Innenstädte in den Blick genommen werden.
Davon ausgehend werden nun diese Bereiche nach möglichen Vorteilen untersucht. Das Ergebnis kann dann so aussehen:

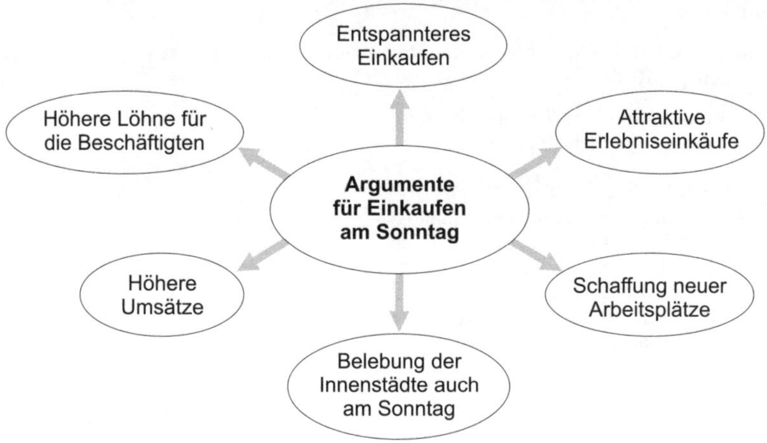


**Überlegungen zum zweiten Teil der Themafrage – Welche Argumente sprechen gegen das Einkaufen am Sonntag?**

Jetzt stellt sich die Frage nach den Nachteilen, die sich ergeben können. Darüber hinaus ist zu bedenken, dass der Sonntag aus religiösen Gründen ein Tag ist, der arbeitsfrei bleiben soll. Schließlich kannst du möglicherweise aus deinen eigenen Bedürfnissen und denen deiner Familie feststellen, dass kein echter Bedarf für eine Sonntagsöffnung besteht.

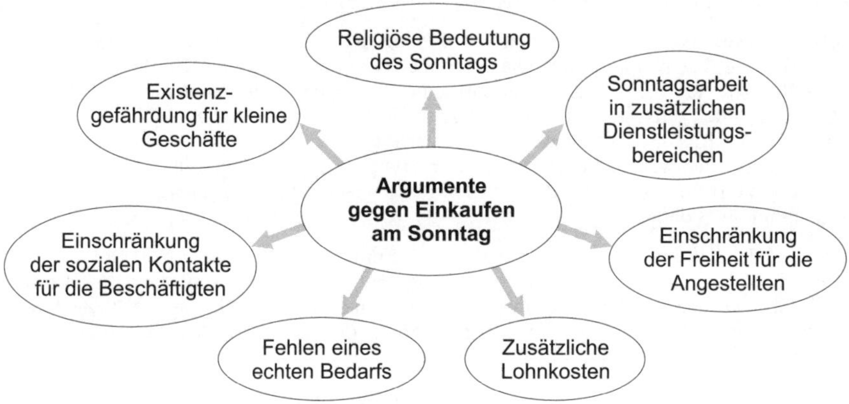


**Überlegungen für den Schlussgedanken**

Hier bieten sich folgende Möglichkeiten an:

- Begründete Darstellung der eigenen Meinung
- Zusammenfassende Abwägung der Argumente dafür und dagegen
- Ausblick auf mögliche Kompromisse, z. B. schon existierende verkaufsoffene Sonntage mit besonderen Attraktionen

**Gliederungsvorschlag**

**A. In Deutschland sind viele Geschäfte in der Regel montags bis samstags von 8 bis 20 Uhr geöffnet**

**B. Welche Argumente sprechen für das Einkaufen am Sonntag? Welche Argumente sprechen dagegen?**

**1 Argumente für das Einkaufen am Sonntag**

1.1 Belebung der Innenstädte auch sonntags
1.2 Entspannteres Einkaufen
1.3 Attraktive Erlebniseinkäufe
1.4 Schaffung neuer Arbeitsplätze
1.5 Höhere Löhne für die Beschäftigten
1.6 Höhere Umsätze für die Geschäfte

**2 Argumente gegen das Einkaufen am Sonntag**

2.1 Sonntagsarbeit auch in anderen Dienstleistungsbereichen erforderlich
2.2 Einschränkung der Freiheit für die Angestellten
2.3 Einschränkung der sozialen Kontakte für die Beschäftigten
2.4 Existenzgefährdung für kleine Geschäfte
2.5 Zusätzliche Lohnkosten und Preiserhöhungen
2.6 Fehlen eines echten Bedarfs
2.7 Religiöse Bedeutung des Sonntags

**C. Niemand sollte gezwungen werden, sonntags zu arbeiten**

**Aufsatzbeispiel**
(Die Randbemerkungen sind nicht Teil des Aufsatzes, sie dienen nur deiner Orientierung.)

In Deutschland sind viele Geschäfte montags bis samstags von 8 Uhr bis 20 Uhr geöffnet. Dies betrifft hauptsächlich die Supermärkte, große Spezialgeschäfte und Warenhäuser. Auch an meinem Wohnort, einer kleineren Stadt, haben sich diese Öffnungszeiten durchgesetzt, während es in Großstädten heutzutage auch Supermärkte gibt, die bis Mitternacht geöffnet bleiben. Trotz der schon recht langen Öffnungszeiten werden immer wieder Forderungen laut, auch am Sonntag die Geschäfte zu öffnen. Dabei stellt sich die Frage, was spricht für Einkaufen am Sonntag und was dagegen?

*A. Einleitungsgedanke — Überleitung — Themafrage*

Für offene Geschäfte am Sonntag spricht zunächst einmal die Belebung der Innenstädte, die sonst an einem Sonntag immer recht leer und verlassen sind. Geöffnete Läden würden nicht nur Käufer anlocken, sondern auch jede Menge Menschen zu einem Stadtbummel. Dies kann man an den gut besuchten verkaufsoffenen Sonntagen nachempfinden, wie sie in meiner Heimatstadt zwei- oder dreimal im Jahr stattfinden.

*B.1 — 1.1 Behauptung — Begründung — Beispiel*

Auch die Kunden würden von der Ausweitung der Öffnungszeiten auf den Sonntag profitieren. Sie könnten an diesem Tag entspannter einkaufen und wären nicht an die Werktage gebunden, an denen Arbeit und andere Verpflichtungen die Zeit, die für das Einkaufen zur Verfügung steht, stark einschränken. Gerade größere Anschaffungen, für die man mehrere Vergleichsangebote einholen möchte oder für die man eine ausführliche Beratung braucht, ließen sich sehr gut an einem Sonntag erledigen, weil man sich an einem freien Tag ausreichend Zeit nehmen kann.

*1.2 Überleitung — Behauptung — Begründung — Beispiel*

Dadurch, dass die Menschen an einem Sonntag viel Zeit haben, lohnt es sich 1.3
auch, attraktive Aktionen anzubieten, die den Einkauf zu einem besonderen Er- Behauptung
lebnis machen. Damit könnten noch mehr potenzielle Kunden angelockt werden Begründung
und auch andere Bereiche wie etwa die Gastronomie würden von zusätzlichen Beispiele
Besuchern profitieren. Diese besonderen Aktionen könnten ein jahreszeitliches
Motto haben oder mit kulinarischen und kulturellen Angeboten attraktiv ge-
macht werden.

Als weiteres Argument für eine Sonntagsöffnung von Geschäften zählt die 1.4 Behauptung
Schaffung neuer Arbeitsplätze, denn mehr Öffnungstage müssen mit mehr Per- Begründung
sonal aufgefangen werden, weil die Wochenarbeitszeit tariflich beschränkt ist.
Zusätzliche Arbeitsplätze entstünden dabei nicht nur in den Geschäften, die Beispiele
sonntags öffnen, sondern auch in anderen Bereichen, die von der Belebung der
Innenstädte profitieren, zum Beispiel Cafés, Restaurants oder Kinos.

Neben der Schaffung neuer Arbeitsplätze würden sich auch höhere Löhne für 1.5 Behauptung
die Angestellten ergeben, da es für Sonntagsarbeit Zuschläge gibt oder aber die Begründung
Überstunden, die durch die Mehrarbeit am Sonntag anfallen, ausbezahlt werden
müssen. Aus meinem Wirtschafts- und Rechtslehreunterricht weiß ich, dass es Beispiel
in den Tarifverträgen fest vereinbarte Zuschläge für Sonntagsarbeit gibt, die
nicht selten bei 100 Prozent liegen.

Schließlich bringt eine Öffnung des Sonntags nicht nur den Kunden und Ange- 1.6
stellten Vorteile, sondern auch den Ladenbetreibern und -besitzern. Dadurch, Verknüpfung
dass zusätzliche Kunden an diesem Wochentag in die Geschäfte gelockt würden, Begründung
brächte dies auch höhere Umsätze mit sich. Es ist davon auszugehen, dass für Behauptung
die Geschäftsbetreiber auch ein höherer Gewinn übrig bleiben würde. Folge

Aber die Öffnung der Geschäfte am Sonntag hätte nicht nur Vorteile. Als ein **B.2** Überleitung
Nachteil ist zu werten, dass dadurch auch Sonntagsarbeit in anderen Dienstleis- 2.1 Behauptung
tungsbereichen erforderlich werden würde. Geöffnete Geschäfte in den Städten Begründung
kommen nicht so einfach ohne andere Dienstleistungsangebote aus. Zusätzlich Beispiele
müssten beispielsweise die öffentlichen Verkehrsmittel so verkehren wie an
Werktagen, um die Kunden zu transportieren. Außerdem bräuchte man mehr
Personal für die Sicherheitsdienste, in der Gastronomie und in vielen anderen
Bereichen. Das würde dazu führen, dass in immer mehr Berufen der Sonntag Folgen
zum ganz normalen Arbeitstag würde.

Darüber hinaus würden die Angestellten, die am Sonntag arbeiten müssen, in 2.2 Behauptung
ihrer Freiheit eingeschränkt, denn sie könnten über diesen Tag nicht frei verfü- Begründung
gen, um einer Freizeitbeschäftigung nachzugehen oder mit der Familie einen Beispiel
Ausflug zu unternehmen, da sie arbeiten müssen.

Zu bedenken ist auch, dass die am Sonntag arbeitenden Ladenangestellten eine 2.3 Behauptung
Einschränkung ihrer sozialen Kontaktmöglichkeiten hinnehmen müssten. An Begründung/
diesem Tag kann man sich dann nicht mehr mit Freunden verabreden, Sport- Beispiel
oder Musikveranstaltungen besuchen, ins Kino gehen oder einen Ausflug ma-
chen. An den eigenen freien Tagen während der Woche haben jedoch die Ausweitung
Freunde keine Zeit, da dann diese arbeiten müssen.

So sehr vielleicht große Geschäfte oder Warenhausketten vom „offenen Sonn- 2.4 Ausgehen
tag" profitieren würden, so sehr werden die kleinen Geschäfte in ihrer Existenz vom Gegenteil,
gefährdet. Sie haben weder das Personal, um am Sonntag zu öffnen, noch haben Behauptung
sie die Mittel, zusätzliches Personal zu bezahlen. Dies könnte beispielsweise Begründung
zur Folge haben, dass die Konkurrenz wesentliche Anteile des Umsatzes am Beispiel/Folge
Sonntag wegschnappt und die kleinen Läden dann während der Woche bedeu-
tende Umsatzrückgänge zu verzeichnen hätten.

Auch für die Kunden bringt die Ausweitung der Ladenöffnung auf den Sonntag 2.5
nicht nur positive Auswirkungen, denn zusätzliches Personal bedeutet zusätz- Verknüpfung
liche Lohnkosten, die die Ladenbesitzer vermutlich über Preiserhöhungen an Behauptung
die Kunden weitergeben würden. Es ist zweifelhaft, ob die Umsätze so stark Begründung
wachsen würden, dass die Zusatzkosten aufgefangen werden. Und selbstver- Beispiel
ständlich ist es das gute Recht eines Ladenbesitzers, sich bei längeren Öffnungs-
zeiten nicht mit einem geringeren Gewinn zufriedenzugeben.
Nicht zuletzt ist bei der Frage, ob Geschäfte sonntags öffnen sollten oder nicht, 2.6 Behauptung
von einem fehlenden Bedarf auszugehen. Die bestehenden Möglichkeiten, von Begründung
Montag bis Samstag mindestens 12 Stunden einkaufen zu können, und die zu-
sätzlichen verkaufsoffenen Sonntage, die über das Jahr hinweg stattfinden, stel-
len den Einkaufsbedarf der Bevölkerung vollkommen zufrieden. Aus eigener Beispiel
Anschauung weiß ich, dass viele Geschäfte am Abend meistens nur wenig be-
sucht sind und dass deswegen immer wieder auch die Öffnungszeiten verkürzt
werden.
Schließlich kann die religiöse Bedeutung des Sonntags für Christen nicht einfach 2.7 Behauptung
außer Acht gelassen werden. Für die Christen ist der Sonntag ein Feiertag, an Begründung
dem Gottesdienst gefeiert werden soll. Aus der christlichen Tradition heraus
wurde die sogenannte Sonntagsruhe sogar im Grundgesetz festgeschrieben. In Beispiel/Folge
einigen Bereichen, beispielsweise in Krankenhäusern, bei Rettungsdiensten
oder der Polizei ist Sonntagsarbeit unerlässlich, und auch in der Industrie ist sie
oft notwendig, doch eine weitere Aufweichung muss man ablehnen, da sonst
der Sonntag auch seine religiöse Bedeutung verliert und immer mehr Gläubige
nicht mehr ihren Sonntagsgottesdienst besuchen können.

Wenn man die Argumente gegeneinander abwägt, besitzen die, die dafür spre- C. Schluss-
chen, am Sonntag die Läden zu öffnen, nicht das ausschlaggebende Gewicht, gedanke
um jemanden zur Sonntagsarbeit zu verpflichten. Vielmehr soll der Sonntag für
die meisten Menschen der Tag sein, an dem sie sich ausruhen, sich mit Freunden
treffen, etwas mit der Familie unternehmen oder eben einen Gottesdienst besu-
chen können.

## 2012/5 Wissenschaftler beklagen den Bewegungsmangel von Kindern. Worin liegen die Ursachen für diese Entwicklung? Wie kann man dem Problem begegnen?

### Hinweise zur Erschließung des Themas

Der Themabegriff „Bewegungsmangel" und die Einschränkung „bei Kindern" stehen im Vorspann. Präzisiert wird die Aufgabenstellung durch die beiden Erörterungsaufträge, die nach den Ursachen für den Bewegungsmangel bei Kindern bzw. nach Maßnahmen fragen, wie man dem Problem begegnen kann.

| | |
|---|---|
| **Themabegriff** | Bewegungsmangel |
| **Einschränkung** | bei Kindern |
| **Präzisierung** | Ursachen für den Bewegungsmangel bei Kindern<br>Maßnahmen, mit denen diesem Problem begegnet werden kann |
| **Erörterungsauftrag**<br>zweigliedrig | 1. Welche Ursachen sind für den Bewegungsmangel bei Kindern verantwortlich?<br>2. Mit welchen Maßnahmen kann man diesem Problem begegnen? |

### Stoffsammlung und Strukturierung

### Überlegungen zur Einleitung

Dafür bieten sich zwei Varianten besonders an: Zum einen kannst du erläutern, was man unter Bewegungsmangel versteht (nämlich Mangel an körperlicher Aktivität, z. B. im sportlichen Bereich, beim Spiel, beim Aufenthalt im Freien). Außerdem ist ein kurzer Überblick über die Folgen von Bewegungsmangel bei Kindern – unmittelbar und bis hinein ins Erwachsenenleben – möglich, der sich sehr gut mit der Überleitung auf die Themafrage verknüpfen lässt. Beides kannst du bestimmt mit eigenen Erfahrungen und Anschauungsbeispielen aus deinem persönlichen Umfeld verknüpfen.

### Vorarbeiten für den Hauptteil

Um der Frage nach den Ursachen möglichst umfassend gerecht zu werden, musst du dir darüber klar werden, dass sie nicht allein bei den betroffenen Kindern zu suchen sind und dass Fernsehen und gestiegene Computernutzung, die dir als Gründe vermutlich zuerst einfallen werden, nicht die einzigen Ursachen sind. Vergegenwärtige dir, dass Kinder zunächst einen ganz natürlichen Bewegungsdrang besitzen, und frage dich, wer und was diesen offenbar nachhaltig stören könnte. Überprüfe neben der Mediennutzung weitere Bereiche, nämlich wie sich Eltern verhalten, welche Möglichkeiten Schule und Unterricht, Umwelt und Lebensbedingungen heutzutage bieten. Mögliche Antworten darauf sind im folgenden Schema dargestellt.

## Überlegungen zum ersten Teil der Themafrage – Welche Ursachen sind für den Bewegungsmangel bei Kindern verantwortlich?

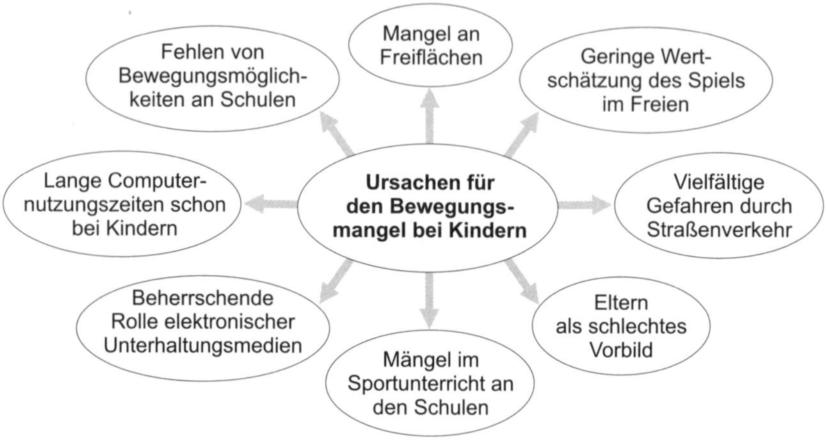


## Überlegungen zum zweiten Teil der Themafrage – Mit welchen Maßnahmen kann man diesem Problem begegnen?

Auch die Frage nach den Maßnahmen setzt bei den Verursachern mangelnder Bewegungsaktivität an. Frage dich, was Eltern, Schulen und diejenigen, die für Stadt- und Verkehrsplanung zuständig sind, verbessern können.

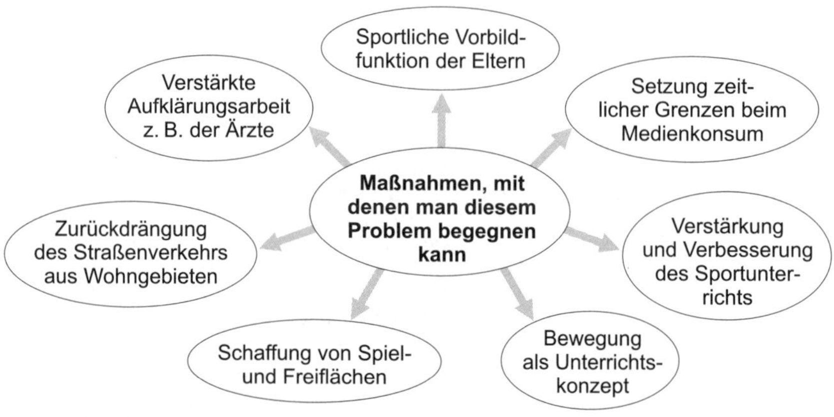


## Überlegungen für den Schlussgedanken

Mit folgenden Leitgedanken könntest du deine Erörterung sinnvoll abrunden:

- Darstellung der eigenen Einstellung gegenüber Sport und Bewegung
- Herausarbeitung der positiven Folgen von körperlicher Aktivität
- Darstellung deines eigenen Verhaltens

**Gliederungsvorschlag**

**A. Die Folgen von Bewegungsmangel bei Kindern reichen von mangelhafter körperlicher Fitness über Haltungsschäden bis hin zu geringerer geistiger Leistungsfähigkeit**

**B. Welche Ursachen sind für den Bewegungsmangel bei Kindern verantwortlich? Mit welchen Maßnahmen kann man diesem Problem begegnen?**

**1 Ursachen für den Bewegungsmangel bei Kindern**

1.1 Fehlen von Bewegungsmöglichkeiten an Schulen
1.2 Mangel an Freiflächen
1.3 Vielfältige Gefahren durch den Straßenverkehr
1.4 Geringe Wertschätzung des Spiels im Freien
1.5 Eltern als schlechtes Vorbild
1.6 Mängel im Sportunterricht an den Schulen
1.7 Beherrschende Rolle elektronischer Unterhaltungsmedien
1.8 Lange Computernutzungszeiten schon bei Kindern

**2 Maßnahmen, diesem Problem zu begegnen**

2.1 Verstärkte Aufklärungsarbeit z. B. der Ärzte
2.2 Bewegung als Unterrichtskonzept
2.3 Sportliche Vorbildfunktion der Eltern
2.4 Setzung zeitlicher Grenzen beim Medienkonsum
2.5 Verstärkung und Verbesserung des Sportunterrichts
2.6 Schaffung von Spiel- und Freiflächen
2.7 Zurückdrängung des Straßenverkehrs aus Wohngebieten

**C. In meinem direkten Wohnumfeld gibt es keine Freiflächen zum Spielen und die Straßen eignen sich ebenso wenig für Spiel und Bewegung, da sie voller parkender Autos sind**

## 2012/6 Der Ausbau erneuerbarer Energien schreitet voran. Erörtern Sie Vorteile dieser Entwicklung. Welche Einwände können dagegen erhoben werden?

### Hinweise zur Erschließung des Themas

Der Themabegriff dieser materialgestützten Erörterung ist „erneuerbare Energien", also z. B. Sonnenenergie, Wind- und Wasserkraft sowie Energie aus Biomasse. Eingeschränkt wird der Themabegriff mit dem Gesichtspunkt des „voranschreitenden Ausbaus". Präzisiert wird die Aufgabenstellung durch eine Erörterung der Vorteile und die Frage nach Einwänden gegen den Ausbau erneuerbarer Energieträger.
Die Auseinandersetzung mit dem vorgegebenen Material steht am Anfang deiner Arbeit und ist ein wesentlicher Teil der Stoffsammlung. Dabei ist es wichtig zu überlegen, welche Informationen du für welchen Bereich deines Aufsatzes verwenden kannst. Konkret heißt das: Welche Materialvorgaben enthalten Argumente, was kannst du daraus zur Veranschaulichung deiner Argumente verwenden, welche Informationen können in die Einleitung oder den Schluss einfließen? Da es sich bei den Materialien auch um Textauszüge handelt, ist es sinnvoll, wichtige Aussagen zu markieren und dazu zu notieren, wie du sie im Aufsatz verwenden möchtest. Ein zweiter Teil der Stoffsammlung besteht dann in Überlegungen, ob sich für dich aus dem vorliegenden Informationsmaterial weitere Argumente ergeben bzw. ob du selbst weitere Gesichtspunkte weißt, z. B. aus dem Unterricht oder aufgrund aktueller Ereignisse oder Diskussionen in den Medien.

| | |
|---|---|
| **Themabegriff** | erneuerbare Energien (= Energieträger) |
| **Einschränkung** | voranschreitender Ausbau |
| **Präzisierung** | Vorteile und mögliche Einwände dagegen |
| **Erörterungsauftrag** zweigliedrig | 1. Welche Vorteile bringt der voranschreitende Ausbau erneuerbarer Energieträger?<br>2. Welche möglichen Einwände können erhoben werden? |

### Stoffsammlung und Strukturierung

### Überlegungen zur Einleitung

Du überprüfst das Material auf seine Verwendbarkeit für einen sinnvollen Einleitungsgedanken oder greifst auf eigenes Wissen zu dieser Thematik zurück. Es ist auch eine Kombination aus mehreren Materialaussagen möglich.
Welche Einleitungs- oder Schlussgedanken kann ich aus dem Material gewinnen?

- Definition des Begriffs „erneuerbare Energieträger" und Abgrenzung zu herkömmlichen Energieträgern (M 1, M 6)
- Aktuelle oder zukünftige Umweltkatastrophen als Ausgangspunkt für deine Überlegungen (M 2, M 3)
- Überblick über die Anteile verschiedener Energieträger an der Energieversorgung in Deutschland (M 1)
- Aktuelles „Internationales Jahr der erneuerbaren Energien für alle" (M 5)
- Der Aspekt möglicher zukünftiger Klimaflüchtlinge, die aufgrund des Klimawandels ihre Heimat verlassen müssen (M 2)
- Mögliche Kriege und Konflikte um Energieträger wie zum Beispiel Öl (M 5)

Eine Nutzung der übrigen Schlagzeilen in Material 5 eignet sich weniger, da hier die Gefahr besteht, Argumente vorwegzunehmen. Natürlich brauchst du nicht auf diese Ideen zurückgreifen, wenn du selbst einen guten Einleitungsgedanken hast. Achte aber darauf, nicht schon hier auf die Vorteile oder die Einwände einzugehen.

**Mögliche Einleitungs- bzw. Schlussgedanken aufgrund deines eigenen Wissens**

- Aktuelle Diskussion um den Ausstieg aus der Kernenergienutzung in Deutschland bzw. die Diskussion um die Energiewende
- Atomkatastrophe von Fukushima im März 2011
- Unterrichtliches Wissen, persönliche Erfahrungen zum Thema erneuerbare Energien, z. B. Nutzung zu Hause

**Überlegungen zum Hauptteil**

Bei der Auswertung des Materials ist darauf zu achten, dass du aus mehreren Materialien Hinweise für zusätzliche Argumente ableiten kannst. Ein Beispiel hierfür ist Material 3. Hier geht es um die Risiken der Ölförderung aus immer größeren Tiefen im Meeresboden. Es findet sich aber auch ein Hinweis auf die Begrenztheit dieses fossilen Energieträgers („... noch die letzten Barrel Öl zu entreißen"). Dies ist in der folgenden Übersicht jeweils durch den Zusatz „aus" gekennzeichnet.

**Überlegungen zum ersten Teil der Themafrage –**
**Welche Vorteile bringt der voranschreitende Ausbau erneuerbarer Energieträger?**

| | |
|---|---|
| **Vorteile des weiteren Ausbaus erneuerbarer Energien** | – Verbesserung des Natur- und Umweltschutzes (M 2, 3, 8)<br>– Verbesserung des Klimaschutzes (aus M 2, 8)<br>– Imagegewinn für Deutschland (M 8)<br>– Verringerung der Gefahren der Kernkraft (aus M 7)<br>– Verringerung der Abhängigkeit von begrenzten fossilen Energieträgern (aus M 3, 8)<br>– Stärkung der heimischen Industrie (M 8)<br>– Zusätzliche Einnahmen für Landkreise und Gemeinden (M 8)<br>– Langfristig niedrige Strompreise (M 8)<br>– Schaffung von Arbeitsplätzen (M 5, 8)<br>– Stärkung der Nachhaltigkeit (aus M 6 und 8) |

**Überlegungen zum zweiten Teil der Themafrage –**
**Welche möglichen Einwände können erhoben werden?**

Die Basis, die hier das Material bietet, ist weniger breit angelegt, da es wohl in der Natur der Sache liegt, dass es weit weniger Nachteile gibt. Möglicherweise hilft dir dein eigenes Wissen weiter, z. B. wenn du an die Meldungen denkst, dass Windkraftanlagen für Vögel zu einer tödlichen Gefahr werden können.

**Aus dem Material kannst du folgende Argumente ableiten:**

- Hohe finanzielle Belastung der Verbraucher durch den Ausbau (M 5)
- Zerstörung und Verschandelung der Landschaft (M 4, M 7)
- Umweltprobleme bei der Produktion und Entsorgung (M 5)
- Negative Auswirkungen auf den Menschen, z. B. Lärmbelästigung (M 7)

**Gliederungsvorschlag**

**A. Bei der Stromerzeugung erreichten im Jahr 2011 erneuerbare Energieträger bereits einen Anteil von 20 %**

**B. Welche Vorteile bringt der voranschreitende Ausbau erneuerbarer Energieträger? Welche möglichen Einwände können erhoben werden?**

**1 Vorteile des weiteren Ausbaus erneuerbarer Energieträger**

1.1 Imagegewinn für Deutschland
1.2 Stärkung der Nachhaltigkeit
1.3 Verbesserung des Natur- und Umweltschutzes
1.4 Zusätzliche Einnahmen für Landkreise und Gemeinden
1.5 Verbesserung des Klimaschutzes
1.6 Stärkung der heimischen Industrie
1.7 Schaffung von Arbeitsplätzen
1.8 Verringerung der Gefahren der Kernkraft
1.9 Verringerung der Abhängigkeit von begrenzten fossilen Energieträgern
1.10 Langfristig niedrigere Strompreise

**2 Mögliche Einwände gegen den weiteren Ausbau**

2.1 Umweltprobleme bei der Produktion und Entsorgung
2.2 Gefährdung der Tierwelt
2.3 Zerstörung und Verschandelung der Landschaft
2.4 Hohe finanzielle Belastung der Verbraucher durch den Ausbau
2.5 Negative Auswirkungen auf den Menschen

**C. Die Gefahren, die sich aus dem Klimawandel ergeben können, und die Begrenztheit der Erdölvorräte erlauben keinen Verzicht auf den weiteren Ausbau erneuerbarer Energien**

**Abschlussprüfung 2012 an Realschulen: Deutsch**
**Aufgabengruppe B: Textgebundener Aufsatz**

## Aufgabe 7

### Bertolt Brecht: Die unwürdige Greisin (1939)

Meine Großmutter war zweiundsiebzig Jahre alt, als mein Großvater starb. Er hatte eine kleine Lithografenanstalt in einem badischen Städtchen und arbeitete darin mit zwei, drei Gehilfen bis zu seinem Tod. Meine Großmutter besorgte ohne Magd den Haushalt, betreute das alte, wacklige Haus und kochte für die Mannsleute und Kinder.
Sie war eine kleine magere Frau mit lebhaften Eidechsenaugen, aber langsamer Sprechweise. Mit recht kärglichen Mitteln hatte sie fünf Kinder großgezogen – von den sieben, die sie geboren hatte. Davon war sie mit den Jahren kleiner geworden. Von den Kindern gingen die zwei Mädchen nach Amerika, und zwei der Söhne zogen ebenfalls weg. Nur der Jüngste, der eine schwache Gesundheit hatte, blieb im Städtchen. Er wurde Buchdrucker und legte sich eine viel zu große Familie zu.
So war sie allein im Haus, als mein Großvater gestorben war. Die Kinder schrieben sich Briefe über das Problem, was mit ihr zu geschehen hätte. Einer konnte ihr bei sich ein Heim anbieten, und der Buchdrucker wollte mit den Seinen zu ihr ins Haus ziehen. Aber die Greisin verhielt sich abweisend zu den Vorschlägen und wollte nur [...] eine kleine geldliche Unterstützung annehmen. [...] Die Kinder schrieben ihr, sie könne doch nicht ganz allein leben, aber als sie darauf überhaupt nicht einging, gaben sie nach und schickten ihr monatlich ein bisschen Geld. Schließlich, dachten sie, war ja der Buchdrucker im Städtchen geblieben. Der Buchdrucker übernahm es auch, seinen Geschwistern mitunter über die Mutter zu berichten. [...]
Auf eine schriftliche Anfrage meines Vaters, was die alte Frau denn jetzt so mache, antwortete er ziemlich kurz, sie besuche das Kino. Man muss verstehen, dass das nichts Gewöhnliches war, jedenfalls nicht in den Augen ihrer Kinder. Das Kino war vor dreißig Jahren noch nicht, was es heute ist. Es handelte sich um elende, schlecht gelüftete Lokale, oft in alten Kegelbahnen eingerichtet, mit schreienden Plakaten vor dem Eingang, auf denen Morde und Tragödien der Leidenschaft angezeigt waren, eigentlich gingen nur Halbwüchsige hin oder, des Dunkels wegen, Liebespaare. Eine einzelne alte Frau musste dort sicher auffallen.
Und so war noch eine andere Seite dieses Kinobesuchs zu bedenken. Der Eintritt war gewiss billig, da aber das Vergnügen ungefähr unter den Schleckereien rangierte, bedeutete es „hinausgeworfenes Geld". Und Geld hinauszuwerfen, war nicht respektabel.
Dazu kam, dass meine Großmutter nicht nur mit ihrem Sohn am Ort keinen regelmäßigen Verkehr pflegte, sondern auch sonst niemanden von ihren Bekannten besuchte oder einlud. Sie ging niemals zu den Kaffeegesellschaften des Städtchens. Dafür besuchte sie häufig die Werkstatt eines Flickschusters in einem armen und sogar etwas verrufenen Gässchen, in der, besonders nachmittags, allerlei nicht besonders respektable Existenzen herumsaßen, stellungslose Kellnerinnen und Handwerksburschen. Der Flickschuster war ein Mann in mittleren Jahren, der in der ganzen Welt herumgekommen war, ohne es zu etwas gebracht zu haben. Es hieß auch, dass er trank. Er war jedenfalls kein Verkehr für meine Großmutter. [...]
Etwa ein halbes Jahr nach dem Tod des Großvaters schrieb der Buchdrucker meinem Vater, dass die Mutter jetzt jeden zweiten Tag im Gasthof esse. Was für eine Nachricht! Großmutter, die Zeit ihres Lebens für ein Dutzend Menschen gekocht und immer nur die Reste aufgegessen hatte, aß jetzt im Gasthof! Was war in sie gefahren?
Bald darauf führte meinen Vater eine Geschäftsreise in die Nähe, und er besuchte seine Mutter. Er traf sie im Begriffe, auszugehen. Sie nahm den Hut wieder ab und setzte ihm ein Glas Rotwein mit Zwieback vor. [...] Das Einzige, was auf ihr neues Leben hindeutete, war,

dass sie nicht mit meinem Vater auf den Gottesacker gehen wollte, das Grab ihres Mannes zu besuchen. „Du kannst allein hingehen“, sagte sie beiläufig, „es ist das dritte von links in der elften Reihe. Ich muss noch wohin.“ Der Buchdrucker erklärte nachher, dass sie wahrscheinlich zu ihrem Flickschuster musste. [...]
Aber sie schien mit ihrem Familienleben abgeschlossen zu haben und neue Wege zu gehen, jetzt, wo ihr Leben sich neigte. Mein Vater, der eine gute Portion Humor besaß, fand sie „ganz munter“ und sagte meinem Onkel, er solle die alte Frau machen lassen, was sie wolle. Aber was wollte sie?
Das Nächste, was berichtet wurde, war, dass sie eine Bregg bestellt hatte und nach einem Ausflugsort gefahren war, an einem gewöhnlichen Donnerstag. [...] Einige wenige Male, wenn wir Enkelkinder zu Besuch gekommen waren, hatte Großvater die Bregg gemietet. Großmutter war immer zu Hause geblieben. Sie hatte es mit einer wegwerfenden Handbewegung abgelehnt, mitzukommen.
Und nach der Bregg kam die Reise nach K., einer größeren Stadt, etwa zwei Eisenbahnstunden entfernt. Dort war ein Pferderennen, und zu dem Pferderennen fuhr meine Großmutter. Der Buchdrucker war jetzt durch und durch alarmiert. Er wollte einen Arzt hinzugezogen haben. Mein Vater schüttelte den Kopf, als er den Brief las, lehnte aber die Hinzuziehung eines Arztes ab.
Nach K. war meine Großmutter nicht allein gefahren. Sie hatte ein junges Mädchen mitgenommen, eine halb Schwachsinnige, wie der Buchdrucker schrieb, das Küchenmädchen des Gasthofs, in dem die Greisin jeden zweiten Tag speiste. Dieser „Krüppel“ spielte von jetzt an eine Rolle.
Meine Großmutter schien einen Narren an ihr gefressen zu haben. Sie nahm sie mit ins Kino und zum Flickschuster, der sich übrigens als Sozialdemokrat herausgestellt hatte, und es ging das Gerücht, dass die beiden Frauen bei einem Glas Rotwein in der Küche Karten spielten. „Sie hat dem Krüppel jetzt einen Hut gekauft mit Rosen drauf“, schrieb der Buchdrucker verzweifelt. „Und unsere Anna hat kein Kommunionskleid!“
Die Briefe meines Onkels wurden ganz hysterisch, handelten nur von der „unwürdigen Aufführung unserer lieben Mutter“ und gaben sonst nichts mehr her. Das Weitere habe ich von meinem Vater.
Der Gastwirt hatte ihm mit Augenzwinkern zugeraunt: „Frau B. amüsiert sich ja jetzt, wie man hört.“
In Wirklichkeit lebte meine Großmutter auch diese letzten Jahre keinesfalls üppig. Wenn sie nicht im Gasthof aß, nahm sie meist nur ein wenig Eierspeise zu sich, etwas Kaffee und vor allem ihren geliebten Zwieback. [...] Genau betrachtet, lebte sie hintereinander zwei Leben. Das eine, erste, als Tochter, als Frau und als Mutter und das zweite einfach als Frau B., eine alleinstehende Person ohne Verpflichtungen und mit bescheidenen, aber ausreichenden Mitteln. Das erste Leben dauerte etwa sechs Jahrzehnte, das zweite nicht mehr als zwei Jahre. [...] Sie starb ganz unvermittelt, an einem Herbstnachmittag in ihrem Schlafzimmer, aber nicht im Bett, sondern auf dem Holzstuhl am Fenster. Sie hatte den „Krüppel“ für den Abend ins Kino eingeladen, und so war das Mädchen bei ihr, als sie starb. Sie war vierundsiebzig Jahre alt.
Ich habe eine Fotografie von ihr gesehen, die sie auf dem Totenbett zeigt und die für die Kinder angefertigt worden war. Man sieht ein winziges Gesichtchen mit vielen Falten und einem schmallippigen, aber breiten Mund. Viel Kleines, aber nichts Kleinliches. Sie hatte die langen Jahre der Knechtschaft und die kurzen Jahre der Freiheit ausgekostet und das Brot des Lebens aufgezehrt bis auf die letzten Brosamen.

*Textquelle: Bertolt Brecht: Kalendergeschichten. Gebrüder Weiss Verlag, Berlin 1949.*
*Der Originaltext wurde zu Prüfungszwecken gekürzt und an die neue Rechtschreibung angepasst.*

**Anmerkungen:** Lithografenanstalt (Z. 2): Druckerei; Flickschuster (Z. 34): repariert und bessert Schuhe aus; Gottesacker (Z. 46): Friedhof; Bregg (Z. 54): großes, hochrädriges Pferdegefährt; Brosamen (Z. 92): Brotkrümel

**Aufgabenstellung**

Lesen Sie den Text sorgfältig durch und bearbeiten Sie dann die folgenden Aufgaben.
Bei Nummer 5 können Sie a <u>oder</u> b wählen.

1. Fassen Sie den Inhalt des Textes mit eigenen Worten zusammen.
2. Charakterisieren Sie die Großmutter und gehen Sie dabei auf deren „zwei Leben" ein.
3. Untersuchen Sie die sprachliche Gestaltung des Textes.
4. Welche Absichten könnte Bertolt Brecht mit dieser Erzählung verfolgt haben? Berücksichtigen Sie dabei auch den Titel der Erzählung.
5. a) 2012 ist das „Europäische Jahr des aktiven Alterns und der Solidarität zwischen den Generationen". Wie können Sie dazu beitragen, das Verhältnis zwischen Jung und Alt zu verbessern?

   <u>oder</u>

   b) „Mein Vater, der eine gute Portion Humor besaß, fand sie ‚ganz munter' und sagte meinem Onkel, er solle die alte Frau machen lassen, was sie wolle." (Z. 51 ff.) Verfassen Sie einen Dialog zwischen den Brüdern.

---

## 2012/7 „Die unwürdige Greisin" von Bertolt Brecht

**Mögliche Gliederung**

**A. Eine alte Frau nimmt sich die Freiheit, nach dem Tod ihres Mannes ihr Leben nach ihren Vorstellungen und gegen gesellschaftliche Erwartungen zu leben**

**B. Auseinandersetzung mit dem Text „Die unwürdige Greisin" und weiterführende Aufgabe**

**1 Inhaltszusammenfassung mit eigenen Worten**

**2 Charakterisierung der Großmutter unter Berücksichtigung ihrer „zwei Leben"**

**3 Sprache des Textes**

3.1 Wortwahl
3.2 Satzbau
3.3 Stil

**4 Absichten des Autors unter Berücksichtigung des Titels**

**5 Argumentation: Wie kann ich dazu beitragen, das Verhältnis zwischen Jung und Alt zu verbessern?**

<u>oder:</u>

**5 Dialog: Die beiden Brüder unterhalten sich über das Verhalten ihrer Mutter**

**C. Junge und ältere Generation können viel voneinander lernen**

## Notizen und Lösungshinweise zu den einzelnen Bereichen der Gliederung

### Einleitung A.

- Thematik des Textes/Quelle:
  Eine alte Frau nimmt sich die Freiheit, nach dem Tod ihres Mannes ihr Leben nach ihren Wünschen zu gestalten. Viele Jahrzehnte lebte sie nur für die Familie und den Haushalt, nun nimmt sie sich die Freiheit, ihr neues Leben etwas zu genießen, und kümmert sich dabei nicht um die Vorstellungen anderer. Die Erzählung stammt von Bertolt Brecht und ist den „Kalendergeschichten“ entnommen, die 1949 erschienen sind.

oder:

- eigenständige Hinführung zur Thematik des Textes z. B.
  - wie man sich die Gestaltung des Lebens im Alter vorstellt (Erfüllung eigener Bedürfnisse, Stellenwert der Arbeit usw.) oder dass man im Alter sein Leben aktiv gestalten kann (Sport, Reisen, Kultur, Familie usw.)
  - von der Tatsache ausgehen, dass die Menschen in Deutschland immer älter werden, länger gesund bleiben und so als „junge Alte“ diesen Lebensabschnitt nach eigenen Vorstellungen gestalten können, da sie in der Regel auch durch ihre Rente gut finanziell abgesichert sind
  - Aussagen zum Zusammenleben von Jung und Alt (gegenseitiges Profitieren usw.)

  Deine Gedanken verknüpfst du mit einigen Angaben zum vorliegenden Text (Thematik, Autor, Quelle).

### Inhaltszusammenfassung und Textaufbau B. 1

- Großmutter des Erzählers ist 72 Jahre alt, als der Großvater stirbt. Sie hat sich ihr gesamtes Leben für Haushalt und Familie aufgeopfert.
- lebt auf eigenen Wunsch alleine, nimmt nur finanzielle Unterstützung der Kinder an
- leistet sich bescheidene Vergnügungen und baut Kontakte zu eher „zweifelhaften“ Menschen auf
- die Kinder, besonders der jüngste Sohn, sind empört, verstehen nicht, dass sich die Mutter nun auch etwas gönnt
- Vater des Ich-Erzählers gewinnt den Eindruck, dass sie mit dem Familienleben völlig abgeschlossen habe
- Großmutter ist aktiv und unternehmungslustig, kümmert sich um ein vom Sohn als „schwachsinnig“ bezeichnetes Küchenmädchen und macht diesem Geschenke
- überraschend stirbt die Großmutter nach zwei Jahren, nur das Küchenmädchen ist bei ihr
- aus dem Gesicht der toten Großmutter sind die vielfältigen Erfahrungen ihres Lebens abzulesen

### Charakterisierung der Großmutter unter Berücksichtigung ihrer „zwei Leben“ 2

Die beiden Leben werden am Ende der Erzählung in Zeile 91 benannt, nämlich die „Jahre der Knechtschaft“ und die „Jahre der Freiheit“. Dabei soll vor allem die Gegensätzlichkeit der Charakterzüge der alten Frau in ihren zwei Leben herausgearbeitet werden.

Erstes Leben: Jahre der Knechtschaft:

- Leben nur für die Familie, versorgt alleine den Haushalt (vgl. Z. 3 f.)
- viel erduldend: hat den Verlust zweier Kinder zu ertragen und die Auswanderung bzw. den Wegzug von vier der fünf verbliebenen (Z. 6 f., 8)
- genügsam und sparsam: klagt nicht über die knappen Mittel, lehnt Vergnügungen ab, isst die Reste: „Mit recht kärglichen Mitteln“ (Z. 6), „Großmutter war immer zu Hause geblieben“ (Z. 57), „Großmutter, die Zeit ihres Lebens für ein Dutzend Menschen gekocht und immer nur die Reste aufgegessen hatte […]“ (Z. 41 f.)

Zweites Leben: Jahre der Freiheit:
- eigenwillig, entscheidet frei nach ihren Bedürfnissen: Sie baut soziale Kontakte zu nicht standesgemäßen Menschen auf und nimmt nicht an Veranstaltungen teil, die sich für sie gehören würden. Sie widersetzt sich Erwartungen: „Sie ging niemals zu den Kaffeegesellschaften des Städtchens." (Z. 33 ff.), „[...] aber als sie darauf überhaupt nicht einging [...]" (Z. 16), „‚Du kannst allein hingehen' [...]" (Z. 47)
- achtet nicht auf Äußerliches und gesellschaftliche Übereinkünfte (Z. 22 ff., 35 f., 38 f.)
- unternehmungslustig, die Freiheit genießend: Kino (Z. 20 ff.), Essen im Gasthof (Z. 40 ff.), Kutschfahrt (Z. 54 ff.), Pferderennen (Z. 59 ff.) usw.
- hilfsbereit, sozial engagiert: kümmert sich um ein benachteiligtes Küchenmädchen (Z. 71 ff.)
- Sie stellt ihre Bedürfnisse in den Mittelpunkt, ohne verschwenderisch zu sein: „In Wirklichkeit lebte meine Großmutter auch diese letzten Jahre keinesfalls üppig. [...]" (Z. 78 ff.)

**Sprache des Textes** 3

**Wortwahl** 3.1
- veraltete, zum Teil umgangssprachliche Ausdrücke: „Lithografenanstalt" (Z. 2), „Mannsleute" (Z. 4), „Schleckereien" (Z. 29), „Flickschuster" (Z. 34, 36), „Gottesacker" (Z. 46), „Krüppel" (u. a. Z. 66) usw.: lebensnahe und authentische Darstellung
- einige Verkleinerungen (Diminutive): „Städtchen" (Z. 2, 33), „Gässchen" (Z. 34), „Gesichtchen" (Z. 89): Hinweis auf kleinstädtische Atmosphäre
- anschauliche Adjektive und Partizipien: „wacklige" (Z. 4), „magere" (Z. 5), „elende, schlecht gelüftete" (Z. 23), „schreienden" (Z. 24), „hinausgeworfenes" (Z. 30) usw.: genaue, anschauliche, lebendige Beschreibung
- Fremdwörter: „rangierte" (Z. 29), „respektabel" (Z. 30, 35), „Existenzen" (Z. 35), „hysterisch" (Z. 73), „amüsiert" (Z. 76): Kritik an spießiger Einstellung der Menschen, ironische Wirkung im Gegensatz zum sonst einfachen Erzählstil
- (Berufs-)Bezeichnungen anstelle von Namen: „Buchdrucker" (Z. 13, 17 f. usw.), „Flickschuster" (Z. 34, 36, 49), „Krüppel" (Z. 66, 71, 86) usw.
- „Großmutter", „Großvater", „Kinder", „Mutter" (u. a. Z. 1, 11, 19 usw.): oberflächliche Beschreibung der Personen, indem sie auf ein Rollenmerkmal reduziert werden
- abwertende Wortwahl: „halb Schwachsinnige" (Z. 65), „Krüppel" (Z. 66, 71, 86): Merkmal menschenverachtender Einstellung und Kritik daran
- Redewendung: „... einen Narren an ihr gefressen" (Z. 68): Verstärkung des volkstümlichen Charakters
- Metapher: „Brot des Lebens aufgezehrt ..." (Z. 92): Bild für die Lebenseinstellung der Großmutter

**Satzbau** 3.2
- zum Teil lange verschachtelte Sätze: (z. B. Z. 23 ff., 33 ff.): Darstellung vielschichtiger Zusammenhänge
- gleichordnende Einleitung von Sätzen: „Aber ..." (z. B. Z. 13, 16), „Dafür besuchte sie ..." (Z. 33), häufige Verwendung der Konjunktion „und" auch am Satzanfang (Z. 28, 30, 59, 72): mündlicher Erzählstil
- Ausrufe: „Was für eine Nachricht!" (Z. 40), „[...] aß jetzt im Gasthof!" (Z. 42), „Und unsere Anna hat kein Kommunionskleid!" (Z. 72): Darstellung der Empörung, wirkt ironisch
- Fragesätze und rhetorische Fragen: „Was war in sie gefahren?" (Z. 42), „Aber was wollte sie?" (Z. 53): Miteinbeziehung des Lesers, scheinbare Übernahme der Empörung über das Verhalten
- wörtliche Rede: z. B. Z. 47 ff., Z. 71 ff.: Herstellung eines direkten Bezugs zu den Personen und Darstellung ihres Charakters

**Stil** 3.3

- über weite Strecken mündlichen Erzählstil nachahmend
- ohne Anspruch auf Genauigkeit (keine Namen)
- wertende Aussagen: z. B. „[…] legte sich eine viel zu große Familie zu.“ (Z. 10)
- einfache, aber anschauliche Sprache

**Absichten des Autors unter Berücksichtigung des Titels** 4

- Kritik an festgefügten Rollenerwartungen und gesellschaftlichen Werten: Das Kino wird als ungebührend empfunden, der Umgang mit dem Flickschuster schickt sich nicht, zudem hat er eine unpassende politische Einstellung („Sozialdemokrat“, Z. 69).
- Aufforderung, Veränderungen und unangepasstes Verhalten zu tolerieren: Das Mieten der Kutsche (Z. 54), Pferderennen und Zugfahrt nach K. (Z. 59 ff.), Rotwein trinken und Karten spielen (Z. 70 f.) erscheinen wenig schockierend
- Kritik an der sogenannten „besseren“ Gesellschaft, die festlegt, was „sich gehört“: Der Sohn findet die Bekannten seiner Mutter nicht akzeptabel: „Er war jedenfalls kein Verkehr für meine Großmutter.“ (Z. 38 f.) Zudem besucht sie keine Kaffeegesellschaften (Z. 33), was sich aber „gehören“ würde.
- Kritik an Gedankenlosigkeit im Umgang miteinander: Die Familie erwartet, dass sich die alte Frau weiterhin zurücknimmt, und ist empört, als diese ihr Geld nach eigenen Vorstellungen ausgibt und ihre Bedürfnisse lebt.
- Die Überschrift führt den Leser in die Irre, da sich der Titel im Nachhinein als ironisch erweist, denn die Greisin gestaltet ihr Leben durchaus würdig.

**Weiterführende Aufgabe: Argumentation: Wie kann ich dazu beitragen, das Verhältnis zwischen Jung und Alt zu verbessern?** 5

***Hinweis:*** *Zur Bearbeitung dieser Aufgabenstellung gehst du genauso vor wie bei einer Erörterung, da diese weiterführende Aufgabe die gleichen Anforderungen stellt. Nach einer genauen Themaanalyse machst du eine kurze Stoffsammlung und suchst dir drei Argumente aus, die dir am wichtigsten erscheinen. In der Regel dürften drei ausführlich veranschaulichte Argumente (mit Begründung, Beispiel und eventuell Folge/Wirkung) genügen. Die Sprache ist sachlich zu halten. Verknüpfe deine Argumente sprachlich miteinander.*

Mögliche Stichworte für die Stoffsammlung:

| | |
|---|---|
| – Hilfe im Alltag | – Betreuung im Krankheitsfall |
| – Kontaktpflege durch Besuche | – Verständnis für die Probleme alter Menschen |
| – Bereitschaft, ihnen zuzuhören | – Miteinbeziehung in Freizeitaktivitäten |

*Beispiel für ein ausformuliertes Argument:*
Eine sehr naheliegende Möglichkeit, das Verhältnis zwischen Jung und Alt zu verbessern, ist es, Hilfe im Alltag anzubieten. Für nicht wenige ältere Menschen sind verschiedene Tätigkeiten im Haushalt nur mit Mühe zu erledigen. Es bietet sich beispielsweise für junge Menschen an, den Großeltern oder bekannten Senioren beim Einkaufen zu helfen oder bei schwereren Haushaltstätigkeiten, zum Beispiel beim Wäsche aufhängen, behilflich zu sein. Auch Hilfe bei der Gartenarbeit ist sicherlich gern gesehen. Zudem könnte die junge Generation dazu beitragen, dass alte Menschen mit den technischen Neuerungen besser zurechtkommen und zum Beispiel lernen, mit einem Mobiltelefon umzugehen, das im Notfall wichtig sein kann, um Hilfe holen zu können. Ein bedeutender Nebeneffekt einer solchen Hilfe ist auch, dass man wieder mehr zueinander in Kontakt kommt, mehr miteinander spricht und so auch als junger Mensch von den Erfahrungen der älteren Generation profitieren kann.
oder:

**Weiterführende Aufgabe: Dialog: Die beiden Brüder unterhalten sich über das Verhalten ihrer Mutter** 5

*Hinweis:* *Bei dieser Aufgabe hast du mehr Freiheiten bei der inhaltlichen und sprachlichen Gestaltung. Dennoch musst du Folgendes berücksichtigen:*
*Ein Dialog ist ein Gespräch zwischen zwei Menschen. In diesem Fall geht es um ein Gespräch zwischen zwei Figuren aus dem Ursprungstext. Dazu ist es nötig, dass du die Ausgangssituation beider Personen genau klärst und dir überlegst, in welcher Stimmung sie sich befinden und was sie erreichen möchten. Beide können sich z. B. über ihre Situation unterhalten oder nach Lösungen suchen. Auf jeden Fall muss der Inhalt des Gesprächs genau zur Situation passen, die der Text vorgibt. Als Zeitstufe verwendest du in der Regel das Präsens.*
*Bei der sprachlichen Gestaltung der Dialogbeiträge greifst du den Stil auf, der im Ursprungstext verwendet wird, bzw. formulierst so, dass die Sprache der Gesprächspartner angemessen ist (z. B. passend zu Alter, Beruf, Bildung, Gefühlslage der Figuren; zur Zeit, in der die Geschichte spielt). Die Aussagen orientieren sich am mündlichen Sprachgebrauch. Dazu gehören Fragen, Ausrufe, unvollständige Sätze, verkürzte Sätze, Unterbrechungen usw. Bei einem Dialog kannst du an wichtigen Stellen Regieanweisungen (wie jemand spricht, wie sich jemand bewegt, was jemand in dem Augenblick tut) in Klammern nach dem Namen des Sprechenden angeben.*

In einer Art Stoffsammlung wertest du den Text aus und hältst fest, wo etwas Grundlegendes über die beiden Brüder und ihre unterschiedlichen Positionen und Einstellungen zu ihrer Mutter zu finden ist.
Im vorliegenden Fall ist festzuhalten, dass der eine Bruder (der Buchdrucker) das Verhalten seiner Mutter schärfstens ablehnt und dass seine Briefe „ganz hysterisch“ werden und von der „unwürdigen Aufführung“ der Mutter berichten (vgl. z. B. Z. 73 ff.). Außerdem ist er verzweifelt über das Verhalten der Großmutter (Z. 72). Überhaupt kein Verständnis besitzt er auch dafür, wofür die alte Frau Geld ausgibt, zumal es bei seinem Kind nicht einmal für ein Kommunionkleid reicht (Z. 72).
Der andere Bruder besitzt nicht nur „eine gute Portion Humor“ (Z. 51), findet die Frau „ganz munter“ und rät dem Bruder, er solle sie machen lassen, was sie wolle (vgl. Z. 52 f.). Später ist auch er nicht mehr ganz einverstanden mit dem Verhalten der Mutter („Mein Vater schüttelte den Kopf […]“, Z. 62), aber er ist bei weitem nicht so hysterisch wie der Bruder.
Dies ist nun die Ausgangsbasis für deinen Dialog, wobei du auch darauf achten musst, dass du die Sprache der Vorlage anpasst, das heißt, dass sich die Brüder in einer etwas veralteten Sprache unterhalten. Das Geschehen spielt etwa 30 Jahre bevor Brecht die Erzählung schrieb.

**Ein ausformuliertes Beispiel findest du im folgenden Aufsatzbeispiel.**

**Schlussgedanke** C.
Dein Schlussgedanke sollte den Aufsatz abrunden und könnte auf folgenden Gedanken aufbauen:

- Beschreibung der Lebensgestaltung deiner Großeltern
- Möglichkeit, dass Jung und Alt viel voneinander lernen
- Begründete Beurteilung des Verhaltens der Großmutter in der Erzählung
- Bestehende Vorurteile gegenüber alten Menschen
- Kritik an gesellschaftlichen Konventionen, die die Freiheit des Einzelnen beschneiden

Du kannst auch deine begründete Meinung zu der vorliegenden Erzählung verfassen.

**Aufsatzbeispiel**
(Die Randbemerkungen sind nicht Teil des Aufsatzes, sie dienen nur deiner Orientierung.)

Eine alte Frau nimmt sich die Freiheit, nach dem Tod ihres Mannes ihr Leben nach ihren Wünschen zu gestalten. Viele Jahrzehnte lebte sie nur für die Familie und den Haushalt, nun nimmt sie sich die Freiheit, ihr neues Leben etwas zu genießen. Sie erlaubt sich kleine Vergnügungen wie Kinobesuche oder in den Gasthof essen zu gehen und kümmert sich nicht um die Vorstellungen anderer. Die Erzählung stammt von Bertolt Brecht und ist den „Kalendergeschichten" entnommen, die 1949 erschienen sind. A.

Die Großmutter des Erzählers ist 72 Jahre alt, als der Großvater stirbt. Sie hat sich ihr ganzes Leben für Haushalt und Familie aufgeopfert. Mit dem Tod ihres Mannes bleibt sie alleine zurück, da vier der Kinder aus der Heimatstadt weggezogen sind und auch der jüngste Sohn nicht im Elternhaus wohnt. Die Kinder wollen sich auf unterschiedliche Weise um sie kümmern, doch die alte Frau lehnt alle Vorschläge ab, will alleine bleiben und nur eine finanzielle Unterstützung annehmen. Die Großmutter leistet sich bescheidene Vergnügungen und baut Kontakte zu eher „zweifelhaften" Menschen auf. Die Kinder, besonders der jüngste Sohn, der die Geschwister über das Verhalten der Mutter in Briefen informiert, sind empört oder zumindest beunruhigt. Sie kommen nicht damit zurecht, dass sich ihre Mutter nun auch etwas gönnt. Ein Besuch des Vaters des Ich-Erzählers vermittelt den Eindruck, dass sie mit dem Familienleben völlig abgeschlossen habe. Die Großmutter ist weiterhin aktiv und unternehmungslustig und kümmert sich um ein vom Sohn als „schwachsinnig" bezeichnetes Küchenmädchen. Als sie diesem auch noch Geschenke macht, ist die Familie endgültig aufgebracht. Überraschend stirbt die Großmutter nach zwei Jahren. Keines ihrer Kinder ist bei ihr, nur das Küchenmädchen. Auf einem Foto, das die Frau auf dem Totenbett zeigt, kann der Erzähler aus ihrem Gesicht die vielfältigen und harten Erfahrungen ihres Lebens ablesen. B. 1

Die beiden Leben der Großmutter werden am Ende der Erzählung in Zeile 91 benannt, nämlich als „Jahre der Knechtschaft" und als „Jahre der Freiheit". Im Folgenden soll vor allem die Gegensätzlichkeit der Charakterzüge der alten Frau in ihren Lebensabschnitten herausgearbeitet werden. 2

Ihr erstes Leben dreht sich ausschließlich um die Familie. Sie versorgt alleine ohne eine Magd den Haushalt (vgl. Z. 3 f.). Darüber hinaus muss sie viel erdulden, beispielsweise den Tod zweier Kinder (vgl. Z. 6 f.) und die Auswanderung bzw. den Wegzug von vier der fünf verbliebenen (vgl. Z. 8 f.). Sie ist genügsam und sparsam, klagt nicht über die knappen Mittel (vgl. Z. 6) und isst immer nur die Reste, die von der Familie und den Druckereiangestellten übrig gelassen werden (vgl. Z. 41). Vergnügungen lehnt sie ab und bleibt immer zu Hause (vgl. Z. 57).

In ihrem zweiten Leben nach dem Tod ihres Ehemannes wird sie eigenwilliger und entscheidet frei nach ihren Bedürfnissen. Sie baut soziale Kontakte zu nicht standesgemäßen Menschen auf und nimmt nicht an Veranstaltungen teil, die sich für sie gehören würden. Sie widersetzt sich einer weiteren Vereinnahmung durch die Familie und scheint den Kontakt ganz zu meiden (vgl. Z. 13 f., 16 f.). Ihren Sohn schickt sie alleine auf den Friedhof zum Grab seines Vaters (vgl. Z. 47). Gesellschaftliche Erwartungen ignoriert sie: „Sie ging niemals zu den Kaffeegesellschaften des Städtchens." (Z. 33 ff.) Sie achtet nicht auf Äußerliches und gesellschaftliche Übereinkünfte. Weder ist der Flickschuster, mit dem sie sich regelmäßig trifft, ein gesellschaftlich akzeptierter Umgang für sie (vgl. Z. 38 f.), noch ist das Kino, das sie nun gerne besucht, ein Ort, an dem sich eine Frau wie sie aufhalten sollte (vgl. Z. 22 ff.). Sie setzt sich auch darüber hinweg, bestimmte verrufene Stadtviertel zu meiden (vgl. Z. 35 f.). Die Seniorin ist unternehmungslustig und genießt ihre Freiheit, indem sie ins Kino geht (vgl. Z. 20 ff.), jeden zweiten Tag im Gasthof isst (vgl. Z. 40 ff.), eine Kutschfahrt organisiert (vgl. Z. 54 ff.) oder zum Pferderennen fährt (vgl. Z. 59 ff.). Auch zeigt sie sich hilfsbereit und sozial engagiert, indem sie sich um ein benachteiligtes Küchenmädchen kümmert und dieses unter anderem ins Kino mitnimmt (vgl. Z. 71 f.). In diesem zweiten Lebensabschnitt stellt die alte Frau ihre Bedürfnisse in den Mittelpunkt, ohne verschwenderisch zu sein (vgl. Z. 78 ff.).

Mit der Beschreibung von Auffälligkeiten in der Wortwahl beginnt nun die sprachliche **3**
Analyse der Erzählung. Mit veralteten und zum Teil umgangssprachlichen Ausdrücken 3.1
(z. B. „Lithografenanstalt“ (Z. 2), „Mannsleute“ (Z. 4), „Schleckereien“ (Z. 29), „Flickschuster“ (Z. 34, 36), „Gottesacker“ (Z. 46)) wird eine lebensnahe und authentische Darstellung der kleinstädtischen Situation am Beginn des letzten Jahrhunderts erreicht. Ähnlich wirken auch einige Verkleinerungen, wie zum Beispiel „Städtchen“ (Z. 2, 33), „Gässchen“ (Z. 34), „Gesichtchen“ (Z. 89). Anschauliche Adjektive und Partizipien verstärken die genaue und lebendige Beschreibung der Lebensumstände der alten Frau. Belege hierfür sind Bezeichnungen wie „wacklige[s] Haus“ (Z. 4), „magere Frau“ (Z. 5), „elende, schlecht gelüftete Lokale“ (Z. 23), „schreienden Plakaten“ (Z. 24), „hinausgeworfenes Geld“ (Z. 30). Fremdwörter treten vor allem bei der Beurteilung des Verhaltens der Großmutter auf. Sie besitzen eine ironische Wirkung im Gegensatz zum ansonsten einfachen Erzählstil und könnten als Kritik an der spießigen Einstellung der Menschen interpretiert werden, indem sie Formulierungen der Gesellschaft aufgreifen („rangierte“, Z. 29; „respektabel“, Z. 30, 35; „Existenzen“, Z. 35; „hysterisch“, Z. 73; „amüsiert“, Z. 76).
Namen kommen in der Erzählung nicht vor. An ihre Stelle treten Berufs- und Verwandtschaftsbezeichnungen wie „Buchdrucker“ (Z. 13, 17, 18), „Flickschuster“ (Z. 34, 36, 49), „Großmutter“, „Großvater“, „Kinder“, „Mutter“ (unter anderem Z. 1, 11, 19 usw.). Dadurch werden die Personen recht oberflächlich beschrieben, indem sie auf ein Rollenmerkmal reduziert werden. Das Gleiche gilt für die abwertenden Bezeichnungen „Krüppel“ (Z. 66, 71, 86) und „halb Schwachsinnige“ (Z. 65), die zusätzlich noch als Beleg einer menschenverachtenden Haltung dienen und auch als Kritik daran zu verstehen sind. Die Redewendung „… einen Narren an ihr gefressen“ (Z. 68) verstärkt den volkstümlichen Charakter der Erzählung. Diese wird mit einer Metapher abgeschlossen („Brot des Lebens aufgezehrt …“, Z. 92), die ein starkes und anschauliches Bild der Lebenseinstellung der alten Frau entwirft.
Beim Satzbau fallen an mehreren Stellen (z. B. Z. 23 ff., 33 ff.) lange verschachtelte 3.2
Sätze auf, die zur Darstellung der vielschichtigen gesellschaftlichen Vorgaben dienen, etwa der Bewertung von Kinobesuchen oder des Besuchs „verrufener Gässchen“ (Z. 34). Die gleichordnende Einleitung von Sätzen mit den Konjunktionen „aber“ (z. B. Z. 13, 16) oder „dafür“ (Z. 33) und die häufige Verwendung von „und“ sind typisch für einen mündlichen Erzählstil. Dies ist erst recht der Fall, wenn die Konjunktion „und“ am Satzanfang steht, wie in den Zeilen 28, 30, 59 und 72. Einige Ausrufe („Was für eine Nachricht!“, Z. 40; „Und unsere Anna hat kein Kommunionskleid!“, Z. 72) sollen die Empörung der Verwandtschaft darstellen. Vor dem Hintergrund des Geschehens wirken sie ironisch. Fragesätze und rhetorische Fragen, zum Beispiel in den Zeilen 42 und 53, beziehen den Leser mit ein und wirken wie eine scheinbare Übernahme dieser Empörung durch den Erzähler. An einigen Stellen kommt schließlich wörtliche Rede zum Einsatz, wenn es darum geht, einen direkten Bezug zu den Personen herzustellen und ihren Charakter zu beschreiben. Dies geschieht bei der trockenen und distanzierten Schilderung der Lage der Grabstätte durch die alte Frau (vgl. Z. 47 ff.) oder im verzweifelten Brief des Buchdruckers an seine Geschwister (vgl. Z. 71 ff.).
Zusammenfassend ist festzustellen, dass der Text weitgehend von einem mündlichen 3.3
Erzählstil geprägt und in einfacher, aber anschaulicher Sprache verfasst ist. Bei den handelnden Personen wird auf genaue Angaben, z. B. Namen, verzichtet. An einigen Stellen werden wertende Aussagen getroffen, etwa wenn es heißt, dass sich der jüngste Sohn eine viel zu große Familie zugelegt habe (Z. 10).

Schließlich beschäftigt sich die Auseinandersetzung mit dem Text mit der Autorenabsicht unter Berücksichtigung des Titels der Erzählung. Zum einen wird hier Kritik an festgefügten Rollenerwartungen und gesellschaftlichen Regeln geübt. Das Kino wird als ungebührend empfunden, der Umgang mit dem Flickschuster, der eine offenbar unpassende politische Einstellung hat („Sozialdemokrat", Z. 69), schickt sich nicht. Somit ist die Erzählung auch eine Kritik an der sogenannten „besseren Gesellschaft", die festlegt, was „man" macht oder eben nicht. Der Sohn findet die neuen Bekannten seiner Mutter inakzeptabel (vgl. Z. 61 ff.). Die Mutter wiederum bricht den Kontakt zu ihren Bekannten ab und besucht auch keine „Kaffeegesellschaften" (vgl. Z. 31 ff.), was sich aber „gehören" würde. Der Text kann zudem auch als Aufforderung verstanden werden, gesellschaftliche Veränderungen und unangepasstes Verhalten zu tolerieren. Beispiele für solch „alarmierendes" (vgl. Z. 61) Verhalten sind das Mieten einer Kutsche (Z. 54), Pferderennen und Zugfahrt nach K. (Z. 59 ff.), Rotwein trinken und Karten spielen. Darüber hinaus wird in diesem Text auch die Gedankenlosigkeit im Umgang miteinander kritisiert, denn die Familie erwartet wie selbstverständlich, dass sich die alte Frau nach dem Tod ihres Mannes weiterhin zurücknimmt, und man ist empört, als sie ihr Geld nach ihren eigenen Vorstellungen ausgibt und ihre Bedürfnisse das erste Mal in ihrem Leben auch lebt. Vor diesem Hintergrund versteht man auch, dass die Überschrift den Leser zunächst in die Irre führen soll. Im Nachhinein besitzt sie eine ironische Wirkung, denn die Haltung der Greisin bei ihrer Lebensgestaltung ist durchaus als würdig zu bezeichnen. **4**

*Dialog zwischen dem Buchdrucker und seinem Bruder über das Verhalten ihrer Mutter:* **5**

BUCHDRUCKER *(verächtlich)*: „Na, erzähl, wie war dein Besuch bei unserer lieben Mutter? Wofür müssen wir uns neuerdings schämen?"

BRUDER *(gelassen)*: „Ich fand sie ganz munter und zufrieden vor. Soll sie doch ihr Leben jetzt so gestalten, wie sie es will."

BUCHDRUCKER *(aufgebracht)*: „Ja, ja, mit unserem Geld!"

BRUDER: Meinst du nicht, dass sie sich das verdient hat? Schließlich hat sie ihr Leben lang geschuftet und auf alles verzichtet, nur um uns und die Lithografenanstalt durchzubringen."

BUCHDRUCKER *(lauter werdend)*: „Nein, meine ich nicht … solange sie sich und uns zum Gespött der Leute macht, solange sie ungehörige Dinge tut … pah, eine alte Frau im Kino! Und dann dieses Gesindel, mit dem sie sich abgibt! Jetzt sag schon, was sie wieder alles getrieben hat!"

BRUDER *(beschwichtigend)*: „Du übertreibst, sie schadet doch niemandem. Als ich sie besuchte, wollte sie gerade ausgehen …"

BUCHDRUCKER: „Was, ausgehen? Wenn ein Sohn sie besucht?! Siehst du, völlig unmöglich, respektlos!"

BRUDER *(ruhig)*: „Jetzt beruhige dich doch, sonst erzähle ich dir gar nichts mehr. Ich war schließlich nicht angemeldet und du kannst von niemandem verlangen, dass er zu Hause sitzt und wartet, bis mal jemand zu Besuch kommt. Du wohnst nur ein paar Gassen weiter und warst schon ewig nicht mehr dort!"

BUCHDRUCKER *(trotzig)*: „Weil ich mich schäme, bei ihr gesehen zu werden. Weil die Leute über sie reden."

BRUDER *(zunehmend gereizt)*: „Jetzt hör mal auf mit deinem Gejammere und nimm es mit mehr Humor. Wir haben Rotwein getrunken und …"

BUCHDRUCKER *(triumphierend)*: „Na bitte, sag ich es doch, Rotwein am helllichten Tag! Wie ihr guter Bekannter, der nichtsnutzige Flickschuster!"

BRUDER *(lauter werdend)*: Unterbrich mich nicht mehr, mit keinem Wort, sonst erzähl ich nichts mehr. Vielleicht wäre das sogar besser, dann musst du dich nicht mehr so künstlich aufregen … Mutter und ich haben ihren geliebten Zwieback gegessen und sie erzählte mir, wie sehr sie es genieße, nicht mehr kochen zu müssen und sich stattdessen im Gasthof bedienen lassen zu können."

BUCHDRUCKER *(empört)*: „Sich bedienen lassen! Gehört sich das für eine alte Frau? Was meinst du, was ich mir alles anhören muss in der Stadt!"

BRUDER *(resignierend)*: „Du musst dir gar nichts anhören. Gönn' unserer Mutter diese kleinen Freiheiten und sei ein bisschen gelassener, es ist ihr Leben."

BUCHDRUCKER *(schimpfend)*: „Aber ich muss mich dafür schämen! Du wirst es schon noch sehen, sie bringt noch alles durch! Sie amüsiert sich doch auf unsere Kosten! Ich werde nicht tatenlos zusehen, vielleicht muss ich doch den Arzt zu ihr schicken."

BRUDER: „Tu, was du für richtig hältst …"

Jung und Alt können viel voneinander lernen und dadurch gegenseitig voneinander profitieren. Die Lebenserfahrung alter Menschen kann für die junge Generation ein großer Schatz sein. Ältere Menschen haben sich ein Leben lang erfolgreich im Beruf bewährt und können hieraus wichtige Erfahrungswerte und Erfolgsvoraussetzungen an die Jungen weitergeben. Außerdem haben die „Alten" in ihrem Leben verschiedenste Krisen bewältigt, sei es im zwischenmenschlichen Bereich oder bei Krankheiten. Diese Erfahrungen können eine große Hilfe bei der Bewältigung eigener Probleme sein. c.
Die Jungen können ihrerseits einen wertvollen Beitrag dazu leisten, dass die ältere Generation „jung" bleibt und sich nicht aufs Abstellgleis abgeschoben fühlt. So können wir sie an unserem Leben teilhaben lassen oder ihr zum Beispiel die Möglichkeiten neuer elektronischer Kommunikationsformen näherbringen.

## Aufgabe 8

### Alan Bradley: Flavia de Luce. Mord im Gurkenbeet (Romanauszug) –

Im Wandschrank war es so dunkel, und die Dunkelheit hatte die Farbe von altem Blut. Sie hatten mich einfach reingeschubst und abgeschlossen. Ich sog die abgestandene Luft tief durch die Nase ein und bemühte mich, ruhig zu bleiben. Ich versuchte, bei jedem Einatmen bis zehn zu zählen und bei jedem Ausatmen bis acht. Zum Glück hatten sie mir den Knebel so fest in den Mund gesteckt, dass meine Nasenlöcher frei geblieben waren und ich einen tiefen Schnaufer nach dem anderen machen konnte.
Ich versuchte, die Fingernägel unter den Seidenschal zu zwängen, mit dem sie mir die Hände auf den Rücken gefesselt hatten, aber weil ich mir die Nägel immer bis auf die Kuppen abkaue, klappte es nicht. Wenigstens hatte ich daran gedacht, die Finger aufeinanderzulegen und die Handflächen auseinanderzudrücken, als sie den Knoten festgezogen hatten. Jetzt ließ ich die Handgelenke kreisen und drückte die Hände gegeneinander, bis die Fesseln ein bisschen nachgaben, worauf ich den Knoten mit den Daumen herunterziehen konnte, bis er erst in meiner Handfläche landete – und dann zwischen meinen Fingern. Wären sie so schlau gewesen, mir auch die Daumen zu fesseln, hätte ich mich nie im Leben befreien können. Diese Trottel!
Als meine Hände endlich frei waren, war der Knebel schnell entfernt.
Jetzt die Tür. Aber erst musste ich mich vergewissern, dass sie nicht davor auf der Lauer lagen.

Ich spähte durchs Schlüsselloch auf den Dachboden hinaus. Kein Mensch war zu sehen, nur dunkle Ecken, das übliche Dachbodengerümpel und allerlei ausrangierte Möbel. Die Luft war rein.
Ich griff über den Kopf nach hinten und drehte einen der drahtenen Kleiderhaken heraus. Indem ich das krumme Ende in das Schlüsselloch steckte und das andere Ende nach unten drückte, bog ich mir einen L-förmigen Haken zurecht, mit dem ich in den Tiefen des alten Schlosses herumstochern konnte. Nachdem ich eine Weile zielstrebig hier und dort probiert und gefummelt hatte, wurde ich mit einem zufriedenstellenden *Klick* belohnt. Es war beinahe zu einfach gewesen. Die Tür ging auf, und ich war wieder frei.

Ich hüpfte die breite Steintreppe zur Eingangshalle hinunter und blieb ganz kurz vor der Esszimmertür stehen, nur so lange, wie ich brauchte, um meine Zöpfe auf den Rücken zu werfen, wo sie normalerweise immer lagen.
Vater bestand nach wie vor darauf, dass das Abendessen pünktlich zur gewohnten Zeit serviert und an unserem Esstisch aus massiver Eiche eingenommen wurde. Genau wie damals, als meine Mutter noch lebte.
„Sind Ophelia und Daphne noch nicht unten, Flavia?“, fragte er leicht gereizt und blickte von der neuesten Ausgabe des *British Philatelist,* der Zeitschrift für den Briefmarkenfreund, auf, die neben seinem Teller mit Braten und Kartoffeln lag.
„Die habe ich schon ewig nicht mehr gesehen“, antwortete ich.
Was der Wahrheit entsprach. Ich hatte die beiden nicht mehr gesehen – seit sie mich gefesselt und geknebelt und mit verbundenen Augen die Dachbodentreppe hochgeschleift und in den Schrank gesperrt hatten.
Vater schaute mich die gesetzlich vorgeschriebenen vier Sekunden über seinen Brillenrand an, ehe er sich wieder seinen klebrigen Kostbarkeiten widmete. Ich schenkte ihm ein so breites Lächeln, dass er eine prächtige Aussicht auf die Zahnspange hatte, mit der mein Gebiss verdrahtet war. Obwohl ich damit wie ein Luftschiff ohne Außenhülle aussah, wurde mein Vater gern ab und zu daran erinnert, dass er für sein Geld auch etwas bekam. Diesmal war er jedoch viel zu beschäftigt, um darauf zu achten.
Daraufhin hob ich den Deckel der mit Schmetterlingen und Brombeerranken handbemalten Terrine hoch und entnahm ihr eine großzügige Portion Erbsen. Unter Verwendung meines Messers als Lineal und meiner Gabel als Gerte dirigierte ich die Erbsen so, dass sie sich in Reih und Glied auf meinem Teller formierten. Die kleinen grünen Kugeln bildeten so exakt ausgerichtete Zweierreihen, dass der Anblick das Herz des penibelsten Schweizer Uhrmachers hätte höher schlagen lassen. Anschließend piekte ich sie von links unten nach rechts oben mit der Gabel auf und verputzte sie.
Ophelia war an allem schuld. Schließlich war sie schon siebzehn, weshalb von ihr inzwischen das Mindestmaß an Reife erwartet wurde, über das sie demnächst als Erwachsene verfügen sollte. Dass sie sich mit der dreizehnjährigen Daphne verbündete, war einfach nicht fair. Zusammen waren die beiden schon dreißig! Dreißig Jahre gegen meine kümmerlichen elf! Das war nicht nur unsportlich, sondern geradezu niederträchtig. Und es schrie förmlich nach Rache. [...]

*Textquelle: Anfang des ersten Kapitels aus „Flavia de Luce 1. Mord im Gurkenbeet“.© 2009 Penhaligon Verlag, München, in der Verlagsgruppe Random House GmbH. Übersetzung: Gerald Jung/Katharina Orgaß. (Originaltitel: „The Sweetness at the Bottom of the Pie“)*

**Informationen zum Autor:** Alan Bradley (geb. 1938 in Kanada) wurde 2007 mit dem renommiertesten Krimipreis der Welt, dem „Dagger Award“, ausgezeichnet – auf der Basis eines einzigen Kapitels aus diesem Roman. Der Schriftsteller lebt heute auf Malta.

**Aufgabenstellung**

Lesen Sie den Text sorgfältig und bearbeiten Sie dann die folgenden Aufgaben.
Bei Nummer 5 können Sie a oder b wählen.

1. Fassen Sie den Textinhalt zusammen.
2. Untersuchen Sie auffällige sprachliche Mittel und beschreiben Sie ihre Wirkung.
3. Charakterisieren Sie die elfjährige Flavia und gehen Sie dabei auch auf das Verhältnis der Schwestern ein.
4. Erläutern Sie, weshalb der Leser zunächst an ein Verbrechen denkt und nicht an einen Geschwisterstreit. Beziehen Sie die Erzählperspektive mit ein.
5. a) Erörtern Sie, warum es unter Geschwistern häufig zu Konflikten kommt.

   oder

   b) Schreiben Sie das Kapitel weiter, wobei Sie Flavias Rachepläne Gestalt annehmen lassen.

---

## 2012/8 „Flavia de Luce. Mord im Gurkenbeet“ von Alan Bradley

**Mögliche Gliederung**

**A. Ein vermeintlicher Überfall, bei dem eine Elfjährige in einen Schrank eingesperrt wird, erweist sich als unfairer Streich der beiden älteren Schwestern**

**B. Auseinandersetzung mit dem Romanauszug „Flavia de Luce. Mord im Gurkenbeet“ und weiterführende Aufgabe**

**1 Zusammenfassung des Textinhalts**

**2 Untersuchung auffälliger sprachlicher Mittel und Beschreibung ihrer Wirkung**

2.1 Wortwahl
2.2 Satzbau
2.3 Stil

**3 Charakterisierung der elfjährigen Flavia unter Berücksichtigung des Verhältnisses zu ihren Schwestern**

**4 Erläuterung der Erzählperspektive, die den Leser auf die falsche Spur bringt**

**5 Argumentation: Warum kommt es unter Geschwistern häufig zu Konflikten?**

oder:

**5 Fortführung des Kapitels: Flavias Rachepläne nehmen Gestalt an**

**C. Mein Verhältnis zu meinen Geschwistern ist keineswegs konfliktbeladen**

## Notizen und Lösungshinweise zu den einzelnen Bereichen der Gliederung

### Einleitung A.

- Thematik des Romanauszugs/Textquelle/Angaben zum Autor:
  Ein vermeintlicher Überfall, bei dem eine Elfjährige in einen Schrank eingesperrt wird, erweist sich als unfairer Streich der beiden älteren Schwestern. Nachdem sie sich professionell aus ihrem Gefängnis befreit hat, sinnt Flavia auf Rache. Der Romanauszug ist der Anfang des ersten Kapitels aus „Flavia de Luce. Mord im Gurkenbeet“. Der kanadische Autor Alan Bradley wurde 2007 allein auf der Basis eines einzigen Kapitels aus diesem Roman mit dem renommiertesten Krimipreis der Welt ausgezeichnet. In seiner deutschen Übersetzung erschien der Roman 2009.

oder:

- eigenständige Hinführung zur Thematik des Textes: z. B. eigene Erfahrungen im Zusammenleben mit den Geschwistern bzw. dem Umgang untereinander oder eigene Erlebnisse mit Streichen unter Geschwistern, jeweils mit einer Überleitung zum Inhalt des Romanauszugs und zu den Angaben zu Textquelle und Autor

### Zusammenfassung des Inhalts B.1

- Die Ich-Erzählerin findet sich gefesselt und geknebelt in einem dunklen Wandschrank wieder.
- Ruhig und systematisch gelingt es ihr, sich Schritt für Schritt aus der Fesselung und aus dem Schrank zu befreien.
- Unaufgeregt begibt sie sich vom Dachboden in das Esszimmer zu ihrem Vater. Dort ist bereits alles zum Abendessen vorbereitet.
- Nun wird klar, dass Flavia von ihren älteren Schwestern Ophelia und Daphne eingesperrt worden ist. Das Mädchen erzählt jedoch dem Vater nichts.
- Sie beobachtet während des Essens ihren Vater und reiht ihre Erbsen in Reih und Glied auf ihrem Teller auf.
- Flavia beschließt, sich vor allem an der schon 17-jährigen Ophelia für die Verschleppung in den Schrank zu rächen, da sie von ihr mehr geistige Reife und Fairness erwartet hätte.

### Untersuchung auffälliger sprachlicher Mittel und Beschreibung der Wirkung 2

#### Wortwahl 2.1

- Begriffe aus der Anatomie der Hand: „Hände“ (Z. 8, 11, 16), „Nägel“ (Z. 8), „Kuppen“ (Z. 8 f.), „Finger“ (Z. 9), „Handflächen“ (Z. 10, 13), „Handgelenke“ (Z. 11), „Daumen“ (Z. 12, 14): lenken alle Aufmerksamkeit auf den Vorgang des Sich-selbst-Befreiens und auf die Person, die dies schafft
- bildhafte Vergleiche: z. B. „Farbe von altem Blut“ (Z. 1), „wie ein Luftschiff ohne Außenhülle“ (Z. 44): erstaunliche, aber sehr treffende Beschreibungen, ungewöhnlich für die Sprache einer 11-Jährigen (Ich-Erzählerin)
- Wiederholung des Personalpronomens „sie“: z. B. in Zeile 1, 4, 7, 10, 13, 17: Täter bleiben unbenannt
- für eine 11-Jährige ungewöhnliche Wortwahl und Verwendung von Fremdwörtern: z. B. die Vergleiche in Zeile 1 und 44, die Metapher mit Alliteration „klebrige Kostbarkeiten“ (Z. 42), „Terrine“ (Z. 48), „dirigierte“ (Z. 49), „formierten“ (Z. 50), „penibelsten“ (Z. 51): Beleg für ein ungewöhnliches Mädchen, das nicht nur einen gehobenen Wortschatz besitzt, sondern ihren älteren Schwestern offenbar überlegen ist.
- Wiederholung: „[…] dreißig! Dreißig […]“ (Z. 57): verdeutlicht die Empörung
- Schimpfwort: „Trottel“ (Z. 15): verstärkt die Überlegenheit Flavias, die durch den erfolgreichen Befreiungsversuch sichtbar wird
- Lautmalerei: „mit einem zufriedenstellenden *Klick*“ (Z. 26): Hervorhebung, erfolgreicher Abschluss der Selbstbefreiung; wird verstärkt durch die Nominalisierung

**Satzbau** 2.2
- Satzreihen mit „und“ (Parataxen): z. B. Zeile 1–4: aufzählende Wirkung, distanziert
- anspruchsvolle Satzgefüge: z. B. Zeile 22–25, Zeile 34–36, Zeile 54–56: weitere Belege für eine ungewöhnliche 11-Jährige, fordern Aufmerksamkeit vom Leser
- Redewendungen: z. B. „Die Luft war rein.“ (Z. 20 f.), „in Reih und Glied“ (Z. 49 f.), „das Herz […] höher schlagen lassen“ (Z. 51 f.): Steigerung der Anschaulichkeit, evtl. auch Beleg für eine gelungene Übersetzung ins Deutsche
- nur zwei wörtliche Reden: Zeile 34 und 37: möglicherweise Zeichen für einen gewissen Abstand zwischen Vater und Tochter

**Stil** 2.3
- anspruchsvolle Wortwahl und zum Teil anspruchsvoller Satzbau stehen eigentlich im Widerspruch zu einer erst 11-jährigen Erzählerin
- insgesamt gehobenes Sprachniveau mit Hinweisen auf eine vergangene Zeit durch leicht veraltete Wortwahl, z. B. „eingenommen wurde“ (Z. 32), „Terrine“ (Z. 48), „Luftschiff“ (Z. 44)
- über weite Strecken als innerer Monolog geschrieben mit detaillierten Schilderungen
- Sprachwitz und Ironie: „die gesetzlich vorgeschriebenen vier Sekunden“ (Z. 41), „Was der Wahrheit entsprach.“ (Z. 38), „prächtige Aussicht“ (Z. 43)
- Brüche in der gehobenen Wortwahl: z. B. „Schnaufer“ (Z. 6), „Trottel“ (Z. 15), „nie im Leben“ (Z. 14), „verputzte“ (Z. 53): Kindlichkeit Flavias wird deutlich

**Charakterisierung der elfjährigen Flavia unter Berücksichtigung des Verhältnisses zu ihren Schwestern** 3
- Die Ich-Erzählerin Flavia ist 11 Jahre alt, sie hat zwei ältere Schwestern – Daphne (13) und Ophelia (17). Ihre Mutter ist verstorben. Sie wohnen offenbar in einem repräsentativen größeren Haus (Steintreppe, Eingangshalle). Das Mädchen trägt ihr Haar zu Zöpfen geflochten (Z. 29) und kaut Fingernägel (Z. 8 f.).
- Ungewöhnlich ist die gehobene Sprache, die zwar auf Bildung, frühe Reife, höhere Gesellschaftsschicht hinweist, aber dennoch unrealistisch bleibt. Auch die analytischen Fähigkeiten passen an sich nicht zu einer 11-Jährigen.
- In der Situation im Wandschrank und auch nach ihrer Selbstbefreiung reagiert sie ruhig, planvoll, professionell, mutig, fast kaltblütig. Der Leser könnte daraus auf ungewöhnliche Fähigkeiten des Mädchens schließen.
- Dem Vater gegenüber fühlt sie sich überlegen, da sie ihn gut einschätzen kann.
- Auch beim Essen zeigt sie ein ungewöhnliches Verhalten. Ist sie Vegetarierin, da sie nur Erbsen isst, obwohl auf Vaters Teller Braten liegt?
- Warum sich die beiden älteren Schwestern gegen Flavia verbündet haben, wird nicht klar. Jedenfalls ist das Verhältnis gestört und durch das „Kidnapping“ in den Wandschrank schwer belastet, weil sich Flavia gedemütigt und verletzt fühlt. Der Vater bleibt bei der ganzen Angelegenheit außen vor, aus der Sicht der selbstständigen Flavia geht ihn das auch nichts an.
- Da in den Augen von Flavia Ophelia die Haupttäterin ist, will sie deren „niederträchtiges“ Verhalten rächen.

**Erläuterung der Erzählperspektive, die den Leser auf die falsche Spur bringt** 4

Der Leser denkt zunächst, dass es sich hier um ein Verbrechen handelt. Die Gründe für diese falsche Spur sind:
- bewusstes Verschweigen von wichtigen Informationen: Alter, Geschlecht des „Opfers“ und Beziehung zu den „Tätern“
- Personalpronomen „sie“ erweckt einen unklaren/unbekannten Täterbezug
- überlegenes und planvolles Verhalten des vermeintlichen „Opfers“
- bestimmte Ausdrücke lassen an ein Verbrechen denken: „altes Blut“ (Z. 1), „Knebel“ (Z. 4), „gefesselt“ (Z. 8)

- schrittweises Auflösen des spannenden Einstiegs ab Zeile 28: „Ich hüpfte die Steintreppe […] hinunter […] Esszimmertür […] Zöpfe […] Vater“: Der Leser bemerkt seinen Irrtum, Spannung verwandelt sich in Neugier.
- die Gedanken Flavias (Z. 38 ff. und Z. 54 ff.) klären den „Tathergang“, der Leser wird zum Mitwisser

**Weiterführende Aufgabe: Argumentation: Warum kommt es unter Geschwistern häufig zu Konflikten?** 5

***Hinweis:*** *Zur Bearbeitung gehst du genauso vor wie bei einer Erörterung, da diese weiterführende Aufgabe die gleichen Anforderungen stellt. Analysiere zunächst das Thema und erstelle eine kurze Stoffsammlung zur bereits vorliegenden Themafrage (vielleicht helfen dir eigene Erfahrungen). Suche dir anschließend drei Argumente aus, die dir am wichtigsten erscheinen. In der Regel dürften drei ausführlich veranschaulichte Argumente (mit Begründung, Beispiel und eventuell Folge/Wirkung) genügen. Die Sprache ist sachlich zu halten. Verknüpfe deine Argumente sprachlich miteinander.*

Mögliche Stichworte für die Stoffsammlung:

- Ursache Eifersucht
- Ursache Neid
- Ungerechte Behandlung durch die Eltern
- Überbetonung von Fähigkeiten oder Defiziten durch die Eltern
- Überbewertung des Leistungsgedankens

*Beispiel für ein ausformuliertes Argument:*
Ein häufiger Auslöser für Konflikte zwischen Geschwistern ist Neid, da es vorkommen kann, dass ein Geschwister sich ungleich von den Eltern behandelt fühlt, dass der Bruder oder die Schwester Gegenstände besitzt, die man auch haben möchte oder Vorteile genießt, die man auch gerne hätte. Das beginnt schon im Kleinkindalter, wenn es zum Beispiel um das Spielzeug geht und ein Geschwister mit dem eigenen unzufrieden ist und lieber das Spielzeug des Bruders oder der Schwester haben möchte. Im späteren Kindesalter kann Neid auch wegen bestimmter Kleidungsstücke entstehen oder aufgrund von Fähigkeiten des anderen, wenn er oder sie beispielsweise besser malen kann. Schließlich können sich Neidgefühle auch noch in der Pubertät entwickeln. Mehr Taschengeld oder längere Ausgehzeiten für den älteren Bruder oder die ältere Schwester lösen möglicherweise beim jeweils Jüngeren Neid aus, der sich in Streitigkeiten entlädt.

oder:

**Weiterführende Aufgabe: Fortführung des Kapitels: Flavias Rachepläne nehmen Gestalt an** 5

***Hinweis:*** *Diese weiterführende Aufgabe bietet dir inhaltlich mehr Freiräume, auch wenn du dich nicht unbedingt vom Titel des Romans inspirieren lassen solltest, denn Mord als Rache ginge hier etwas zu weit. Der sprachliche Freiraum ist aufgrund der Vorlage eng begrenzt, denn die 11-Jährige erzählt keineswegs in einer alterstypischen Sprache. Zur Planung einer Fortsetzung des Textes findest du wichtige Hinweise auf Seite 48 f. in diesem Buch.*

Wichtige Grundlagen liefert dir bereits deine bisherige Auseinandersetzung mit dem Text. Du hast die Sprache analysiert und herausgefunden, dass sie anspruchsvoll, gehoben ist, manchmal sogar witzig und geistreich und dass sie nicht einer 11-Jährigen entspricht. Du hast Flavia charakterisiert und herausgefunden, dass sie ziemlich planvoll handeln kann und offenbar über Fähigkeiten verfügt, die nicht ihrem Alter entsprechen. Schließe deinen Text direkt an die Gedanken Flavias ab Z. 54 an. Die größte Herausforderung ist wohl, einen entsprechend originellen und überlegenen Racheplan zu entwickeln. In deine Überlegungen mit einbeziehen musst du auch, dass die Gegenseite zu zweit ist und Ophelia immerhin schon 17 Jahre alt ist. Berücksichtige auch die Aufgabenstellung: Die Rachepläne sollen Gestalt annehmen, heißt es da, also nicht durchgeführt werden, was die Länge deiner Ausführungen natürlich begrenzt.

*So könnte eine Fortsetzung des Kapitels aussehen:*
Aber zuerst einmal muss der perfekte Plan gefunden werden. Ophelia wird büßen müssen, aber Daphne soll auch nicht ungeschoren davonkommen. Ungeschoren? Geschoren wäre ein verlockendes Bild, aber dann schneiden sie mir meine Zöpfe ab. Daphne soll zu spüren bekommen, wie es ist, eingesperrt zu sein, wenn auch ganz komfortabel in ihrem Zimmer. Ich werde mir den Schlüssel nehmen, das fällt dem Trottel nicht auf, und dann zuschlagen, wenn Vater wegen seiner klebrigen Kostbarkeiten in der Stadt ist und Ophelia ihn begleiten darf. Ich werde mich dann taub stellen und sie kann Stunden in ihrem Zimmer herumschreien. Aber was bleibt mir für Ophelia? Womit kann ich sie für ihre Niedertracht besonders bestrafen? Ich könnte ihr Ruß in ihre Schminktöpfe mischen, ihre Kleidchen zerschneiden, aber das fällt alles auf mich zurück, denn wenn es um seine Lieblingstochter geht, entdeckt mein Vater mehr als sein vorgeschriebenes Interesse an mir. So wird das nichts, es muss natürlich aussehen! Natürlich! Sie ekelt sich ja so vor den Nacktschnecken im Gurkenbeet. Die werde ich einsammeln und ihr unter die Bettdecke schieben […].

**Schlussgedanke** C.
Hier kannst du unter anderem mit deinen eigenen Erfahrungen zur Thematik „Konflikte mit Geschwistern“ abschließen, wenn du entsprechende Erlebnisse im positiven wie im negativen Sinn hast.
Möglich ist es auch, deine begründete persönliche Meinung zur Ich-Erzählerin, die ein als in vielerlei Hinsicht ungewöhnliches Kind gestaltet wird, zu formulieren. Oder aber du befasst dich abschließend mit der sehr gelungenen Vorgehensweise des Autors, den Leser auf eine falsche Spur zu lenken und dadurch die Spannung erheblich zu steigern.

**Aufgabe 9**

# Kinder im Kaufrausch

## Wie das Verhalten Minderjähriger vom Konsumzwang gesteuert wird – und warum Jugendliche den Geldbeutel der Eltern im Griff haben

Von Titus Arnu

Wenn ein 14-Jähriger einkaufen geht, kann das erstaunliche Folgen haben. Gibt man ihm zum Beispiel 15 Euro, um Brot, Milch, Käse und Joghurt zu besorgen, kann es sein, dass er eine halbe Stunde später mit Chips, Cola, Schokolade und einem Deospray zurückkommt. Auf Fragen reagiert er mit undefinierbarem Grunzen. Was ist da passiert? Kann die Werbung Jugendliche fernsteuern?

Wissenschaftler können nachweisen, dass bei Jugendlichen tatsächlich etwas aussetzt, wenn sie in einen Kaufrausch geraten: Eine Gehirnregion, die für strategische Entscheidungen und Kontrolle zuständig ist, sei dann eher „diffus aktiv“. Das hat einige Konsequenzen – für die Gesundheit der Teenager, für die Erziehung und für die Wirtschaft. Einige davon beleuchtete die Fachtagung „Kid on“ in Berlin im Rahmen der Jugendmesse „you“, zu der Marketingleute, Psychologen und Mediziner kamen.

Es gibt in Deutschland zwar immer weniger Kinder, aber die haben immer mehr Geld. Zwölf Millionen Menschen unter 18 Jahren leben in Deutschland, sie haben laut der Kids-Verbraucheranalyse 4,5 Milliarden Euro jährlich zur Verfügung, monatlich sind das bei den Sechs- bis Dreizehnjährigen im Durchschnitt 23 Euro Taschengeld, hinzu kommen Geschenke und Erspartes. Auf Platz eins der Ausgaben von Kindern stehen Süßigkeiten, gefolgt von Comics. Ältere Kinder geben erstaunlicherweise am meisten Geld für Bücher und Zeitschriften aus – eine gute Nachricht. 45 Prozent der deutschen Kinderzimmer sind mit einem Fernseher ausgestattet, 89 Prozent der Kinder haben zu Hause die Möglichkeit, im Internet zu surfen, mehr als die Hälfte besitzt ein Handy.

Die Werbeindustrie hat also jede Menge Ansatzpunkte, um an die Kinder heranzukommen.

Spezialisten wie Christopher Schering wissen, wie das am effektivsten geht. Im Auftrag von großen Konzernen macht seine Agentur Marketing für Minderjährige. Schon Kindergartenkinder werden als Zielgruppe erfasst und nach allen Mitteln der Kunst durchleuchtet. „Ab drei Jahren beginnt die Markenbindung“, sagt Schering. Untersuchungen zeigen, dass Dreijährige bereits Automarken, Firmenlogos und Fernsehwerbung erkennen und bewerten. Grundschüler sind bereits im Internet unterwegs, Zehnjährige melden sich, indem sie beim Alter schummeln, bei sozialen Netzwerken wie Facebook an. Junge Teenager im Alter von 11 bis 13 Jahren benutzen Kleidung, Musik und elektronische Geräte, um zu einer bestimmten Gruppe zu gehören.

16-Jährige gelten aus Sicht der Marktforscher bereits als „junge Erwachsene“, die Marken und Werbung kritisch hinterfragen.

Daraus ergibt sich für die Werber, dass sich Geschmack und Markenbindung eher früher als später herausbilden. Manche Kampagnen setzen bereits bei Kleinkindern an. Produkte, die früher Erwachsenen vorbehalten waren, werden immer jüngeren Konsumenten angedreht. Es gibt zum Beispiel eine auf junge Mädchen spezialisierte Kosmetikfirma, die pro Jahr Millionen von Produkten verkauft – Cremes, Lidschatten und Lippenstifte. Der Erfolg wird mit dem günstigen Preis und mit der modischen Präsentation erklärt. Internetseiten mit Schminktipps, Blogs und Foren sollen die Markenbindung stärken. Was die Minderjährigen nicht ahnen: Ihre Vorlieben und Abneigungen, die sie in den Foren äußern, sind bares Geld wert, denn sie fließen direkt in das Marketing ein.

Kinder und Jugendliche sind sehr leicht beeinflussbar, und das nutzen die Werbeprofis sehr geschickt. Die Fachleute sprechen von „moralisch vertretbarer Verhaltensbeeinflussung". Ein Mittel ist die richtige Platzierung im Laden. Der Psychologe Michael Schießl hat das Einkaufsverhalten von Kindern erforscht und sagt: „Die Kids greifen noch eher zu, wenn man das Produkt auf Augenhöhe positioniert und knallige Farben verwendet." Wenn der Konsument ein Objekt sieht, löst das im Hirn sofort einen Handlungsimpuls aus, Erwachsene können diesen unterdrücken, Kinder nicht. Deshalb liegt die berühmte „Quengelware" auch an den Kassen der Supermärkte, in Augenhöhe von Kleinkindern. Kinder können also gar nichts dafür, wenn sie an der Kasse heulen.

Nach Erkenntnissen von Werbepsychologen haben Kinder keinerlei mentale Konsumsperren.

Die Verkäufer fördern den Kauftrieb noch. Anregend sind etwa die diversen Sammelprämien beim Kauf bestimmter Produkte, die Sternchen oder Sammelpunkte enthalten, für die man dann eine Spielzeugfigur bekommt. Moderne Unternehmen transportieren ihre Werbebotschaften auch, indem sie schon den Allerkleinsten raffiniert gestaltete Websites mit Malbüchern zum Ausdrucken anbieten.

Kostenlose Online-Spiele, welche sich mehr oder weniger auffällig auf Produkte beziehen, sind ebenfalls verkaufsfördernd.

Ganz ohne Erwachsene geht es allerdings doch nicht. „Die Kinder haben ja keine Kinderkreditkarte in der Tasche", sagt der Psychologe Schießl, „in der Regel muss ihnen erst jemand das Budget freigeben." Deshalb müssen auch die Eltern von der Qualität des Produktes überzeugt werden.

Innerhalb der Familie kann sich da eine Wechselwirkung ergeben – die Kinder definieren, was cool und erstrebenswert ist, und beeinflussen damit auch das Kaufverhalten der Eltern. Gleichzeitig verschwimmen die Grenzen zwischen Erwachsenen und Kindern immer mehr.

Jugendliche wollen möglichst erwachsen wirken und fühlen sich deshalb von der Erwachsenen-Werbung angesprochen, umgekehrt sehnen sich viele Erwachsene in ihre Kindheit zurück und sind deshalb von Kindermarken fasziniert.

Ein 30-Jähriger, der in einem Berliner Club mit einem Micky-Maus-T-Shirt herumläuft, wird nicht etwa belächelt, sondern gilt als besonders hip, hat Marketing-Mann Schering beobachtet. Manche Marken machen sich solche Retro-Trends zunutze und bringen Neuauflagen alter Verkaufshits heraus. Ein erstaunliches Beispiel hierfür: Diddlmaus-T-Shirts für 40-jährige Frauen. Es ist nicht bekannt, welches Chaos im Gehirn für das Phänomen zuständig ist.

Aber es funktioniert.

*Textquelle: Süddeutsche Zeitung, 26. 09. 2011 (Text leicht gekürzt und verändert)*
*Foto: picture alliance / dpa (Das verwendete Foto entspricht nicht der Original-Aufgabenstellung, zeigt aber ein sehr ähnliches Motiv)*

**Aufgabenstellung**

Lesen Sie den Text sorgfältig durch und bearbeiten Sie dann die folgenden Aufgaben.
Bei Nummer 5 können Sie a <u>oder</u> b wählen.

1. Fassen Sie den Text so zusammen, dass der Textaufbau erkennbar wird.
2. Ordnen Sie den Artikel „Kinder im Kaufrausch“ einer Textsorte zu. Begründen Sie.
3. Beschreiben Sie die sprachlichen Mittel und deren Wirkung.
4. Welche Absichten verfolgt der Autor mit seinem Text?
5. a) Warum sollten Ihrer Meinung nach bereits Grundschüler den sinnvollen Umgang mit Taschengeld erlernen?

   <u>oder</u>

   b) „Kaufrausch mit bösem Erwachen“ – Verfassen Sie einen inneren Monolog.

---

## 2012/9 „Kinder im Kaufrausch“ von Titus Arnu

**Mögliche Gliederung**

**A. Der Text kritisiert das Konsumverhalten der Kinder und Jugendlichen und erklärt die Einflüsse, die das Konsumverhalten bestimmen**

**B. Auseinandersetzung mit dem Text „Kinder im Kaufrausch“ und weiterführende Aufgabe**

**1 Inhaltszusammenfassung und Textaufbau**

**2 Zuordnung des Artikels zu einer Textsorte: Elemente einer Reportage**

**3 Sprachliche Mittel und deren Wirkung**

3.1 Wortwahl
3.2 Satzbau
3.3 Stilmittel

**4 Absichten des Autors**

**5 Argumentation: Warum sollen bereits Grundschüler den sinnvollen Umgang mit Taschengeld erlernen?**

<u>oder:</u>

**5 Innerer Monolog: Kaufrausch mit bösem Erwachen**

**C. Unkontrollierter Konsum bei Kindern und Jugendlichen kann im späteren Leben sehr schnell in die Verschuldung führen**

## Notizen und Lösungshinweise zu den einzelnen Bereichen der Gliederung

### Einleitung A.

- Thematik des Textes/Textquelle/Angaben zum Autor:
  Der Text setzt sich kritisch mit dem Konsumverhalten von Kindern und Jugendlichen auseinander, belegt dies durch eine Reihe von Zahlen und liefert wissenschaftliche Erklärungen für dieses Verhalten. Außerdem beleuchtet Titus Arnu beeinflussende Faktoren wie Werbestrategien und die Rolle der Erwachsenen. Der leicht veränderte und gekürzte Text erschien im Original in der Süddeutschen Zeitung vom 26. 9. 2011.

oder:

- Eigenständige Hinführung zur Thematik des Textes, Überleitung zu Text und Thematik, Autor, Quelle: Hier könntest du zum Beispiel eigene Erfahrungen oder Begebenheiten aus deinem persönlichen Umfeld zum Thema Konsumzwang, Markenartikel, Taschengeld, Internetnutzung, Markenkleidung, elektronische Statussymbole (z. B. Smartphones) usw. darstellen. Möglich ist auch eine begründete Darstellung deiner persönlichen Meinung zu „Kaufrausch" und Konsumzwang bei Kindern und Jugendlichen.

### Inhaltszusammenfassung und Textaufbau B.1

- Sinnabschnitt 1 (Z. 1–10): Beispiel für rätselhaftes und unerklärliches Einkaufsverhalten eines Jugendlichen: Einleitung, zielgerichtete Hinführung zur Thematik des Artikels
- Sinnabschnitt 2 (Z. 11–23): Darstellung einer wissenschaftlichen Erklärung für das beschriebene Verhalten und der Folgen für den Betroffenen: Hauptteil 1, Eingrenzung des Schreibanlasses
- Sinnabschnitt 3 (Z. 24–43): Umfangreiches Zahlenmaterial zum Konsumverhalten von Kindern und Jugendlichen: Hauptteil 2, hohe Informationsdichte über die tatsächlichen Konsumgewohnheiten
- Sinnabschnitt 4 (Z. 44–69): Ergebnisse von Untersuchungen über das Verhalten von Kindern und Jugendlichen: Hauptteil 3, Vorbereitung für die nachfolgenden Beispiele
- Sinnabschnitt 5 (Z. 70–123): Veranschaulichungsbeispiele für die Wirkungsweise von Werbekampagnen und die Methoden der Werbebranche: Hauptteil 4, Antworten auf den ersten Teil des Untertitels
- Sinnabschnitt 6 (Z. 124–144): Darstellung der Rolle der Erwachsenen beim Konsumzwang der Kinder und Jugendlichen: Hauptteil 5, Antwort auf den zweiten Teil des Untertitels
- Sinnabschnitt 7 (Z. 145–157): Pointiertes Beispiel für die gegenseitige Beeinflussung der Generationen beim Kaufverhalten: Schluss, ironische Schlusspointe

### Zuordnung des Artikels zu einer Textsorte: Elemente einer Reportage 2

Einige Merkmale einer Reportage lassen sich nachweisen:

- subjektive und gefühlsbetonte Aussagen in Titel und Untertitel
- Foto als Blickfang
- Nennung des Autors am Beginn
- Mischung aus unterhaltenden (Z. 1–10, Z. 145–157) und informierenden (Z. 24–43, Z. 44–69 usw.) Passagen
- Expertenaussagen, die auf entsprechende Recherchen hindeuten (Z. 47 ff., Z. 94 ff.)
- einige subjektive Aussagen: „[…] eine gute Nachricht." (Z. 37 f.), „Aber es funktioniert." (Z. 157)

*Es wäre nicht vollkommen falsch, dem Text Merkmale eines Kommentars zuzuschreiben, da die kritische Meinung des Autors zum Kaufrausch der Kinder und zu den Verursachern dargestellt wird, da Hintergründe (z. B. Methoden der Werbung) erläutert werden. Schlusspointe und Autorenname würden ebenso auf einen Kommentar zutreffen.*

**Sprachliche Mittel und deren Wirkung** 3

**Wortwahl** 3.1

- Fachbegriffe aus der Gehirnforschung: „Gehirnregion“ (Z. 14), „diffus aktiv“ (Z. 16): Recherche wissenschaftlicher gesicherter Ergebnisse, Anspruch
- Fachbegriffe aus der Werbe- und Marktforschung: „Markenbindung“ (Z. 54, 71, 84), „moralisch vertretbarer Verhaltensbeeinflussung“ (Z. 92 f.), „richtige Platzierung“ (Z. 93 f.), „Quengelware“ (Z. 104): Fachwissen wird gezeigt, Beleg für umfassende Beschäftigung mit der Thematik
- Fachbegriffe aus dem Gebiet Internet: „sozialen Netzwerken wie Facebook“ (Z. 61), „Blogs und Foren“ (Z. 83), „Websites“ (Z. 119), „Online-Spiele“ (Z. 121) usw.: Fachwissen wird gezeigt, Zeichen für umfassende Beschäftigung mit der Thematik
- Fremdwörter: z. B. „Konsument“ (Z. 100), „Objekt“ (Z. 100), „mentale“ (Z. 109), „Budget“ (Z. 128): insgesamt gehobene Sprache
- sehr häufig Zahlenangaben: z. B. Z. 26–40: verdichtete Informationen aus Statistiken
- umgangssprachliche Begriffe: „angedreht“ (Z. 76), „Kids“ (Z. 97), „cool“ (Z. 134), „hip“ (Z. 148): Sprache der Werbebranche, Anleihen an Jugendsprache
- Metaphern: „Kindergartenkinder werden […] durchleuchtet“ (Z. 51 ff.), „knallige Farben“ (Z. 99): erhöht die Anschaulichkeit
- Alliterationen: „Kinder im Kaufrausch“ (Titel), „Marketing für Minderjährige“ (Z. 50 f.): kritische Einstellung wird deutlich

**Satzbau** 3.2

- Konditionalsätze: z. B. „Wenn ein […]“ (Z. 1 f.), „Gibt man ihm […]“ (Z. 2 ff.), „Wenn der Konsument […]“ (Z. 99 ff.): Darstellung von Zusammenhängen
- Fragesätze: z. B. „Was ist da passiert? Kann die Werbung Jugendliche fernsteuern?“ (Z. 9 f.): sprechen den Leser direkt an, wecken Interesse und Neugier, Hervorhebung
- viele Aufzählungen: z. B. Z. 17 ff., Z. 38 ff., Z. 82 f. usw.: Beispiele, die Aussagen untermauern oder veranschaulichen
- wörtliche Reden: z. B. „Ab drei Jahren […] (Z. 53 ff.), „Die Kids […]“ (Z. 96 ff.): Zitate von Experten zur Steigerung der Glaubwürdigkeit

**Stilmittel** 3.3

- insgesamt gehobene Wortwahl mit Anleihen aus der Werbesprache und aus wissenschaftlichen Fachsprachen
- subjektiv trotz vieler Beispiele und wissenschaftlicher Ergebnisse
- abwechslungsreicher und lebendiger Stil
- Ironie in der Schlusspointe „Es ist nicht bekannt …“ (Z. 154 ff.): Form der Kritik an Verbrauchern und Werbebranche

**Absichten des Autors** 4

- Informieren: über das Konsumverhalten von Kindern und Jugendlichen, die Arbeitsweise der Werbewirtschaft und Erkenntnisse der Psychologie
- Warnen: Leser, v. a. Eltern, auf die Gefahren der Manipulation durch die Werbung aufmerksam machen
- Kritisieren: verantwortungslose Vorgehensweise der Werbebranche; Beeinflussbarkeit auch der Erwachsenen
- Zum Nachdenken anregen: eigenes Konsumverhalten überprüfen

**Weiterführende Aufgabe: Argumentation: Warum sollen bereits Grundschüler den sinnvollen Umgang mit Taschengeld erlernen?** 5

***Hinweis:*** *Bei der Bearbeitung gehst du genauso vor wie bei einer Erörterung, da diese weiterführende Aufgabe die gleichen Anforderungen stellt. Nach einer genauen Themaanalyse machst du eine kurze Stoffsammlung zur bereits vorliegenden Themafrage (vielleicht helfen dir eigene Erfahrungen) und suchst dir drei Argumente aus, die dir am wichtigsten erscheinen. In der Regel dürften drei ausführlich veranschaulichte Argumente (mit Begründung, Beispiel und eventuell Folge/Wirkung) genügen. Die Sprache ist sachlich zu halten. Verknüpfe deine Argumente sprachlich miteinander.*

Mögliche Thesen (Behauptungen):

- Kinder erlernen, sich das Geld einzuteilen.
- Der Umgang mit Geld ist ein erster Schritt zu Eigenverantwortung und Selbstbestimmung.
- Die Kinder lernen, dass man für größere Anschaffungen sparen muss.
- Freiwilliges Sparen bedeutet auch, verzichten und planen zu lernen.
- Die Kinder erlernen dadurch, dass Wünsche nicht unbegrenzt finanzierbar sind.
- Es wird die Grundlage geschaffen für einen bewussten Umgang mit Geld und ein sinnvolles Haushalten mit Geld.
- Der sinnvolle Umgang mit Taschengeld ist eine gute Grundlage für das Leben in unserer Konsumgesellschaft.

*Beispiel für ein ausgeführtes Argument:*
Grundlage für einen sinnvollen Umgang mit Taschengeld ist eine feste Summe, die für einen bestimmten Zeitraum zur freien Verfügung des Kindes von den Eltern bezahlt wird. Dadurch ist das Kind gezwungen, sich für zusätzliche Wünsche, die von den Eltern nicht bezahlt werden, seien es Süßigkeiten, Spielzeug oder Comics, sein Geld einzuteilen. Es lernt zu planen, was es ausgeben kann, damit das Geld bis zum nächsten Taschengeldtermin reicht. Hat es sich sein Budget nicht sinnvoll eingeteilt, macht es die Erfahrung, dass es sich für einen bestimmten Zeitraum keine Extrawünsche mehr erfüllen kann. Hierdurch tritt sicherlich nach einer bestimmten Zeit ein entsprechender Lerneffekt ein und das Kind beginnt, seine Ausgaben sorgfältiger zu planen. Damit Grundschulkinder den nötigen Überblick behalten können, ist für sie ein wöchentliches Taschengeld sinnvoll.

oder:

**Weiterführende Aufgabe: Innerer Monolog: Kaufrausch mit bösem Erwachen** 5

***Hinweis:*** *Diese Aufgabenstellung bietet dir mehr inhaltliche und sprachliche Freiheiten. Doch musst du darauf achten, dass die Merkmale eines inneren Monologs in deinem Text erfüllt sind. Es geht darum, die Gedanken, Stimmungen und Empfindungen einer Person, in diesem Fall im Zusammenhang mit einem Ereignis, anschaulich darzustellen: „Kaufrausch mit bösem Erwachen". Das Ziel des inneren Monologs ist die Veranschaulichung der Wirkung eines Geschehens auf dich oder auf eine andere Person. Mache eine kurze Stoffsammlung, wie es zu dem Kaufrausch kam, was die Person dabei empfunden hat, was sie jetzt beim „bösen Erwachen" fühlt und denkt.*
*Schreibe in der Ich-Form. Dabei kannst du Gedankensprünge einplanen und dich bei der sprachlichen Gestaltung an einem mündlichen, umgangssprachlichen oder jugendsprachlichen Stil orientieren und z. B. mit unvollständigen Sätzen, kurzen Hauptsätzen, Ausrufen usw. arbeiten. Weitere Hinweise zum inneren Monolog findest du auf Seite 49 dieses Buches.*

*Der innere Monolog könnte folgendermaßen beginnen:*
Toller Nachmittag war das heute, Shopping mit meinen besten Freundinnen. Und ich konnte nicht genug bekommen, da noch ein Top, dort die Sonnenbrille. Ein paar coole Teile brauchte ich noch für die Abschlussfahrt und Vanessa hat immer wieder etwas entdeckt, das ich unbedingt haben musste. Mann, da konnte ich in Italien jeden Tag was Neues anziehen, da würden die anderen schauen. Ins Schauen bin ich jetzt auch gekommen ... Ich schau ganz schön dumm aus der Wäsche, hab an einem Nachmittag über 150 Euro hinausgeschmissen und vergessen, dass ich dabei schon das Taschengeld meiner Eltern für die Studienfahrt ausgegeben habe. Jetzt hab ich zwar 'ne Menge neuer Klamotten, aber wenn die anderen sich in einer Kneipe etwas zu trinken oder Essen bestellen, kann ich mich nur dazusetzen und dumm in die Luft schauen. Hab nur noch 30 Euro für sieben Tage Abschlussfahrt. Was tun? Meine Eltern kann ich nicht anbetteln, das finden die gar nicht cool, wenn ich mit meinem Geld nicht umgehen kann. Auf das Donnerwetter kann ich verzichten. Ich fühl mich ziemlich elend. Jetzt hab ich 'nen Kater vom Kaufrausch [...]

**Schlussgedanke** C.
Ausgehend von der weiterführenden Aufgabe, die sich mit dem sinnvollen Umgang mit dem Taschengeld beschäftigt, kannst du deinen Aufsatz damit abschließen, wie wichtig es ist, den Umgang und das Wirtschaften mit Geld zu erlernen.
Möglich ist auch, auf die Gefahren des Konsumzwangs hinzuweisen und die drohende Verschuldungsgefahr für Jugendliche und junge Erwachsene aufzugreifen: hohe Kosten für das Surfen im Internet mit dem Smartphone, der leichte Zugang zu Krediten, die Gefahr, beim Bezahlen mit EC-Karte leicht den Überblick zu verlieren und in einen Überziehungskredit mit sehr hohen Zinsen zu rutschen. Auch die scheinbar bequeme Möglichkeit zu Ratenkäufen oder dass Firmen mit einer Zahlpause werben, verringert den Überblick über die eigene Finanzsituation und erhöht die Gefahr der Verschuldung.
Ebenso bietet sich deine begründete persönliche Meinung zum „Konsumzwang" an oder du berichtest vom Umgang mit deinem Taschengeld.
Die Thematik des Textes bietet viele sinnvolle Abrundungen an.

## Abschlussprüfung 2013 an Realschulen: Deutsch
## Aufgabengruppe A: Erörterung

### Erörterungen ohne Informationsmaterial

1. Die meisten Schülerinnen und Schüler absolvieren im Laufe ihrer Realschulzeit ein Betriebspraktikum. Welchen Gewinn können sie daraus ziehen? Welche Probleme können auftreten?

2. Warum sind Fernsehserien, in denen Menschen in ihrem Alltag gezeigt werden, so beliebt? Erörtern Sie Kritikpunkte an dieser Art von Sendung.

3. Kindern und Jugendlichen geht es heutzutage so gut wie nie. Wie stehen Sie zu dieser Aussage?

4. Das Radfahren erfreut sich zunehmender Beliebtheit. Welche Gründe sind dafür ausschlaggebend? Wie kann die Sicherheit der Radfahrer erhöht werden?

5. Welche Möglichkeiten haben junge Menschen, sich in unserer Gesellschaft politisch zu engagieren? Was hält sie häufig davon ab?

### Erörterung mit Informationsmaterial

6. In Deutschland werden zu viele Lebensmittel weggeworfen. Was kann dagegen unternommen werden?

*Hinweis:* Gehen Sie zur Bearbeitung des Themas zunächst das vorliegende Material durch und überlegen Sie sich, welche Informationen Sie für Ihren Aufsatz verwerten möchten. Das Material dient *zur Ergänzung* Ihrer eigenen Ideen. **Es muss jedoch deutlich erkennbar sein, dass Teile des Materials in die Bearbeitung mit einbezogen wurden.** Falls Sie Textstellen wörtlich übernehmen bzw. angegebene Daten oder Aussagen verwenden, müssen Sie dies in Ihrem Aufsatz angeben.

**Material 1: Diagramm**

Verteilung der Lebensmittelabfälle in Deutschland nach Bereichen der Nahrungsmittelkette (in Prozent bzw. Tonnen)

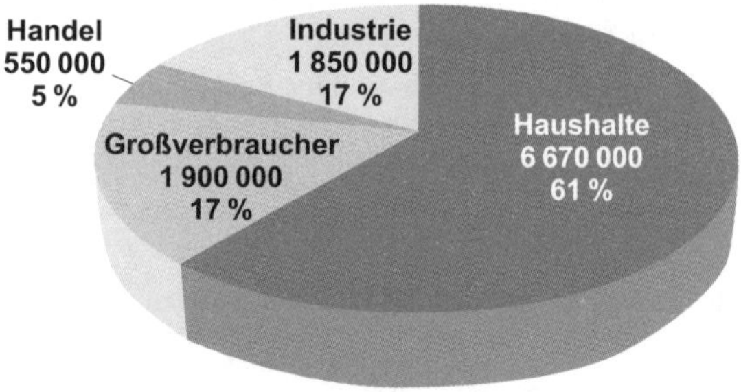


*Quelle: Bundesministerium für Ernährung, Landwirtschaft und Verbraucherschutz 2012*

**Material 2: Zitat**

*„Das Essen nicht zu verschwenden heißt, die Erde, die wir bewohnen, zu schätzen und die Menschen zu respektieren."*

*Carlo Petrini, Gründer der Kampagne „Slow Food"*

**Material 3: Grafik**

*Quelle: © Bundesministerium für Ernährung, Landwirtschaft und Verbraucherschutz*

**Material 4: Karikatur**

*Karikatur: NEL*

**Material 5: Begriffsklärung**

**Mindesthaltbarkeitsdatum**

Das Mindesthaltbarkeitsdatum eines Lebensmittels ist das Datum, bis zu dem das Lebensmittel unter angemessenen Aufbewahrungsbedingungen seine spezifischen Eigenschaften behält.

Das Mindesthaltbarkeitsdatum besagt nicht, dass nach Ablauf des angegebenen Datums das Lebensmittel wertgemindert, zum Verzehr nicht geeignet oder gesundheitsschädlich ist. Es stellt also kein Verfallsdatum dar. Wer jedoch nach Ablauf des Mindesthaltbarkeitsdatums ein Lebensmittel in Verkehr bringt, unterliegt höheren Sorgfaltspflichten. Der Händler muss die Beschaffenheit des Lebensmittels prüfen und notfalls eine Wertminderung kenntlich machen.

*Quelle: www.lgl.bayern.de/lebensmittel/hygiene/verderb/et_mindesthaltbarkeitsdatum.htm*

## Material 6: Notizen zu einem Vortrag im Rahmen einer Mitarbeiterschulung

✓ Produkte unverpackt anbieten
(Kunden kaufen nur, was sie brauchen)

✓ Richtige Lagerung
(Kühlkette nicht unterbrechen!)

✓ Vermeidung von Beschädigungen
(beim Auspacken und Einsortieren)

✓ Bestellvorgang optimieren
(richtige Menge zur richtigen Zeit)

✓ „Happy Hour" (Waren kurz vor Ladenschluss billiger abgeben)

## Material 7: Kochbuch

*Quelle: FET e. V. – www.fet-ev.eu*

## Material 8: Kampagnen und Initiativen

**„Zu gut für die Tonne"** – eine Kampagne des Bundesministeriums für Ernährung, Landwirtschaft und Verbraucherschutz:
- Aktionstage „Wir retten Lebensmittel" zur Aufklärung der Verbraucher
- Kochrezepte für Lebensmittelreste als App oder im Internet
- Einkaufsplaner
- Tipps zur Vermeidung von Lebensmittelabfällen: www.zugutfuerdietonne.de

**„Die Tafel"** – Hilfsorganisation zur Verteilung von Lebensmitteln; Lebensmittel, die von Händlern oder Herstellern als unverkäuflich aussortiert wurden, werden über ehrenamtliche Helfer an den Tafel-Standorten in vielen deutschen Großstädten an Bedürftige ausgegeben.

*Abbildungen: © Bundesministerium für Ernährung, Landwirtschaft und Verbraucherschutz; © Bundesverband Deutsche Tafel e. V.*

## Material 9: Aussagen zum Thema

*Landwirt:* „Auch krumme Salatgurken schmecken saftig, aber keiner will sie."
*Bäcker:* „Der Kunde verlangt bis kurz vor Ladenschluss frisches Brot. Ich muss ständig nachbacken, obwohl noch Ware vorhanden ist."
*Kaufmann:* „Ich habe elf verschiedene Apfelsorten im Angebot und bin wegen meiner Warenvielfalt bekannt. Gekauft wird dann aber nur von den drei, vier gängigsten Sorten."
*Studentin:* „Drei kaufen – zwei bezahlen. Bei diesem Angebot musste ich einfach zugreifen!"
*Gastwirt:* „Manchmal geht mehr als die Hälfte der Essensportionen zurück."
*Hausfrau:* „Ich möchte einfach immer Vorrat für Besucher im Haus haben."
*Berufstätiger:* „Wenn ich nach der Arbeit noch rasch zum Einkaufen fahre, habe ich oft keinen Überblick über meinen Vorrat."
*Schüler:* „Aus älteren Bananen mache ich mir immer gerne einen Milchshake."

**2013/1 Die meisten Schülerinnen und Schüler absolvieren im Laufe ihrer Realschulzeit ein Betriebspraktikum. Welchen Gewinn können sie daraus ziehen? Welche Probleme können auftreten?**

## Hinweise zur Erschließung des Themas

Der Themabegriff dieser Aufgabenstellung lautet „Betriebspraktikum". Eingeschränkt wird das Thema durch die Hinweise „Schülerinnen und Schüler" und „Realschulzeit". Es betrifft dich also direkt und du kannst sicher auf persönliche Erfahrungen zurückgreifen. Präzisiert wird das Thema durch die beiden Erörterungsaufträge, die nach dem „Gewinn" und den möglichen „Problemen" fragen. Nachdem sich das Thema auf „Schülerinnen und Schüler" bezieht, ist davon auszugehen, dass man sich bei der Auseinandersetzung darauf beschränken soll, nach Problemen für die Praktikanten zu suchen. Der Begriff „Gewinn" muss später bei den Überlegungen zur Stoffsammlung und zur Strukturierung genau hinterfragt werden.

| | |
|---|---|
| **Themabegriff** | Betriebspraktikum |
| **Einschränkung** | Schülerinnen und Schüler, Realschulzeit |
| **Präzisierung** | Gewinn aus dem Praktikum, mögliche Probleme |
| **Erörterungsauftrag** zweigliedrig | 1. Welchen Gewinn können Schülerinnen und Schüler aus einem Betriebspraktikum während ihrer Schulzeit ziehen?<br>2. Welche Probleme können dabei auftreten? |

## Stoffsammlung und Strukturierung

### Überlegungen zur Einleitung

Es ist wichtig, dass dein Einleitungsgedanke keine Gesichtspunkte der beiden Erörterungsaufträge behandelt. Das bedeutet, dass du hier noch nicht den Nutzen oder die negativen Seiten eines Praktikums thematisierst, sonst würdest du möglicherweise Argumente vorwegnehmen. Sinnvoller ist es, sich andere Fragen zur Thematik zu stellen, aus denen du einen anschaulichen Einleitungsgedanken entwickeln kannst, der gut zum Hauptteil hinführt. Mögliche Fragestellungen könnten von deinen persönlichen Erfahrungen ausgehen:

- Wie lief mein Betriebspraktikum ab?
- Wie habe ich meinen Praktikumsplatz erhalten?
- Wie wurde ich in der Schule auf das Praktikum vorbereitet?
- Welche Auswahlmöglichkeiten/Praktikumsplätze gab es?
- Welche Höhepunkte/Besonderheiten habe ich erlebt?
- Welche Voraussetzungen musste ich erfüllen?

### Vorarbeiten für den Hauptteil

Um für den ersten Teil der Themafrage genügend Aspekte und eine Struktur zu bekommen, solltest du zunächst den Begriff „Gewinn" hinterfragen. Gewinn bedeutet immer, dass etwas hinzukommt oder zunimmt. Oft denkt man dabei nur an Finanzielles. Da es für Schülerinnen und Schüler bei einem Praktikum um die Vorbereitung auf die Zeit nach dem Schulabschluss geht, liegt es auf der Hand, danach zu fragen, welchen persönlichen Gewinn es bringen kann. Ein guter Ansatzpunkt ist dabei die Frage nach den Zielen eines solchen Praktikums. Sicherlich helfen dir dabei deine eigenen Erfahrungen und weitere W-Fragen, um diesen Bereich zu strukturieren:

- Was waren die Ziele des Betriebspraktikums?
- Welche positiven Erfahrungen habe ich gemacht?
- Nach welchen Gesichtspunkten habe ich meinen Praktikumsplatz ausgewählt?
- Was war alles neu für mich? In welchen Bereichen hat das Praktikum mein Wissen und meine Erfahrungen erweitert?
- Worin sehe ich für mich Vorteile durch das Praktikum?

Für den zweiten Teil des Themas kannst du möglicherweise ebenfalls auf eigene Erfahrungen zurückgreifen und daraus Argumente gewinnen. Zusätzlich, um die Frage allgemeingültig zu beantworten, helfen auch hier einige Leitfragen weiter:

- Welche negativen Erfahrungen habe ich gemacht?
- Was kann bei einem Praktikum schief gehen?
- Was kann bei einem Praktikum belastend sein?
- Was kann die Erreichung der Praktikumsziele verhindern oder erschweren?

**Überlegungen zum ersten Teil der Themafrage – Welchen Gewinn können Schülerinnen und Schüler aus einem Betriebspraktikum während ihrer Schulzeit ziehen?**

Ausgangspunkt deiner Überlegungen ist die Frage nach den Zielen eines Betriebspraktikums. Eines davon ist ein praxisnaher **Einblick in die Arbeitswelt**, ein zweites sicherlich die Unterstützung der eigenen beruflichen Orientierung. Ein Praktikum vermittelt dir erste Erfahrungen über Arbeitsabläufe, Anforderungen im Beruf, über die Verantwortung des Einzelnen, im Hinblick auf die Arbeitszeit, die Zusammenarbeit im Betrieb und die Organisation eines Unternehmens. Dies sind bestimmt wichtige „Gewinnbereiche" für einen Praktikanten, da sich die Erfahrungswelt Schule ganz erheblich von der Arbeitswelt unterscheidet.
Frage dich als Nächstes, was du für deine **berufliche Orientierung** brauchst. Zum einen musst du dabei deinen Interessen, Fähigkeiten, Neigungen und Vorstellungen auf die Spur kommen, wobei dir die Begegnung mit der Praxis erheblich weiterhelfen kann. Darüber hinaus kann ein Betriebspraktikum in diesem Zusammenhang auch die Frage beantworten, ob eine gewählte berufliche Richtung zu einem passt oder nicht. Am Ende der Orientierungsphase steht die Bewerbung um einen Ausbildungsplatz. Frage dich, ob du durch ein Praktikum auch dafür einen Gewinn ziehen kannst. Zum einen bietet es eine gute Möglichkeit, mit einem möglichen Ausbildungsbetrieb bereits Kontakt herzustellen, zum anderen verbessern positive Praktikumsnachweise im Lebenslauf auch die Einstellungschancen. Zudem ist die oft übliche schriftliche oder persönliche Bewerbung um ein Praktikum ein gutes Training für die Bewerbung um einen Ausbildungsplatz.

**Überlegungen zum zweiten Teil der Themafrage – Welche Probleme können auftreten?**

Hier bieten sich die gleichen Ausgangspunkte an wie beim ersten Teil der Themafrage. Überlege, wodurch sich aus dem **Einblick in die Arbeitswelt** Probleme ergeben können. Denke z. B. daran, dass dieser Einblick auch mangelhaft ausfallen kann. Probleme könnten sich einstellen durch die ungewohnt lange Arbeitszeit, durch eine ungewohnte körperlich belastende Arbeit, durch mangelnde Betreuung im Betrieb, durch eine fehlende Einbindung in die Arbeitsabläufe oder durch praktikumsfremde Arbeiten, sodass man den Arbeitsalltag und die Anforderungen der Tätigkeit nicht richtig kennenlernen kann. Dies wirkt sich auch auf den Nutzen des Praktikums für die **berufliche Orientierung** aus, denn ohne entsprechende Erfahrungen verliert es an Wert und Aussagekraft. Ein Problem könnte auch sein, dass man sich einen Platz gesucht hat, der überhaupt nicht den Neigungen und Fähigkeiten entspricht oder dass man diese im Vorfeld völlig falsch eingeschätzt hat, was naturgemäß eine große Enttäuschung auslöst und sich vielleicht so auswirkt, dass man auf weitere freiwillige Praktika verzichtet. Diese negative Erfahrung kann auch eintreten, wenn man nicht den Wunschplatz bekommt oder wenn die Plätze einfach zugewiesen werden. Strukturiere deine Argumente abschließend z. B. in Form einer Tabelle:

**Gewinn für Schülerinnen und Schüler aus einem Betriebspraktikum:**

| Aus dem Einblick in die Arbeitswelt | Für die berufliche Orientierung |
|---|---|
| – Kennenlernen von Anforderungen im Beruf<br>– Kennenlernen von Arbeitsabläufen<br>– Sammeln von praktischen Erfahrungen<br>– Einübung wichtiger Schlüsselqualifikationen<br>– Einblick in die Zusammenarbeit im Betrieb<br>– … | – Stärkung eigener Fähigkeiten<br>– Bestätigung beruflicher Vorstellungen<br>– Herstellung von Kontakten für die Ausbildungsplatzsuche<br>– Bereicherung des Lebenslaufs für spätere Bewerbungen<br>– … |

**Mögliche Probleme, die bei einem Betriebspraktikum auftreten können:**

| Aus dem Einblick in die Arbeitswelt | Für die berufliche Orientierung |
|---|---|
| – Ungewohnt lange Arbeitszeit<br>– Körperlich belastende Arbeiten<br>– Mangelnde Betreuung im Betrieb<br>– Praktikumsfremde Tätigkeiten<br>– … | – Falsche Einschätzung der Interessen und Neigungen<br>– Mangelnde Einbindung in den Arbeitsablauf<br>– Fehlende Wahlmöglichkeit bei der Auswahl des Praktikumsplatzes<br>– … |

**Überlegungen zum Schlussgedanken**

Der Schluss rundet deinen Aufsatz sinnvoll ab, das heißt, der abschließende Gedanke sollte zum Aufsatz passen und deine Aussagen müssen ausreichend begründet sein. Folgende Aspekte könnten sich für den Schluss eignen:

- Kurze anschauliche Darstellung deiner eigenen (positiven oder negativen) Praktikumserfahrungen
- Begründete Darstellung der für dich wichtigsten Vorteile eines Betriebspraktikums
- Schilderung eventueller positiver Auswirkungen deiner Praktika auf die Bewerbung um den Ausbildungsplatz
- Rückblick auf absolvierte freiwillige Praktika
- Anforderungen und Zielsetzungen für ein erfolgreiches Praktikum

**Gliederungsvorschlag**

*Hinweis: Gliederungspunkte, die mit Spiegelstrich angeordnet sind, können auch nummerisch (z. B. 1.1.1) aufgeführt werden.*

**A. Im Wirtschafts- und Rechtslehreunterricht wurde das Betriebspraktikum vor- und nachbereitet**

**B. Welchen Gewinn können Schülerinnen und Schüler aus einem Betriebspraktikum während ihrer Schulzeit ziehen? Welche Probleme können dabei auftreten?**

**1 Gewinn für Schülerinnen und Schüler**

1.1 Aus dem Einblick in die Arbeitswelt
- Kennenlernen von Anforderungen im Beruf
- Kennenlernen von Arbeitsabläufen
- Sammeln von praktischen Arbeitserfahrungen
- Einübung wichtiger Schlüsselqualifikationen
- Einblick in die Zusammenarbeit im Betrieb

1.2 Für die berufliche Orientierung
- Stärkung eigener Fähigkeiten
- Bestätigung persönlicher beruflicher Vorstellungen
- Herstellung von Kontakten für die Ausbildungsplatzsuche
- Bereicherung des Lebenslaufs für spätere Bewerbungen

**2 Probleme, die bei einem Betriebspraktikum auftreten können**

2.1 Aus dem Einblick in die Arbeitswelt
- Ungewohnt lange Arbeitszeit
- Körperlich belastende Arbeiten
- Mangelnde Betreuung im Betrieb
- Praktikumsfremde Tätigkeiten

2.2 In Bezug auf die berufliche Orientierung
- Falsche Einschätzung der Interessen und Neigungen
- Mangelnde Einbindung in den Arbeitsablauf
- Fehlende Wahlmöglichkeit in Bezug auf den Praktikumsplatz

**C. Ein erfolgreiches Praktikum ist dann gewährleistet, wenn man gut in den Arbeitsablauf eingebunden wird und möglichst viele praktische Erfahrungen sammeln kann**

**2013/2 Warum sind Fernsehserien, in denen Menschen in ihrem Alltag gezeigt werden, so beliebt? Erörtern Sie Kritikpunkte an dieser Art von Sendung.**

## Hinweise zur Erschließung des Themas

Der Themabegriff „Fernsehserien, in denen Menschen in ihrem Alltag gezeigt werden“ steht wohl für Fernsehformate wie Reality-Soaps, Doku-Soaps, Problemlöse- und Lebenshilfesendungen usw., die mit dem Begriff „Reality-TV“ zusammengefasst werden. Sie laufen hauptsächlich auf den privaten Fernsehsendern, nehmen seit Jahren in ihrer Zahl zu und haben hohe Zuschaueranteile. Beispiele sind die Sendungen „Big Brother“, „Supernanny“, „Mitten im Leben“ oder „Berlin – Tag und Nacht“. Präzisiert wird die Aufgabenstellung durch die beiden Erörterungsaufträge, die zum einen nach den Gründen für die Beliebtheit solcher Serien fragen, zum anderen die Diskussion von Kritikpunkten an dieser Art von Sendungen verlangen.

| | |
|---|---|
| **Themabegriff** | Fernsehserien, in denen Menschen in ihrem Alltag gezeigt werden (Reality-TV) |
| **Präzisierung** | Gründe für die Beliebtheit solcher Serien, Kritikpunkte |
| **Erörterungsauftrag** zweigliedrig | 1. Warum sind Fernsehserien, in denen Menschen in ihrem Alltag gezeigt werden, so beliebt?<br>2. Welche Kritikpunkte an diesen Sendungen gibt es? |

## Stoffsammlung und Strukturierung

### Überlegungen zur Einleitung

Einen sinnvollen Einleitungsgedanken, der zum Thema hinführt, Interesse für den Hauptteil weckt und keine Argumente vorwegnimmt, kannst du aus folgenden Leitfragen entwickeln:

- Was versteht man unter solchen Serien?
- Welche Reality-TV-Serien kenne ich?
- Welche dieser Sendungen sind bei mir in der Klasse im Gespräch?
- Worum geht es in den mir bekannten/von mir bevorzugten Serien?
- Auf welchen Sendern laufen diese Serien hauptsächlich?
- Zu welchen Tageszeiten werden sie in erster Linie ausgestrahlt?

### Vorarbeiten für den Hauptteil

Ausgehend von den eigenen Erfahrungen ist es sinnvoll, sich als Erstes zu überlegen, wie diese Serien gemacht sind. Sie erwecken den Anschein, als handele es sich um echtes (dokumentarisches) Material, tatsächlich sind es aber nach Drehbuch inszenierte, erfundene und oft dramatisch zugespitzte Geschichten, die sehr häufig von Laien, also nicht von professionellen Schauspielern, gespielt werden. Als Nächstes betrachtest du den Inhalt dieser Serien. Meist geht es um Streitfälle, Mobbing, Schul- und Erziehungsprobleme, Partnerschaftsprobleme, Liebe bzw. Partnersuche, Auswandern, Wohnungssuche, Verbrechen usw. Auch die Hauptsendezeit (Nachmittagsstunden und beste Sendezeit am Abend) gibt Aufschluss auf Gründe für die Beliebtheit.
Vor diesem Hintergrund kannst du nun Kritikpunkte sammeln. In den Sendungen wird so getan, als gehe es um einen Einblick in das wahre Alltagsleben anderer, dabei spielen jedoch Laiendarsteller, die bestimmte Eigenschaften (Klischees) erfüllen, nach Drehbuch. Wenn du dir dies bewusst machst, ergeben sich durchaus kritische Argumente.

**Überlegungen zum ersten Teil der Themafrage – Warum sind Fernsehserien, in denen Menschen in ihrem Alltag gezeigt werden, so beliebt?**

Wenn man sich fragt, warum diese Serien häufig am Nachmittag oder abends zur besten Sendezeit ausgestrahlt werden, wird klar, dass dies Tageszeiten sind, zu denen viele Menschen zu Hause sind und nach Unterhaltung, Zeitvertreib und Spaß suchen. Die Machart dieser Serien, die Realität vorgaukeln, befriedigt die Neugier und das Interesse vieler Menschen am Leben anderer. Nimmt man noch die Themen und Inhalte hinzu, so ergibt sich wohl auch der Aspekt, dass manche Zuschauer aus diesen Sendungen lernen wollen, wie sie mit bestimmten Problemen in ihrem eigenen Leben umgehen können. Da die Inhalte inszeniert und dramatisiert sind, kommt vermutlich eine gewisse Sensationslust hinzu oder auch Schadenfreude gegenüber besonders negativ gezeichneten Rollen. Oft sind die Rollen der Darsteller so angelegt, dass Vorurteile bedient werden. Wenn man die Themen der Sendungen betrachtet, könnte auch Mitgefühl mit bestimmten Darstellern oder Identifikation eine Rolle spielen, weil man sich vielleicht selbst ebenso sieht oder in einer ähnlichen Situation steckt. Dadurch, dass das Geschehen oft sehr dramatisch oder schicksalhaft ist, könnte sich die Beliebtheit auch darin begründen lassen, dass viele Menschen das Gefühl genießen, andere seien schlechter dran als man selbst. Zudem dienen solche Serien der Ablenkung vom eigenen Alltagsleben. Außerdem sind sie ein häufiges Gesprächsthema im Alltag, weshalb viele zusehen, um mitreden zu können. Aus diesen Überlegungen lassen sich folgende Gründe formulieren, die als Argumente in die Gliederung aufgenommen werden können und die du bei der Formulierung deines Aufsatzes mit Beispielen aus den Serien veranschaulichen kannst.

**Gründe für die Beliebtheit**

- Wunsch nach Unterhaltung und Zeitvertreib
- Bedürfnis, am Leben anderer teilzunehmen
- Hilfe zur Bewältigung der eigenen Lebenssituation
- Bestätigung von Vorurteilen
- Neugier
- Ablenkung von eigenen Alltagsproblemen
- Trost in schwierigen Lebenssituationen
- Bedürfnis, mitreden zu können
- Lust an Sensationen
- Ausleben von Schadenfreude
- Identifikation mit dem Leben anderer

**Überlegungen zum zweiten Teil der Themafrage – Welche Kritikpunkte an diesen Serien gibt es?**

Auch zur Beantwortung dieser Frage kannst du die Vorüberlegungen nutzen. Betrachtet man die Inhalte, Themen und die Qualität der Darstellung, so kann man durchaus von Niveaulosigkeit sprechen. Die Sendungen sind auf bestimmte Bedürfnisse und Zuschauergruppen zugeschnitten und da es sich um frei erfundene Inhalte handelt, die unrealistisch dramatisiert werden, wird klar, dass es nur darum geht, hohe Einschaltquoten zu erzielen. Realität per Drehbuch bedeutet aber auch, dass der Zuschauer zwischen echter und vorgetäuschter Realität nicht mehr unterscheiden kann, dass der Bezug zur Wirklichkeit verloren geht und er meint, das Leben funktioniere wie in der Serie. Durch die vereinfachten Rollenbilder wird der Mensch auf gut oder böse, arm und reich, faul und fleißig reduziert, Vorurteile werden geschürt. Wenn man die Themenschwerpunkte (Beziehungskrisen, Kriminalität, Mobbing, Intrigen, Schulprobleme usw.) betrachtet, dann stellt sich auch die Frage, ob nicht ein falsches Bild der gesellschaftlichen Realität erzeugt wird. Denn die dargestellten Probleme und Situationen sind sicherlich nicht der Normalfall, ebenso wenig wie die Art und Weise, wie in den Serien miteinander umgegangen wird. Bei der Ausformulierung der Argumente im Aufsatz solltest du sie mit möglichst aussagekräftigen Beispielen aus den Serien veranschaulichen.

## Überlegungen zum Schlussgedanken

Nun geht es noch darum, deinen Aufsatz mit einem Schlussgedanken sinnvoll abzurunden. Folgende Möglichkeiten bieten z. B. einen anschaulichen und zum Thema passenden Abschluss:

- Kurze begründete Darstellung der eigenen Meinung zu Reality-TV-Serien
- Kurze begründete Darstellung des persönlichen Konsums solcher Serien
- Abwägung der Gründe für die Beliebtheit und der Kritikpunkte
- Ausblick: z. B. Wunsch nach Einstellung dieser Serien, Vorschläge für neue Themenfelder
- Persönliche Erfahrungen aus dem Umfeld: Wie gehen Freunde mit diesen Serien um?
- Gründe, warum du eine bestimmte Serie gerne schaust/nicht schaust

## Gliederungsvorschlag

***Hinweis:*** *Die Argumente sind hier nach dem Prinzip „vom Allgemeinen zum Besonderen" aufgebaut.*

**A. In solchen Serien werden Alltags- oder Problemsituationen nach Drehbuch in oft stark übertriebener Form nachgespielt und es wird der Eindruck vermittelt, dass es sich hierbei um Szenen handelt, die sich wirklich so zugetragen haben**

**B. Warum sind Fernsehserien, in denen Menschen in ihrem Alltag gezeigt werden, so beliebt? Welche Kritikpunkte an diesen Serien gibt es?**

**1 Gründe für die Beliebtheit von Fernsehserien, in denen Menschen in ihrem Alltag gezeigt werden**

1.1 Wunsch nach Unterhaltung und Zeitvertreib
1.2 Bedürfnis, mitreden zu können
1.3 Ablenkung von eigenen Alltagsproblemen
1.4 Identifikation mit dem Leben anderer
1.5 Lust auf Sensationen und Befriedigung von Neugier
1.6 Bedürfnis, am Leben anderer teilzuhaben
1.7 Trost und Hilfe in der eigenen Lebenssituation
1.8 Ausleben von Schadenfreude
1.9 Bedürfnis nach Bestätigung von Vorurteilen

**2 Kritikpunkte an diesen Serien**

2.1 Niveaulosigkeit von Darstellung und Inhalten
2.2 Unrealistische Übertreibungen
2.3 Täuschung der Zuschauer durch Darstellung einer falschen gesellschaftlichen Wirklichkeit
2.4 Einschaltquote im Mittelpunkt
2.5 Stark vereinfachte Rollenbilder
2.6 Verlust des Bezugs zur Wirklichkeit beim Zuschauer
2.7 Verfestigung von Vorurteilen

**C. Wenn dem Zuschauer bewusst ist, dass es sich nicht um die Darstellung des realen Alltagslebens dreht, sondern um ein übertriebenes Nachspielen, dann ist gegen solche Serien nichts einzuwenden**

## 2013/3 Kindern und Jugendlichen geht es heutzutage so gut wie nie. Wie stehen Sie zu dieser Aussage?

### Hinweise zur Erschließung des Themas

Der Themabegriff lässt sich aus der Aussage „geht es so gut wie nie" gewinnen: Es geht um gute Lebensbedingungen. Eingeschränkt wird das Thema durch die Festlegung auf „Kinder und Jugendliche" und die zeitliche Präzisierung „heutzutage", also in der Gegenwart. Den Erörterungsauftrag findest du im zweiten Satz. Er fordert dich auf, die im ersten Satz getroffene Behauptung zu untersuchen, also Argumente zu finden, die für diese Aussage stehen und Argumente, die dagegen sprechen. Da du direkt angesprochen bist, geht es in einem dritten Teil dieser Erörterung auch um deine persönliche Meinung dazu. Je nachdem, ob du der Aussage zustimmst oder nicht, solltest du die für dich wichtigsten Pro- oder Kontra-Argumente anführen und begründen, warum sie für dich ausschlaggebend sind. Möglich ist auch, deine Zustimmung mit für dich bedeutenden Gegenargumenten einzuschränken. Deine eigene Meinung ist bei dieser Art der Erörterung entweder ein eigener Punkt im Hauptteil oder du stellst sie ausführlich im Schluss dar – füge sie so in deinen Aufsatz ein, wie du es im Unterricht gelernt hast.

| | |
|---|---|
| **Themabegriff** | gute Lebensbedingungen |
| **Einschränkung** | heutzutage, Kinder und Jugendliche |
| **Präzisierung** | Wie stehen Sie zu dieser Aussage? *(Es ist eine Stellung nehmende Erörterung verlangt mit Pro- und Kontra-Argumenten und der Darlegung der eigenen Position.)* |
| **Erörterungsauftrag**<br>dreigliedrig,<br>Stellung nehmend | 1. Was spricht dafür, dass es Kindern und Jugendlichen heutzutage so gut geht wie nie?<br>2. Was spricht dagegen, dass es Kindern und Jugendlichen heutzutage so gut geht wie nie?<br>3. Wie ist meine eigene Meinung zu dieser Aussage? |

### Stoffsammlung und Strukturierung

### Überlegungen zur Einleitung

Sehr verlockend wäre es hier, zu beschreiben, wie (gut) man selber lebt und unter welchen Bedingungen. Dies birgt jedoch die Gefahr, dass du Teile von Argumenten des Hauptteils vorwegnimmst. Bei Themen, die sich aus einer sehr allgemeingehaltenen Aussage („…geht es heutzutage so gut wie nie" = haben beste Lebensbedingungen) entwickeln sollen, ist es sinnvoll, zunächst den weitgefassten Begriff „Lebensbedingungen" zu klären und zu fragen, was hier alles dazugehört. Dies ist auch hilfreich für die Arbeit an der Stoffsammlung für den Hauptteil. Du kannst in der Einleitung die einzelnen Bereiche nennen, die die Lebensbedingungen in der Summe ausmachen. Denn sie hören nicht beim Wohlstand, in dem die meisten von uns leben, und den sich daraus ergebenden Vorzügen auf, sondern werden ferner bestimmt von den Wohnverhältnissen, der Erziehung, der Familie, den Bildungsmöglichkeiten, den Arbeits- und Ausbildungsmöglichkeiten, der medizinischen Versorgung, der Technik, den Freizeitangeboten usw. Im Wirtschafts- und Rechtslehre-Unterricht oder in Sozialwesen/Sozialkunde hast du bestimmt etwas über die verschiedenen Bedürfnisstufen des Menschen gehört. Eine weitere sinnvolle Möglichkeit für deinen Einleitungsgedanken besteht im Rückblick, also zum Beispiel einer kurzen Schilderung, wie etwa deine Eltern oder Großeltern in ihrer Kindheit und Jugend lebten.

## Vorarbeiten für den Hauptteil

Aufbauend auf den Überlegungen zur Einleitung kannst du nun die Frage, was alles die Lebensbedingungen bestimmt, genauer beantworten. Neben den bereits genannten könnte man noch die Bereiche persönliche Freiheit, Frieden, Sicherheit und Recht anführen. Bei der anschließenden Stoffsammlung für den ersten Teil des Aufsatzes kannst du dann die einzelnen Bereiche daraufhin prüfen, ob sie Argumente enthalten, die die Aussage des Themas stützen. Für den zweiten Teil des Themas stellst du dir die Frage, wodurch es Kindern und Jugendlichen nicht gut gehen kann. Es sollen negative Einflüsse gefunden werden, die eben dagegen sprechen, dass es Kindern und Jugendlichen so gut geht wie nie zuvor. Viele Antworten bekommst du, wenn du die erarbeiteten Bereiche auf negative Auswirkungen hinterfragst. Abschließend musst du im dritten Teil deine Haltung gegenüber der Ausgangsbehauptung begründend darstellen. Dazu verwendest du die Argumente, die dir am wichtigsten erscheinen, und erläuterst, warum sie für dich ausschlaggebend sind.

## Überlegungen zum ersten Teil der Themafrage – Was spricht dafür, dass es Kindern und Jugendlichen heutzutage so gut geht wie nie?

## Überlegungen zum zweiten Teil der Themafrage – Was spricht dagegen, dass es Kindern und Jugendlichen heutzutage so gut geht wie nie?

Zunächst solltest du die bereits dargestellten Bereiche dahingehend untersuchen, ob sich aus ihnen auch negative Einflüsse ergeben könnten. Viele dieser Bereiche scheiden wohl eher aus, andere besitzen durchaus das Potenzial, die Kindheit und Jugend erheblich zu belasten:

- Hat der Wohlstand negative Auswirkungen? → gesundheitliche Folgen, z. B. Übergewicht
- Hat die große Selbstständigkeit negative Folgen? → Gefahr von Drogenkonsum oder anderer Abhängigkeit
- Hat der hohe technische Standard negative Auswirkungen? → mögliche Computerabhängigkeit, Verlust echter sozialer Kontakte, Einsamkeit

Nun muss es aber noch anderes geben, was Kindheit und Jugend nachhaltig negativ beeinflussen kann und so der Behauptung des Themas widerspricht:

- Familie? → immer mehr Scheidungen und zerbrechende Familien → mangelnde emotionale Sicherheit → Alleingelassensein bei entwicklungsbedingten Problemen
- Wohlstand? → Alleinerziehende und Arbeitslose → Anteil armer Kinder und Jugendlicher wächst → Außenseiter in einer auf Konsum ausgerichteten Gesellschaft
- Schule und Arbeit → zunehmender Leistungsdruck, Mobbing

**Überlegungen zum dritten Teil der Themafrage – Wie ist meine eigene Meinung zu dieser Aussage?**

Nun ist deine eigene Meinung gefragt. Entscheide dich, ob du der Behauptung zustimmst oder nicht. Du kannst auch eine Zustimmung durch einige gewichtige Gegenargumente einschränken. Wichtig ist dabei in jedem Fall, deine Meinung zu begründen. Zur Untermauerung deines Standpunkts reichen etwa drei Behauptungen aus den beiden Hauptteilen und eine anschauliche Begründung, warum diese Punkte für dich entscheidend und meinungsprägend sind.

**Überlegungen zum Schlussgedanken**

Wenn deine begründete eigene Meinung den dritten Punkt des Hauptteils bilden soll, musst du nun noch einen Schlussgedanken entwickeln, der den Aufsatz abrundet. Je nachdem, wie deine Meinung ausgefallen ist, bietet sich ein Ausblick in die Zukunft an, zum Beispiel unter einer der folgenden Fragestellungen:

- Was muss geschehen, damit es mehr Kindern und Jugendlichen tatsächlich gut geht?
- In welchen Bereichen sind besondere Anstrengungen notwendig, damit das hohe Niveau gehalten werden kann?
- Was kann der Einzelne tun, damit es Kindern und Jugendlichen in unserem Land gut geht?
- Was kann/muss die Gesellschaft leisten, damit es den Kindern und Jugendlichen gut geht?
- Ist der Wohlstand eines großen Teils der Gesellschaft in Gefahr?

*Einem Ausblick können auch andere Einzelbereiche unterzogen werden.*

**Gliederungsvorschlag**

**A. Gute Lebensbedingungen werden nicht alleine vom materiellen Wohlstand bestimmt, sondern auch von Bildungs- und Arbeitsmöglichkeiten, Freizeitangeboten, Frieden und Sicherheit**

**B. Was spricht dafür, dass es Kindern und Jugendlichen heutzutage so gut geht wie nie, und was spricht gegen diese Behauptung? Wie ist meine Meinung dazu?**

**1 Argumente, die dafür sprechen**

1.1 Umfassende materielle Absicherung
1.2 Breites Angebot an schulischer Bildung
1.3 Vielfältige Ausbildungs- und Arbeitsmöglichkeiten
1.4 Gute medizinische Versorgung
1.5 Vielfältige Freizeitangebote
1.6 Hoher technischer Standard in allen Lebensbereichen
1.7 Verbesserte rechtliche Stellung von Kindern und Jugendlichen
1.8 Leben in Frieden und Sicherheit
1.9 Hohes Maß an Selbstständigkeit

**2 Argumente, die dagegen sprechen**

2.1 Mangelnde emotionale Sicherheit durch immer mehr zerbrechende Familien
2.2 Wachsende Armut bei Alleinerziehenden
2.3 Stetig zunehmender Leistungsdruck in Schule und Beruf
2.4 Übergewicht und Bewegungsmangel als eine negative Wohlstandsfolge
2.5 Drogenkonsum oder andere Abhängigkeit als Folge der großen Selbstständigkeit
2.6 Verlust echter sozialer Kontakte und mögliche Computerabhängigkeit
2.7 Alleingelassensein bei pubertären Problemen

**3 Kindern und Jugendlichen ging es noch nie besser**

3.1 Leben in Wohlstand und materieller Sicherheit
3.2 Großes Maß an persönlicher Selbstständigkeit
3.3 Vielfältigste Freizeitmöglichkeiten

**C. Ohne große Anstrengungen von Politik, Gesellschaft und jedes Einzelnen wird der hohe Lebensstandard in unserem Land nur schwer zu halten sein**

## 2013/4 Das Radfahren erfreut sich zunehmender Beliebtheit. Welche Gründe sind dafür ausschlaggebend? Wie kann die Sicherheit der Radfahrer erhöht werden?

### Hinweise zur Erschließung des Themas

Der Themabegriff „Radfahren" findet sich bereits im Vorspann. Eingeschränkt wird das Thema durch den Aspekt der „zunehmenden Beliebtheit". Die beiden Fragen nach den Gründen für diese Beliebtheit und nach Möglichkeiten, die Sicherheit der Radfahrer zu erhöhen, präzisieren die Aufgabenstellung.

| | |
|---|---|
| **Themabegriff** | Radfahren |
| **Einschränkung** | zunehmende Beliebtheit |
| **Präzisierung** | Gründe für die Beliebtheit, Maßnahmen zur Erhöhung der Sicherheit |
| **Erörterungsauftrag** zweigliedrig | 1. Welche Gründe sind ausschlaggebend für die zunehmende Beliebtheit des Radfahrens?<br>2. Durch welche Maßnahmen kann die Sicherheit der Radfahrer erhöht werden? |

### Stoffsammlung und Strukturierung

### Überlegungen zur Einleitung

Wenn du mit der Schilderung eigener Erfahrungen beginnen möchtest, musst du aufpassen, dass du nicht schon Gründe für die Beliebtheit des Radfahrens nennst, da diese erst im Hauptteil deines Aufsatzes behandelt werden sollen. Es gibt jedoch eine Reihe anderer Möglichkeiten, einen passenden Einleitungsgedanken zu formulieren, frage z. B.:

- Zu welchen Gelegenheiten nutzt du dein Fahrrad?
- Gibt es ein besonderes Erlebnis in Verbindung mit dem Radfahren?
- Welche verschiedenen Fahrradarten gibt es?
- Darstellung eines aktuellen Trends, z. B. die neuen sogenannten Pedelecs / E-Bikes (Fahrräder mit Elektromotor) oder die steigende Zahl von Mountainbike-Parks
- Überblick über die Geschichte des Fahrrads, falls dir Einzelheiten bekannt sind
- Statistische Angaben über die Zahl der Fahrradfahrer oder Unfallzahlen, falls bekannt

## Vorarbeiten für den Hauptteil

Um für beide Erörterungsaufträge gute und gewichtige Argumente zu finden, empfiehlt es sich, über Leitfragen in die Stoffsammlung einzusteigen. Hier ist es durchaus sinnvoll, zunächst von den eigenen Erfahrungen auszugehen und dann die Fragestellungen auszuweiten.

| Gründe für die Beliebtheit | Maßnahmen zur Erhöhung der Sicherheit |
|---|---|
| – Zu welchen Gelegenheiten nutze ich mein Rad?<br>– Was mag ich am Radfahren besonders?<br>– Zu welchem Zweck benutzen andere Menschen ihr Rad?<br>– Welches Image hat Radfahren in der Gesellschaft?<br>– Welche positiven Wirkungen verbindet man mit Radfahren? etc. | – Welche Erfahrungen habe ich als Verkehrsteilnehmer?<br>– Wie verhalte ich mich als Radfahrer? Welche Verhaltensregeln habe ich eventuell in der Schule gelernt?<br>– Gibt es aktuelle Diskussionen/Forderungen in Sachen Sicherheit?<br>– Welche Erfahrungen gibt es in meinem persönlichen Umfeld? etc. |

## Überlegungen zum ersten Teil der Themafrage – Welche Gründe sind ausschlaggebend für die zunehmende Beliebtheit des Radfahrens?

Die Auseinandersetzung mit den Leitfragen wird dir nun eine Vielzahl von Antworten liefern, die du anschließend ordnest. Im Folgenden sind einige Möglichkeiten beispielhaft ausgeführt:

- Zu welchen Gelegenheiten nutze ich mein Rad?
  → *um in die Schule/in die Stadt zu fahren, um mich sportlich zu betätigen, im Mountainbike-Park, zum Einkaufen …*
- Was mag ich am Radfahren besonders?
  → *schnelles, günstiges und flexibles Fortbewegungsmittel, Radfahren macht Spaß, verschiedene Ausführungen, z. B. BMX-Räder …*
- Welches Image hat Radfahren in der Gesellschaft?
  → *umweltfreundlich, gesund, preiswert, modern …*
- Welche positiven Wirkungen verbindet man mit Radfahren?
  → *erhöht die Fitness, beugt Gewichtszunahme vor, ist $CO_2$-neutral, gutes Ausdauertraining, leise, keine Parkplatzsuche …*

Nun kannst du Oberbegriffe bilden, die einzelnen Antworten zuordnen und sie so umformulieren, dass sie dem Stil einer Gliederung entsprechen. Folgende Ordnung bietet sich an:

| | |
|---|---|
| **Persönliche Gründe** | – Radfahren liegt im Trend<br>– Flexibles Fortbewegungsmittel<br>– Macht Spaß |
| **Sportliche und gesundheitliche Gründe** | – Wirkungsvolles Ausdauertraining<br>– Vorbeugung einer Gewichtszunahme<br>– Erhaltung der Fitness<br>– Senkung des Krankheitsrisikos<br>– Vielseitige Sportart |
| **Wirtschaftliche und Umweltschutzgründe** | – Relativ geringe Anschaffungskosten<br>– Preisgünstiges Verkehrsmittel<br>– Leises Verkehrsmittel<br>– $CO_2$-neutrales Verkehrsmittel |

**Überlegungen zum zweiten Teil der Themafrage – Durch welche Maßnahmen kann die Sicherheit der Radfahrer erhöht werden?**

Die Auseinandersetzung mit den Leitfragen zu diesem Aspekt geschieht nun in gleicher Weise, ebenso die Formulierung von Oberbegriffen und die entsprechende Zuordnung der Antworten.

- Welche Erfahrungen habe ich als Radfahrer im Verkehr?
  → *oft geringer Abstand der Pkws, beinahe von abbiegendem Lkw übersehen worden, von der Polizei angehalten worden wegen fehlendem Licht ...*
- Wie verhalte ich mich als Radfahrer? Welche Verhaltensregeln habe ich eventuell in der Schule gelernt?
  → *vorausschauend und defensiv fahren, Handzeichen geben, Blickkontakt suchen ...*
- Gibt es aktuelle Diskussionen/Forderungen in Sachen Sicherheit:
  → *Thema Helmpflicht bzw. Deutsche als „Helmmuffel", Radwegeausbau, eigene Fahrstreifen für Radfahrer ...*
- Welche Erfahrungen gibt es in meinem persönlichen Umfeld?
  → *„Geisterfahrer" in Einbahnstraße, Fahrer auf der falschen Radwegseite, schwere Verletzung durch Helm vermieden, Fahrradkontrolle durch Polizei ...*

Wenn du diese Antworten genauer betrachtest, dann lässt sich erkennen, dass man sie einteilen könnte in **Maßnahmen für die Radfahrer** und **Maßnahmen durch die Radfahrer** selbst:

| | |
|---|---|
| **Maßnahmen für die Radfahrer** | – Ausbau von Radwegen oder Radfahrerspuren<br>– Einführung einer Helmpflicht<br>– Verstärkte Sicherheitskontrollen<br>– Schulungen für sicheres Radfahren<br>– Aufklärungsmaßnahmen für rücksichtsvolles Verhalten anderer Verkehrsteilnehmer |
| **Maßnahmen durch die Radfahrer selbst** | – Beachtung der Straßenverkehrsregeln<br>– Vorausschauendes und defensives Fahren<br>– Regelmäßige Kontrolle des Fahrradzustands<br>– Blickkontakt zu anderen Verkehrsteilnehmern<br>– Benutzung eindeutiger Handzeichen |

**Überlegungen zum Schlussgedanken**

Folgende Möglichkeiten für eine gute Abrundung des Aufsatzes bieten sich hier an:

- Herausgreifen und Vertiefen eines Arguments, z. B. abgasfreies Verkehrsmittel
  → *Möglichkeit, die Luftverschmutzung und Staubbelastung in den Städten zu reduzieren*
- eigene Absichten/Pläne in Sachen Fahrrad, z. B. Wunsch nach einem speziellen Rad, Anschaffung eines neuen Fahrrads
- zusammenfassende Bewertung des Fahrrads als Verkehrsmittel
- Wünsche und Vorstellungen, was für Radfahrer in der eigenen Gemeinde/Stadt getan werden müsste
- Ausweitung des Themas im Hinblick auf verschiedene Trendsportarten, wie Mountainbiking, BMX-Sport, Downhill fahren
- zukünftige persönliche Nutzungsabsichten

**Gliederungsvorschlag**

**A. Heute ist eine Vielzahl von Fahrradtypen für jeden Einsatzzweck vom einfachen Tourenfahrrad bis hin zu Pedelecs, die eine Unterstützung durch einen Elektromotor bieten, erhältlich**

**B. Welche Gründe sind ausschlaggebend für die zunehmende Beliebtheit des Radfahrens? Durch welche Maßnahmen kann die Sicherheit der Radfahrer erhöht werden?**

**1 Gründe für die zunehmende Beliebtheit des Radfahrens**

1.1 Persönliche Gründe
- Aktueller Trend
- Hoher Spaßfaktor
- Flexibles Fortbewegungsmittel

1.2 Sportliche und gesundheitliche Gründe
- Wirkungsvolles Ausdauertraining
- Vorbeugung einer Gewichtszunahme
- Erhaltung der Fitness
- Senkung des Krankheitsrisikos
- Vielseitige Sportart

1.3 Wirtschaftliche und Umweltschutzgründe
- Relativ geringe Anschaffungskosten
- Preisgünstiges Verkehrsmittel
- $CO_2$-neutrales Verkehrsmittel
- Leises Verkehrsmittel

**2 Maßnahmen zur Erhöhung der Sicherheit**

2.1 Maßnahmen für die Radfahrer
- Schulungen für sicheres Radfahren
- Ausbau von Radwegen oder Radfahrerspuren
- Einführung einer Helmpflicht
- Verstärkte Sicherheitskontrollen
- Aufklärungsmaßnahmen für andere Verkehrsteilnehmer

2.2 Maßnahmen durch die Radfahrer selbst
- Benutzung eindeutiger Handzeichen
- Regelmäßige Kontrolle des Fahrradzustands
- Vorausschauendes und defensives Fahren
- Beachtung der Straßenverkehrsregeln

**C. Ebenso wie ich bisher den Weg zur Schule mit dem Fahrrad zurücklegte, werde ich es auch für die Fahrt zu meinem Ausbildungsbetrieb benutzen**

## 2013/5 Welche Möglichkeiten haben junge Menschen, sich in unserer Gesellschaft politisch zu engagieren? Was hält sie häufig davon ab?

### Hinweise zur Erschließung des Themas

Der Themabegriff lautet „politisches Engagement“ und bezieht sich auf „junge Menschen“, meint also Jugendliche und junge Erwachsene. Es wird nach Möglichkeiten einer aktiven Teilnahme am politischen Geschehen gefragt. Das Wort „Gesellschaft“ gibt einen Hinweis darauf, dass nicht nur politisches Engagement in Parteien gemeint ist, sondern dass die Frage darüber hinaus geht. Wissen darüber, was man unter Politik im Allgemeinen versteht, ist hier unerlässlich. Der zweite Teil des Erörterungsauftrags stellt die Frage nach den Gründen, durch die junge Menschen häufig von einer politischen Betätigung abgehalten werden.

| | |
|---|---|
| **Themabegriff** | politisches Engagement |
| **Einschränkung** | junge Menschen |
| **Präzisierung** | Möglichkeiten zur politischen Betätigung junger Menschen in unserer Gesellschaft; Gründe, weshalb sie häufig davon abgehalten werden |
| **Erörterungsauftrag** zweigliedrig | 1. Welche Möglichkeiten haben junge Menschen, sich in unserer Gesellschaft politisch zu engagieren?<br>2. Wodurch werden sie häufig davon abgehalten? |

### Stoffsammlung und Strukturierung

### Überlegungen zur Einleitung

Die Darstellung von Möglichkeiten gehört ebenso wenig in den Einleitungsgedanken wie Aussagen über das politische Desinteresse junger Menschen. Wenn dir nicht zufällig oder aus dem Unterricht statistisches Material vorliegt, das sich gut als Einstieg eignen würde, gibt es drei mögliche Herangehensweisen:

1. Du definierst den Begriff „Politik“. Darunter versteht man alle Einrichtungen, Vorgänge und Entscheidungen, die zur Entwicklung, Steuerung und Organisation von Staat und Gesellschaft notwendig sind.
2. Du beschreibst mit einigen konkreten Beispielen, auf welchen Ebenen und in welchen Bereichen politische Entscheidungen gefällt werden.
3. Du stellst einen Zusammenhang dahingehend her, dass Politik die Gesellschaft und damit die Menschen betrifft und durch sie gemacht wird. Somit lebt die Gesellschaft nur durch das Engagement möglichst vieler aus allen Altersschichten.

### Vorarbeiten und Überlegungen für den ersten Teil der Themafrage – Welche Möglichkeiten haben junge Menschen, sich in unserer Gesellschaft politisch zu engagieren?

Wenn du auf keine persönlichen Erfahrungen zurückgreifen kannst, musst du spätestens jetzt die Bedeutung des Begriffes „Politik“ klären und zur Grundlage deiner Stoffsammlung machen. Ausgehend von der bereits erläuterten Definition fragst du dich, **wo** überall über die Dinge entschieden wird, die unser Zusammenleben beeinflussen: Nicht nur in Stadt- oder Gemeinderat, sondern auch in Vereinen/Verbänden (Gewerkschaften, kirchliche Jugendgruppen o. Ä.), eventuell in einem Jugendrat oder Jugendparlament, also nicht nur in politischen Parteien oder Gruppen. Frage dich als Nächstes, ob es auch außerhalb der genannten Bereiche Möglichkeiten gibt, Entscheidungen zu beeinflussen oder Dinge in Gang zu bringen, z. B. in Bürgerinitiativen oder Interessengruppen. Überlege auch, **wie** man sich politisch einbringen kann, auch ohne in einer Gruppe zu arbeiten, z. B. indem man „nur“ seine Meinung äußert oder kundtut (Leserbrief, Demonstration). Schließlich kennst du auch die Möglichkeiten, sich mithilfe des Internets an Umfragen (z. B. bei „YouGov“) und Petitionen (Eingaben, Bittschriften) bzw. in Gruppen in sozialen Netzwerken zu beteiligen, die politische Ziele verfolgen.

**Vorbereitungen und Überlegungen für den zweiten Teil der Themafrage – Wodurch werden sie häufig davon abgehalten?**

Wenn du selbst kein Interesse an Politik oder einem politischen Engagement hast, dann ist der einfachste Weg zu ersten Antworten zu kommen, wenn du dich fragst, warum das so ist. Vielleicht denkst du, dass dich politische Themen nicht interessieren oder auch nicht betreffen. Zudem könnte es sein, dass Inhalte wie Zusammenhänge für dich zu schwierig oder zu theoretisch sind. Möglicherweise glaubst du, dass Politik in der Regel von älteren Menschen gemacht wird und somit auch nur diese betrifft oder dass sich Politiker nicht um die Interessen junger Menschen kümmern. Vielleicht hat auch ein sehr theoretischer Sozialkundeunterricht dich eher abgeschreckt und deine Meinung verfestigt, dass Politik nichts für dich ist. Durch schulische und andere Verpflichtungen könnte dir auch die Zeit und Energie fehlen, sich über längere Zeit für eine Sache zu engagieren. Nicht zuletzt könnte es in deiner Gemeinde keine geeigneten Mitwirkungsmöglichkeiten geben. Denke auch daran, was andere über Politik sagen (häufig hört man: „Man kann eh nichts verändern.“) oder wie deine Eltern darüber denken. Es könnten sich auch daraus noch Argumente für diesen Teil der Themafrage ergeben.
Die folgenden, sich aus diesen Überlegungen ergebenden Gründe sind etwas ausführlicher formuliert:

- Fehlendes Interesse an politischen Themen
- Schwierigkeiten, Inhalte und Zusammenhänge zu verstehen
- Eindruck, dass Politik sich nicht um junge Menschen kümmert
- Eindruck, dass Politik nur von Älteren gemacht wird
- Mangelnde Motivation durch den Schulunterricht
- Zeitmangel aufgrund schulischer und anderer Verpflichtungen
- Fehlende geeignete Mitwirkungsmöglichkeiten in der Gemeinde
- Fehlende Vorbildfunktion der Eltern
- Gefühl der Ohnmacht, nichts verändern zu können

**Überlegungen zum Schlussgedanken**

Um den Aufsatz schlüssig abzurunden, könntest du einen der folgenden Gedanken ausformulieren:

- Wenn du politisch aktiv bist, berichte über deine Arbeit/die Gruppe und/oder über die Themen/Vorgänge, an denen du dich aktiv beteiligst.
- Wenn du dem politischen Engagement bisher negativ gegenüberstehst, mache Vorschläge für Beteiligungsformen und vor allem Inhalte, für die du aktiv werden würdest.

*Du kannst auch gut die Variante 3 aus den Überlegungen zur Einleitung verwenden.*

## Gliederungsvorschlag

**A. Politik beeinflusst das Leben der Menschen in vielen verschiedenen Bereichen und lebt von der Beteiligung möglichst vieler aus allen Altersgruppen**

**B. Welche Möglichkeiten haben junge Menschen, sich in unserer Gesellschaft politisch zu engagieren? Wodurch werden sie häufig davon abgehalten?**

**1 Möglichkeiten des politischen Engagements für junge Menschen**

1.1 Nutzung internetgestützter Umfragen und Petitionen
1.2 Aktive Beteiligung an politischen Gruppen in sozialen Netzwerken
1.3 Teilnahme an Demonstrationen
1.4 Engagement in Bürgerinitiativen
1.5 Schreiben von Leserbriefen
1.6 Mitarbeit in Vereinen und Verbänden
1.7 Aktive Mitgliedschaft in einer Partei
1.8 Kandidatur und Mitarbeit im Jugendparlament

**2 Gründe, die sie häufig davon abhalten**

2.1 Fehlendes Interesse an politischen Themen
2.2 Schwierigkeiten, Inhalte und Zusammenhänge zu verstehen
2.3 Gefühl, dass Politik sich nicht um junge Menschen kümmert
2.4 Eindruck, dass Politik nur von Älteren gemacht wird
2.5 Mangelnde Motivation durch den Schulunterricht
2.6 Zeitmangel aufgrund schulischer und anderer Verpflichtungen
2.7 Fehlende geeignete Mitwirkungsmöglichkeiten in der Gemeinde
2.8 Fehlende Vorbildfunktion der Eltern
2.9 Gefühl, nichts verändern zu können

**C. Während meiner Zeit im Jugendparlament konnte ich aktiv an vielen Verbesserungen des Freizeitangebots für junge Leute mitwirken und diese ausgestalten**

## 2013/6 In Deutschland werden zu viele Lebensmittel weggeworfen. Was kann dagegen unternommen werden?

### Hinweise zur Erschließung des Themas

Der Themabegriff dieser materialgestützten Erörterung ist „Lebensmittel" und zwar beschränkt auf den Aspekt des „Wegwerfens" und auf „Deutschland". Präzisiert wird das Thema durch den Erörterungsauftrag, Maßnahmen darzustellen, die dazu beitragen können, dass bei uns nicht mehr so viele Lebensmittel weggeworfen werden. Gemeint sind dabei Lebensmittel, die nicht verdorben sind.
Die Auseinandersetzung mit dem vorgegebenen Material steht am Anfang deiner Arbeit und ist ein wesentlicher Teil der Stoffsammlung. Dabei ist es wichtig zu überlegen, welche Informationen du für welchen Bereich deines Aufsatzes verwenden kannst. Konkret heißt das: Welche Materialvorgaben enthalten Argumente, was kannst du daraus zur Veranschaulichung deiner Argumente verwenden, welche Informationen können in die Einleitung oder den Schluss einfließen? Da es sich bei den Materialien auch um Textauszüge handelt, ist es sinnvoll, wichtige Aussagen darin zu markieren und dazu zu notieren, wie du sie im Aufsatz verwenden möchtest. Ein zweiter Teil der Stoffsammlung besteht dann in Überlegungen, ob sich für dich aus dem vorliegenden Informationsmaterial weitere Argumente ergeben bzw. ob du selbst zusätzliche Gesichtspunkte weißt, z. B. aus dem Unterricht oder aufgrund aktueller Ereignisse oder Diskussionen in den Medien.

| | |
|---|---|
| **Themabegriff** | Lebensmittel |
| **Einschränkung** | Wegwerfen, in Deutschland |
| **Präzisierung** | Maßnahmen, die dagegen unternommen werden können |
| **Erörterungsauftrag** eingliedrig | Mit welchen Maßnahmen kann etwas dagegen unternommen werden, dass in Deutschland zu viele Lebensmittel weggeworfen werden? |

### Stoffsammlung und Strukturierung

### Überlegungen zur Einleitung und zum Schluss

Du überprüfst das Material auf seine Verwendbarkeit für einen sinnvollen Einleitungsgedanken oder greifst auf eigene Erfahrungen aus deiner Familie zu dieser Thematik zurück. Es ist auch eine Kombination aus mehreren Materialaussagen möglich.

### Welche Einleitungs- oder Schlussgedanken kann ich aus dem Material gewinnen?

- Einleitung: Überblick über die Verursacher der Lebensmittelabfälle und deren Menge bzw. Wert (M 1, 3, 9)
- Einleitung: private Haushalte als Hauptverursacher von Lebensmittelabfall (M 1, 9)
- Einleitung oder Schluss: Darstellung des Gegensatzes zwischen Nahrungsmittelüberfluss in den Industriestaaten und Knappheit in vielen Entwicklungsländern (M 4)
- Einleitung oder Schluss: Zitat des Gründers der Kampagne „Slow Food" (M 2)
- Einleitung oder Schluss: Erklärung der Begriffe „Mindesthaltbarkeits- bzw. Verfallsdatum" (M 5)
- Schluss: Hinweis auf die Folgen unseres sorglosen Umgangs mit Nahrungsmitteln (M 4)

Natürlich brauchst du nicht auf diese Ideen zurückgreifen, wenn du selbst einen guten Einleitungs- oder Schlussgedanken hast. Achte aber darauf, dass du in der Einleitung keine Maßnahmen vorwegnimmst. Zu Beginn ist zum Beispiel die Schilderung eigener Erfahrungen oder Beobachtungen im schulischen Umfeld (Umgang vieler Schülerinnen und Schüler mit ihrem Pausenbrot) möglich. Für den Schluss könnte sich die Beschreibung von Unterrichtsinhalten oder Aktivitäten zu diesem Thema anbieten, die es an deiner Schule vielleicht gibt.

**Überlegungen zum Hauptteil**

Bei der Auswertung des Materials auf seine Verwendbarkeit für Argumente ist es sinnvoll, die Maßnahmen einzelnen Verantwortlichkeitsbereichen zuzuordnen. Dadurch gewinnst du Oberbegriffe und bereits eine Struktur für die Gliederung, da es bei dieser eingliedrigen Erörterung notwendig ist, zum Beispiel nach Trägern für die Maßnahmen zu unterscheiden. Sieh dir die Materialien durch und prüfe, wer als Quelle angegeben bzw. wer angesprochen wird. In Material 1, 3, 5, 8 wird der Verbraucher angesprochen, auch in Material 9 kommen Verbraucher zu Wort, aber auch Händler bzw. Hersteller. Material 6 bezieht sich auf den Handel, zum Teil auch Material 8. Einige Quellenangaben nennen Bundesministerien. Daher bietet es sich an, die Maßnahmen folgendermaßen zu ordnen:
- Maßnahmen des Einzelnen
- Maßnahmen der Händler und Hersteller
- Maßnahmen des Staates

In den Materialien finden sich oft Einzelmaßnahmen. Versuche, dafür jeweils eine allgemeine und zusammenfassende Formulierung für das Argument zu finden und verwende die dargestellten Punkte zur Veranschaulichung (Beispiele). Dadurch gelingt es dir, eine umfangreiche und anschauliche Argumentation zu schreiben. Ein gutes Beispiel für dieses Vorgehen ist folgendes: In Material 8 wird eine Kampagne eines Bundesministeriums beschrieben. Das Argument, das du daraus ableiten und unter „Maßnahmen des Staates“ einsortieren kannst, könnte lauten: Information und Aufklärung. Mit den genannten Aktivitäten veranschaulichst du dann dein Argument. Gleiches gilt für den Umgang mit Material 6 und 9.

**Überlegungen zur Themafrage – Mit welchen Maßnahmen kann etwas dagegen unternommen werden, dass in Deutschland zu viele Lebensmittel weggeworfen werden?**

| | |
|---|---|
| **Maßnahmen des Einzelnen** | – Überprüfung und Veränderung der Verhaltensweisen und Einkaufsgewohnheiten (aus M 3, 7, 8, 9)<br>– Respektvoller und bewussterer Umgang mit Nahrungsmitteln (aus M 2, 3, 9)<br>– Verwertung von Resten und Nahrungsmittelüberschüssen (aus M 7, 8, 9)<br>– Bessere Planung des Einkaufs (aus M 8, 9)<br>– Richtiger Umgang mit dem Verfalls- und Mindesthaltbarkeitsdatum (aus M 5, 8, 9) |
| **Maßnahmen des Handels und der Hersteller** | – Verschenken von Lebensmitteln an Bedürftige (aus M 8)<br>– Verbilligter Verkauf von Produkten (aus M 5, 6)<br>– Information und Schulung der Mitarbeiter (aus M 6)<br>– Verbesserung von Betriebsabläufen (aus M 6, 9) |
| **Maßnahmen des Staates** | – Gesetzliche Regelungen (aus M 5)<br>– Information und Aufklärung (aus M 8, evtl. M 3) |

## Gliederungsvorschlag

**A. Betrachtet man die Verteilung der Lebensmittelabfälle in Deutschland, so entfallen mit rund 6,7 Millionen Tonnen 61 Prozent auf die Haushalte**

**B. Mit welchen Maßnahmen kann etwas dagegen unternommen werden, dass in Deutschland zu viele Lebensmittel weggeworfen werden?**

**1 Maßnahmen des Einzelnen**

1.1 Überprüfung und Veränderung der Verhaltensweisen und Einkaufsgewohnheiten
1.2 Respektvoller und bewussterer Umgang mit Nahrungsmitteln
1.3 Verwertung von Resten und Nahrungsmittelüberschüssen
1.4 Bessere Planung des Einkaufs
1.5 Richtiger Umgang mit dem Verfalls- oder Mindesthaltbarkeitsdatum

**2 Maßnahmen des Handels und der Hersteller**

2.1 Verschenken von übrig gebliebenen Lebensmitteln an Bedürftige
2.2 Verbilligter Verkauf von Produkten kurz vor Erreichen des Mindesthaltbarkeitsdatums
2.3 Information und Schulung der Mitarbeiter
2.4 Verbesserung von Betriebsabläufen

**3 Maßnahmen des Staates**

3.1 Gesetzliche Regelungen
3.2 Informations- und Aufklärungskampagnen

**C. Während bei uns jährlich Millionen Tonnen unverdorbener Lebensmittel auf dem Müll landen, herrscht in vielen Entwicklungsländern Nahrungsmittelknappheit**

## Aufsatzbeispiel

(Die Randbemerkungen sind nicht Teil des Aufsatzes, sie dienen nur deiner Orientierung.)

Einer Statistik des Bundesministeriums für Ernährung, Landwirtschaft und Verbraucherschutz ist zu entnehmen, dass 2012 in Deutschland insgesamt fast 11 Millionen Tonnen Lebensmittel im Abfall landeten (Material 1). Als Verursacher trägt der Lebensmittelhandel demnach mit fünf Prozent den geringsten Teil dazu bei, während allein die Privathaushalte einen Anteil von über 60 Prozent an den Lebensmittelabfällen haben. Vor dem Hintergrund dieser erschreckend großen Menge stellt sich die Frage, mit welchen Maßnahmen etwas dagegen unternommen werden kann, dass in Deutschland zu viele Lebensmittel weggeworfen werden. Laut einer anderen Quelle wirft jeder von uns im Jahr 82 kg Lebensmittel im Wert von 235 Euro in den Müll (Material 3), sodass es zunächst zu überlegen gilt, wie der Einzelne diese Menge reduzieren kann.

**A.** Einleitungsgedanke — Überleitung Themafrage — Überleitung zum Hauptteil

An erster Stelle steht dabei eine Überprüfung und Veränderung unserer Verhaltensweisen und Einkaufsgewohnheiten, denn hier liegt eine der Hauptursachen für die große Verschwendung (Material 9) von Lebensmitteln. Wir kaufen oft zu viel, sodass die Gefahr besteht, dass Lebensmittel verderben, bevor sie verbraucht werden. Andererseits wollen die Kunden immer alles ganz frisch, sodass zum Beispiel Bäcker bis kurz vor Ladenschluss frisches Brot nachliefern, obwohl noch genügend vorhanden ist. Dies wird natürlich nicht mehr verkauft und bleibt übrig. Schließlich erwarten die Verbraucher immer eine große Vielfalt, z. B. auch bei Obstsorten, beschränken sich aber dann meist auf den Kauf einiger weniger, der Rest verdirbt und muss weggeworfen werden (Material 9).

**B.1** 1.1 Behauptung — Begründung — Beispiele

Eng damit verbunden ist die Forderung, respektvoller und bewusster mit unseren 1.2
Nahrungsmitteln umzugehen. Der Überfluss, der bei uns herrscht, hat die Ach- Behauptung
tung schwinden und die Bereitschaft zum gedankenlosen Wegwerfen steigen Begründung
lassen, was die Menge von 82 kg, die im statistischen Mittel jeder Bundesbürger
pro Jahr wegwirft (Material 3), eindrucksvoll beweist. Wenn z. B. eine Banane Beispiele
einige braune Flecken aufweist, neigen viele dazu, sie in den Müll zu werfen, da
man sich nicht die Mühe machen will, die Druckstellen wegzuschneiden. Das
Entsorgen erscheint einfacher, als aus einer überreifen Banane beispielsweise
einen Milchshake zu machen. Auch der Gründer der Kampagne „Slow Food“,
Carlo Petrini, ruft uns zur Bewusstseinsänderung auf, wenn er erklärt, dass es
ein Zeichen der Wertschätzung und des Respekts gegenüber der Erde und den
Menschen sei, das Essen nicht zu verschwenden (Material 2).
Zum bewussteren Umgang mit Lebensmitteln trägt auch bei, Reste und Nah- 1.3 Behauptung
rungsmittelüberschüsse wie im oben genannten Beispiel zu verwerten. Oft erge- Begründung
ben sich daraus leckere neue Gerichte. Zu viel gekauftes Obst kann man bei- Beispiel
spielsweise zu Marmelade weiterverarbeiten, anstatt es vergammeln zu lassen.
Natürlich benötigt man dazu entweder Fantasie oder entsprechende Kochbücher,
wie jenes mit dem Titel „Teller statt Tonne“, das in Material 7 gezeigt wird. Im
Rahmen einer Kampagne des zuständigen Bundesministeriums finden Aktions-
tage statt, bei denen die Verbraucher lernen können, Lebensmittel zu retten.
Außerdem gibt es eigens Kochrezepte für Lebensmittelreste als App bzw. im Abrundung
Internet (Material 8). Man sieht also, dass mit etwas Wissen und Kreativität viele
Nahrungsmittel vor der Mülltonne gerettet und noch sinnvoll verwendet werden
können.
Noch besser aber ist es natürlich, von Anfang an zu vermeiden, zu viel oder Un- 1.4
nötiges einzukaufen, indem man besser plant. Wenn man nur kauft, was man an Behauptung
Zutaten braucht und was man in einer bestimmten Zeit, nämlich solange die Le- Begründung
bensmittel haltbar sind, verbrauchen kann, dann muss man auch keine (verdor-
benen) Lebensmittel in den Abfall werfen. Auch dazu gibt es in der oben er- Beispiel
wähnten Kampagne Einkaufsplaner (Material 8), mit denen der Verbraucher
System in sein Einkaufsverhalten bringen und somit auch die Vorräte besser orga-
nisieren kann, da viele klagen, sie hätten keinen Überblick darüber (Material 9).
Schließlich verursacht der falsche Umgang mit einer eigentlich sinnvollen Sa- Überleitung
che, dem aufgedruckten Mindesthaltbarkeitsdatum, wahrscheinlich am häufigs- 1.5
ten, dass Lebensmittel weggeworfen werden, auch wenn sie noch nicht verdor- Behauptung
ben sind. Ein überschrittenes Mindesthaltbarkeitsdatum bedeutet nämlich nicht, Begründung
„dass nach Ablauf des angegebenen Datums das Lebensmittel wertgemindert,
zum Verzehr nicht geeignet oder gesundheitsschädlich ist.“ Weiter kann man in Beispiel
dieser Begriffserklärung (Material 5) lesen, dass dieses Datum eben kein Ver-
fallsdatum darstellt, nach dem ein Lebensmittel ungenießbar wäre. Dieses Wis- Abrundung/
sen würde sicherlich viele Lebensmittel vor der Tonne retten. Neben dem Ver- Folge; Über-
braucher sind aber auch Handel und Hersteller aufgefordert, dazu beizutragen, leitung
dass der Berg der Lebensmittelabfälle niedriger wird.

Lebensmittel, die der Händler zu viel bestellt hat oder die er nicht verkaufen **B.2**
konnte, finden eine sinnvolle Verwendung, wenn sie an Bedürftige verschenkt 2.1 Behauptung
werden. In unserem Land gibt es nicht wenige Arbeitslose oder ältere Menschen Begründung
mit einer geringen Rente, denen entsprechende Aktionen zu Gute kommen wür-
den. Händler und Hersteller können damit beispielsweise „Die Tafel“ unterstüt- Beispiel
zen, eine Organisation, die in vielen Städten die aussortierten Lebensmittel kos-
tenlos an Bedürftige abgibt (Material 8).
Die Händler haben aber auch die Möglichkeit, dafür zu sorgen, dass der Verkauf 2.2
angekurbelt wird, indem sie Produkte verbilligt verkaufen, bevor das Mindest- Behauptung

haltbarkeitsdatum erreicht wird. Dies wäre eine Möglichkeit, die Bestände noch Begründung
zu verkaufen, bevor sie in den Müll wandern. In den Notizen zu einer Mitarbei- Beispiele
terschulung (Material 6) wird eine konkrete Möglichkeit, nämlich in einer
„Happy Hour“ kurz vor Ladenschluss die Waren billiger anzubieten, vorgestellt.
Darüber hinaus kennen wir aus den Kühlregalen der Supermärkte jene Abtei-
lungen, in denen Lebensmittel, deren Mindesthaltbarkeitsdatum bald abläuft,
preisreduziert angeboten werden.
Auch die Mitarbeiter in den Supermärkten können einen Beitrag zur Reduzie- 2.3
rung der Müllmenge leisten, wenn sie richtig informiert und geschult sind. Behauptung
Mögliche Ursachen, die dazu führen, dass Ware nicht verkauft und weggeworfen
werden muss, lassen sich leicht verhindern. Dazu zählt laut einer Mitarbeiter- Begründung
schulung (Material 6) offenbar vor allem die Vermeidung von Beschädigungen. Beispiele
Da dies hauptsächlich beim Auspacken und Einsortieren der Waren geschieht,
müssen die Mitarbeiter hier mit besonderer Sorgfalt arbeiten, um zum Beispiel
an empfindlichem Obst keine Druckstellen zu verursachen.
Nicht zuletzt sind Handel und Hersteller dazu aufgefordert, Betriebsabläufe zu 2.4
verbessern, damit das Abfallaufkommen verringert werden kann. Hier geht es Behauptung
darum zu verhindern, dass Lebensmittel verderben, weil sie falsch gelagert wer- Begründung
den, weil zu viel bestellt wurde oder weil die Waren am Bedarf der Kunden
vorbei gehen. So wird in der schon zitierten Mitarbeiterschulung (Material 6) Beispiele
auf die Möglichkeit hingewiesen, Produkte unverpackt anzubieten, damit die
Kunden nur die Menge kaufen können, die sie brauchen. Außerdem können die
Händler den Bestellvorgang verbessern, indem sie nach dem Prinzip „die richtige
Menge zur richtigen Zeit“ einkaufen. Neben den Verbrauchern, Herstellern und Überleitung
Händlern kommt aber auch dem Staat eine gewisse Verantwortung zu.

Zunächst sollten gesetzliche Regelungen Klarheit und Sicherheit schaffen. Für **B.3**
Mindesthaltbarkeits- und Verfallsdatum gibt es genaue gesetzliche Bestimmun- 3.1 Behauptung
gen, die dafür sorgen, dass der Verbraucher auf der sicheren Seite ist und kein Begründung
Risiko eingeht, verdorbene Nahrungsmittel zu kaufen. Da es aber bei den Be- Beispiel
griffen offensichtlich Unklarheiten gibt (siehe Material 5), ist möglicherweise
auch der Gesetzgeber gefordert, klarere und einfachere Regelungen zu treffen.
Der Staat kann aber auch an anderer Stelle tätig werden. Die zuständigen Mi- 3.2
nisterien sollten Aufklärungs- und Informationskampagnen entweder selbst Behauptung
durchführen oder diesbezügliche Initiativen finanziell unterstützen. Unklarheiten
bei der Bedeutung des Begriffes Mindesthaltbarkeitsdatum, mangelndes Wissen Begründung
über die Verwertbarkeit von Resten oder unser achtloser Umgang mit Nahrungs-
mitteln in unserer Überflussgesellschaft sind Gründe genug, sich diesem Thema
zu widmen. In Material 8 wird die Kampagne „Zu gut für die Tonne“ des Bun- Beispiel
desministeriums für Ernährung, Landwirtschaft und Verbraucherschutz vorge-
stellt, die mit Rezepten, Aktionstagen, Apps und einer eigenen Homepage bei
der Reduzierung von Lebensmittelabfällen helfen will.

Während bei uns jährlich Millionen Tonnen häufig einwandfreier Lebensmittel **C.** Schluss-
auf dem Müll landen, herrscht für viele Menschen in den Entwicklungsländern gedanke
weiterhin eine große Nahrungsmittelknappheit. Immer wieder kann man Berichte
lesen, dass die Menschen hungern müssen, während in Europa Nahrung im
Überfluss vorhanden ist. Sehr fragwürdig ist dabei nicht nur unser Verhalten in
Bezug auf die Verschwendung von Lebensmitteln, sondern auch die Tatsache,
dass bei uns Nahrung im weitesten Sinn auch zur Energiegewinnung benutzt
wird. So wird aus Mais Biogas gewonnen, das dann zur Erzeugung von Wärme
verwendet wird. Auf beide Aspekte macht die Karikatur in Material 4 auf
einfache aber eindrucksvolle Weise aufmerksam.

**Abschlussprüfung 2013 an Realschulen: Deutsch**
**Aufgabengruppe B: Textgebundener Aufsatz**

## Aufgabe 7

**Hermann Hesse: Unterm Rad** (Romanauszug)

*Joseph Giebenrath, Witwer, lebt mit seinem einzigen Sohn Hans, der ein sehr begabter Schüler ist, in einer Kleinstadt im Schwarzwald. Drei Jahre lang wird Hans von seinem Lehrer, dem Rektor und dem Stadtpfarrer auf das Württembergische „Landexamen" vorbereitet. Jedes Jahr werden hierfür die besten Schüler ausgewählt, die dann kostenlos im Kloster Maulbronn studieren dürfen. Hans ist der einzige Kandidat aus seinem Ort.*
*Der Romanauszug beschreibt den Tag vor der Abreise zur Prüfung.*

[…] Es war nun so weit. Morgen früh sollte er mit seinem Vater nach Stuttgart fahren und dort im Landexamen zeigen, ob er würdig sei, durch die schmale Klosterpforte des Seminars einzugehen. Eben hatte er einen Abschiedsbesuch beim Rektor gemacht.

„Heute Abend", sagte zum Schluss der gefürchtete Herrscher mit ungewöhnlicher Milde, „darfst du nichts mehr arbeiten. Versprich es mir. Du musst morgen absolut frisch in Stuttgart antreten. Geh noch eine Stunde spazieren und nachher beizeiten zu Bett. Junge Leute müssen ihren Schlaf haben."

Hans war erstaunt, statt der gefürchteten Menge von Ratschlägen so viel Wohlwollen zu erleben, und trat aufatmend aus dem Schulhaus. […] Langsam schlenderte er über den Marktplatz, am alten Rathaus vorbei, durch die Marktgasse und an der Messerschmiede vorbei zur alten Brücke. Dort bummelte er eine Weile auf und ab und setzte sich schließlich auf die breite Brüstung. […] Nun fiel ihm wieder ein, wie viel halbe und ganze Tage er hier verbracht, wie oft er hier geschwommen und getaucht und gerudert und geangelt hatte. Ach, das Angeln! Das hatte er nun auch fast verlernt und vergessen, und im vergangenen Jahr hatte er so bitterlich geheult, als es ihm verboten worden war, der Examensarbeit wegen. Das Angeln! Das war doch das Schönste in all den langen Schuljahren gewesen. Das Stehen im dünnen Weidenschatten, das nahe Rauschen der Mühlenwehre, das tiefe, ruhige Wasser! Und das Lichterspiel auf dem Fluss, das sanfte Schwanken der langen Angelrute, die Aufregung beim Anbeißen und Ziehen und die eigentümliche Freude, wenn man einen kühlen, feisten, schwänzelnden Fisch in der Hand hielt. […]

Zerstreut hob er sich von seinem Sitz und war unschlüssig, wohin er gehen sollte. Er erschrak heftig, als eine kräftige Hand ihn an der Schulter fasste und eine freundliche Männerstimme ihn anredete.

„Grüß Gott, Hans, gehst du ein Stück mit mir?"

Das war der Schuhmachermeister Flaig, bei dem er früher zuweilen eine Abendstunde verbracht hatte, jetzt aber schon lange keine mehr. Hans ging mit und hörte dem frommen Pietisten ohne rechte Aufmerksamkeit zu: Flaig sprach vom Examen, wünschte dem Jungen Glück und sprach ihm Mut zu, der Endzweck seiner Rede war aber, darauf hinzuweisen, dass so ein Examen doch nur etwas Äußerliches und Zufälliges sei. Durchzufallen sei keine Schande, das könnte dem Besten passieren, und falls es ihm so gehen sollte, möge er bedenken, dass Gott mit jeder Seele seine besonderen Absichten habe und sie eigene Wege führe. […]

In der Kronengasse begegneten sie dem Stadtpfarrer. Der Schuster grüßte gemessen und kühl und hatte es plötzlich eilig, denn der Stadtpfarrer war ein Neumodischer und stand im Ruf, er glaube nicht einmal an die Auferstehung. Dieser nahm den Knaben mit sich.

„Wie geht's?", fragte er. „Du wirst froh sein, dass es jetzt so weit ist."

„Ja, 's ist mir schon recht."

„Nun, halte dich gut! Du weißt, dass wir alle Hoffnungen auf dich setzen. Im Latein erwarte ich eine besondere Leistung von dir."

„Wenn ich aber durchfalle“, meinte Hans schüchtern.
„Durchfallen?!“ Der Geistliche blieb erschrocken stehen. „Durchfallen ist einfach unmöglich. Einfach unmöglich! Sind das Gedanken!“
„Ich meine nur, es könnte ja doch sein …“
„Es kann nicht sein, Hans, es kann nicht; darüber sei ganz beruhigt. Und nun grüß mir deinen Papa und sei mutig!“
Bedrückt schlich er nach Hause und in den kleinen, abschüssigen Garten. Hier stand ein morsches, längst nicht mehr benutztes Gartenhäuschen, darin hatte er seinerzeit einen Bretterstall gezimmert und drei Jahre lang Kaninchen drin gehabt. Im vorigen Herbst waren sie ihm weggenommen worden, des Examens wegen. Er hatte keine Zeit mehr für Zerstreuungen gehabt.
Auch im Garten war er schon lang nicht mehr gewesen. Der leere Verschlag sah baufällig aus, die Tropfsteingruppe in der Mauerecke war zusammengefallen, das kleine, hölzerne Wasserrädchen lag verbogen und zerbrochen neben der Wasserleitung. Er dachte an die Zeit, da er das alles gebaut und geschnitzt und seine Freude daran gehabt hatte. Es war auch schon zwei Jahre her – eine ganze Ewigkeit. Er hob das Rädchen auf, bog daran herum, zerbrach es vollends und warf es über den Zaun. Fort mit dem Zeug, das war ja alles schon lange aus und vorbei. Dabei fiel ihm sein Schulfreund August ein. Der hatte ihm geholfen, das Wasserrad zu bauen und den Hasenstall zu flicken. Nachmittagelang hatten sie hier gespielt, mit der Schleuder geschossen, den Katzen nachgestellt, Zelte gebaut und zum Vesper rohe gelbe Rüben gegessen. Dann war aber die Streberei losgegangen, und August war vor einem Jahr aus der Schule getreten und Mechanikerlehrling geworden. Er hatte sich seither nur noch zweimal gezeigt. Freilich, auch der hatte jetzt keine Zeit mehr.
Wolkenschatten liefen eilig übers Tal, die Sonne stand schon nahe am Bergrand. Einen Augenblick hatte der Knabe das Gefühl, er müsse sich hinwerfen und heulen. Stattdessen holte er aus der Remise das Handbeil, schwang es mit den schmächtigen Ärmlein durch die Luft und hieb den Kaninchenstall in hundert Stücke. Die Latten flogen auseinander, die Nägel bogen sich knirschend, ein wenig verfaultes Hasenfutter, noch vom vorjährigen Sommer, kam zum Vorschein. Er hieb auf das alles los … […]

*Textquelle: Suhrkamp Taschenbuch Verlag, Frankfurt 1972 (Text zum ersten Mal erschienen 1906)*
*Autor: Hermann Hesse (1877–1962), deutschsprachiger Schriftsteller und Literaturnobelpreisträger*
*Der Originaltext wurde zu Prüfungszwecken gekürzt und an die neue Rechtschreibung angepasst.*

**Anmerkungen:** Pietismus (Z. 26 f.): protestantische Glaubensrichtung; Vesper (Z. 59): Brotzeit; Remise (Z. 64): Geräteschuppen

## Aufgabenstellung

Lesen Sie den Auszug aus dem Roman „Unterm Rad“ sorgfältig durch und bearbeiten Sie dann die folgenden Aufgaben. Bei Nummer 5 können Sie a <u>oder</u> b wählen.

1. Fassen Sie den Inhalt des Textes mit eigenen Worten zusammen.
2. Charakterisieren Sie Hans.
3. Beschreiben Sie die sprachlichen Besonderheiten des Textes und ihre Wirkung auf den Leser.
4. Welche Gedanken kann der Romanauszug beim Leser hervorrufen?
5. a) Der römische Philosoph Seneca kritisierte vor rund 2 000 Jahren das Schulwesen seiner Zeit mit folgenden Worten: „Nicht für das Leben, sondern für die Schule lernen wir.“ Inwiefern bereitet die Schule heute auf das Leben vor? <u>oder</u>

   b) August kommt vorbei und sieht die Zerstörung. Wie könnte sich der Dialog zwischen den beiden Freunden entwickeln? Sie können so beginnen:

   *August (bestürzt): Hans, was machst du da?*
   *Hans: …*

**Mögliche Gliederung**

**A. Der Romanauszug schildert den letzten Tag eines Schülers vor einer wichtigen Aufnahmeprüfung, auf die er sich drei Jahre lang unter großer Anstrengung vorbereitet hat**

**B. Auseinandersetzung mit dem Text „Unterm Rad" und weiterführende Aufgabe**

**1 Inhaltszusammenfassung in eigenen Worten**

**2 Charakterisierung von Hans**

**3 Sprachliche Besonderheiten und ihre Wirkung auf den Leser**

3.1 Wortwahl
3.2 Satzbau
3.3 Stil

**4 Mögliche Gedanken, die der Text beim Leser hervorrufen kann**

**5 Argumentation: Inwiefern bereitet die Schule heute auf das Leben vor?**

oder:

**5 Dialog: Sein ehemaliger Schulfreund August trifft auf Hans, als dieser den Hasenstall zerstört**

**C. Eine unbeschwerte Kindheit und Jugend ist genauso wichtig wie schulischer Erfolg**

**Notizen und Lösungshinweise zu den einzelnen Bereichen der Gliederung**

**Einleitung** **A.**

- Thematik des Textes/Quelle (*ausformuliertes Beispiel*):
  Hans Giebenrath ist ein sehr begabter Schüler, der drei Jahre lang auf eine wichtige Aufnahmeprüfung vorbereitet wurde, die ihm bei Bestehen einen kostenlosen Studienplatz ermöglicht. Der Romanauszug beschreibt Hans' letzten Tag vor der entscheidenden Prüfung. Es wird deutlich, dass ein großer Erwartungsdruck auf ihm lastet und dass er für die Vorbereitung auf diese Prüfung eine unbeschwerte Jugend opfern musste. Er verabschiedet sich von seiner Kindheit, indem er im Garten den Kaninchenstall, den er in unbeschwerten Tagen selbst gebaut hat, zerstört. Der Roman „Unterm Rad" stammt von dem Schriftsteller und Literaturnobelpreisträger Hermann Hesse. Der Text ist erstmals 1906 veröffentlicht worden.

oder:

- eigenständige Hinführung zur Thematik des Textes z. B. mit Aussagen über eigene Erfahrungen mit den Erwartungen Erwachsener oder mit Leistungsdruck in der Schule, mit Prüfungen und Prüfungsangst, Erinnerungen an die eigene Kindheit; jeweils verbunden mit einer Überleitung zum Text, den du im Hauptteil bearbeitest.

**Inhaltszusammenfassung und Textaufbau** **B. 1**

- Hans verabschiedet sich vom Rektor, der ihn auf die Aufnahmeprüfung für den kostenlosen Studienplatz vorbereitet hat.
- Er ist erstaunt und erleichtert über das nachsichtige Verhalten seines strengen Lehrers, der ihm nahelegt, heute nichts mehr zu lernen, damit er morgen ausgeruht die Prüfung antreten könne.

- Hans macht einen Spaziergang durch seine Heimatstadt und findet sich an Orten wieder, an denen er eine unbeschwerte Kindheit verbrachte. Am Fluss erinnert er sich an das Angeln, seine ehemals liebste Freizeitbeschäftigung, die ihm im letzten Jahr aber wegen der Prüfungsvorbereitungen verboten worden war.
- Er trifft auf den tiefgläubigen Schuhmachermeister Flaig, der ihm klarmacht, dass es im Leben nicht nur auf schulischen Erfolg ankomme und eine nichtbestandene Prüfung keine Schmach sei.
- Die beiden begegnen dem Stadtpfarrer und dieser konfrontiert Hans mit seinen hohen Erwartungen und teilt ihm mit, dass er nichts anderes als eine bestandene Prüfung von ihm erwarte.
- Nach der Rückkehr in den Garten seines Elternhauses nimmt er die Überbleibsel der Dinge wahr, mit denen er in seiner Kindheit gespielt hat, bevor die Lernerei alles bestimmte. Eigentlich möchte er sich seiner Trauer darüber hingeben, doch stattdessen holt er eine Axt und beginnt den Hasenstall zu zerstören.

**Charakterisierung von Hans** 2

- Er ist ein begabter Schüler (Vorspann, im Text immer wieder Bezug auf das Examen, das nur den Besten vorbehalten ist; z. B. Z. 2, 27, 35 ff.).
- Der Schüler ist sehr naturverbunden und gerne draußen (Z. 12 ff., 57–59).
- Hans ist im Zusammenhang mit der Prüfung ängstlich und unsicher (Z. 39, 45) und lässt sich vom Pfarrer unter Druck setzen und einschüchtern (Z. 37–44).
- Er ist handwerklich begabt und kreativ (Z. 46 f., 50 ff.).
- Er vermisst seinen Freund August, mit dem er als Kind im Garten gespielt hat (Z. 56 ff.).
- Seit er sich auf die Prüfung vorbereitet, ist er oft allein und ohne Freunde (Z. 59 ff.).
- Er steht offenbar nicht hinter der Lernarbeit (Z. 59).
- Aus der Traurigkeit über die verlorene Kindheit (Z. 14 ff., 45 ff., 52 f.) wird Wut und Verzweiflung (Z. 63 ff.).
- Hans versucht, die Erwartungen der Erwachsenen brav zu erfüllen, aber ihn plagen Selbstzweifel (Z. 39, 42).
- Die Zerstörung des Hasenstalls ist eine logische Verzweiflungstat, da die „Streberei“ (Z. 59) seine Kindheit schlagartig beendet hat.

**Sprachliche Besonderheiten und ihre Wirkung auf den Leser** 3

**Wortwahl** 3.1

- bildhafter Ausdruck als Titel („Unterm Rad“): Damit fasst der Autor die Gefühlslage von Hans prägnant zusammen: Der Junge ist dem übergroßen Druck der Erwartungen der Erwachsenen ausgesetzt, gegen den er sich nicht wehren kann.
- anschauliche Adjektive und Partizipien, z. B. „schmale Klosterpforte“ (Z. 2), „gefürchtete[r] Herrscher“ (Z. 4), „bitterlich“ (Z. 15), „schüchtern“ (Z. 39), „bedrückt“ (Z. 45): Verdeutlichung seiner Verzweiflung und Angst vor der Prüfung
- treffende Verben, zum Teil als Nominalisierungen, z. B. „schlenderte“ (Z. 9), „bummelte“ (Z. 11), „geschwommen und getaucht und gerudert und geangelt“ (Z. 13), „das Angeln“ (Z. 16), „das nahe Rauschen“ (Z. 17), „das sanfte Schwanken“ (Z. 18) usw.: Rückblick auf unbeschwerte Kindheitstage, Sehnsucht danach; darüber hinaus traurige Erkenntnis, dass die Kindheit Vergangenheit ist, z. B. „zusammengefallen“ (Z. 51), „verbogen und zerbrochen“ (Z. 52)
- Wortwiederholungen, z. B. „alte[s] Rathaus“ (Z. 10), „alte[] Brücke“ (Z. 11): stehen sinnbildlich für das „alte“ Leben, die unbeschwerte Kindheit; aber auch Verdeutlichung des Erwartungsdrucks wegen der bevorstehenden Prüfung, z. B. „durchfalle“ (Z. 39), „‚Durchfallen!? […] Durchfallen ist einfach unmöglich. Einfach unmöglich! […]‘“ (Z. 40 f.)
- inhaltlich gegensätzliche Wortgruppen werden einander gegenübergestellt: „geschwommen und getaucht und gerudert und geangelt“ (Z. 13) – „verlernt und vergessen, […]

vergangenen Jahr […] verboten" (Z. 14 f.): heben hervor, dass das frühere kindlich unbeschwerte Leben in der Natur nicht mehr existiert
- Verkleinerungen (Diminutive): „Gartenhäuschen" (Z. 46), „Wasserrädchen" (Z. 52), „Ärmlein" (Z. 64): Herstellung einer Beziehung zur Kindheit
- Personifikation: „Wolkenschatten liefen eilig übers Tal" (Z. 62): versinnbildlicht die Verzweiflung und Bedrohung

**Satzbau** 3.2
- kurze Hauptsätze, z. B. „Es war nun so weit." (Z. 1), „Dieser nahm den Knaben mit sich." (Z. 34), „Freilich, auch der hatte jetzt keine Zeit mehr." (Z. 61): betonen den Abschied und dessen Endgültigkeit
- Aufforderungssätze, z. B. „‚darfst du nichts mehr arbeiten […]. Du musst […]. Geh noch […]. Junge Leute müssen […]'" (Z. 5 ff.): verdeutlichen die Autorität des Rektors
- Ausrufesätze, Ausrufe, z. B. „‚Nun, halte dich gut!'" (Z. 37), „‚Durchfallen?!'" (Z. 40) usw.: bringen den großen Erwartungsdruck des Stadtpfarrers zum Ausdruck; „Ach, das Angeln!" (Z. 14): Ausdruck der Sehnsucht nach der unbeschwerten Zeit vor der (jahrelangen) Prüfungsvorbereitung

**Stil** 3.3
- Wechsel zwischen längeren Erzählabschnitten und kurzen Dialogszenen
- literarisch anspruchsvolle Schilderungen, z. B. Z. 9 bis 20, Z. 45 bis Ende
- Symbolik, z. B. „morsches […] Gartenhäuschen" (Z. 46), „der leere Verschlag sah baufällig aus" (Z. 50 f.), „Tropfsteingruppe […] war zusammengefallen" (Z. 51) bis hin zum „Wasserrädchen", das „verbogen und zerbrochen" ist (Z. 52): starke Hinweise darauf, dass sein früheres Leben Vergangenheit ist, denn die liebgewonnenen Gegenstände sind kaputt und verloren

**Mögliche Gedanken, die der Text beim Leser hervorrufen kann** 4

Der Leser könnte zum Beispiel zu folgenden Gedanken angeregt werden:
- Wie wird der weitere Lebensweg des Jungen aussehen?
- Was geschieht, wenn er die Prüfung nicht besteht?
- Was ist wichtiger, schulischer Erfolg oder eine erfüllte Kindheit und Jugend?
- Wie groß ist der Wert einer höheren Schulbildung im Vergleich zu einer Berufsausbildung?
- Was bewirken Erwachsene, wenn sie ihren Kindern die Unbeschwertheit nehmen und sie in eine höhere Schullaufbahn zwingen und sie praktisch fremdbestimmen?
- Welche Bedeutung und welche Auswirkungen haben Prüfungssituationen oder Prüfungsängste?
- Warum kann sich der Junge nicht gegen den aufgezwungenen Weg zu diesem Examen wehren?
- Welche Gefühle / Ängste bringt das Verlassen des Elternhauses mit sich? usw.

**Weiterführende Aufgabe: Argumentation: Inwiefern bereitet die Schule heute auf das Leben vor?** 5

***Hinweis:** Zur Bearbeitung dieser Aufgabenstellung gehst du genauso vor wie bei einer Erörterung, da diese weiterführende Aufgabe die gleichen Anforderungen stellt. Nach einer genauen Themaanalyse machst du eine kurze Stoffsammlung und suchst dir drei Argumente aus, die dir am wichtigsten erscheinen. In der Regel dürften drei ausführlich veranschaulichte Argumente (mit Begründung, Beispiel(en) und eventuell Folge/Wirkung) genügen. Die Sprache ist sachlich zu halten. Verknüpfe deine Argumente sprachlich miteinander. Nutze das in der Aufgabenstellung erwähnte Zitat des Philosophen Seneca beispielsweise als Überleitung zu deinen Argumenten.*

**Mögliche Stichworte für die Stoffsammlung:**
Wichtig für die Stoffsammlung ist, dass du dich gedanklich davon löst, dass Schule lediglich fachliches Wissen vermittelt. Denke auch an die vielfältigen anderen Lerninhalte bzw. daran, wofür das Gelernte im Leben nützlich sein kann, z. B.:

Vermittlung von …
- Fertigkeiten für Beruf und Studium
- Schlüsselqualifikationen wie Teamfähigkeit
- Verantwortungsgefühl
- praktischem Wissen zur Lebensgestaltung
- Benimmregeln
- grundlegenden Werten wie Achtung der Umwelt
- Wissen über Gefahren und Gefährdungen usw.

*Beispiel für ein ausformuliertes Argument und Überleitung mithilfe des Zitats:*
Ob die vor 2 000 Jahren geäußerte Kritik des römischen Philosophen Seneca am Schulwesen tatsächlich berechtigt war und die Lerninhalte nichts mit der Lebenswirklichkeit und der Fähigkeit, sein eigenes Leben zu gestalten, zu tun hatten, kann man aus heutiger Sicht nicht beurteilen. Die Frage, inwiefern die Schule heute auf das Leben vorbereitet, ist jedoch klar zu beantworten, wenn man zum Beispiel an die Vermittlung von praktischem Wissen denkt, das man im Alltagsleben braucht. Das fängt zum Beispiel damit an, dass das schulische Wissen über die Zusammensetzung der Nahrung und ausgewogene Ernährung dazu dient, seine Lebensmitteleinkäufe und die Mahlzeiten danach auszurichten. Aus dem Wissen über Globalisierung oder Massentierhaltung kann man später als Verbraucher sein Einkaufsverhalten zugunsten von Lebensmitteln, die nachhaltig produziert werden bzw. aus der Region stammen, ausrichten.

oder:

**Dialog: Sein ehemaliger Schulfreund August trifft auf Hans, als dieser den Hasenstall zerstört** 5

***Hinweis:*** *Bei dieser Aufgabe hast du mehr Freiheiten in der inhaltlichen und sprachlichen Gestaltung. Dennoch musst du Folgendes berücksichtigen:*
*Ein Dialog ist ein Gespräch zwischen zwei Menschen. In diesem Fall geht es um ein Gespräch zwischen Hans und seinem früheren engen Schulfreund August. Dabei ist es nötig, dass du die Ausgangssituation beider Figuren genau klärst und dir überlegst, wie sie zueinander stehen. Ihre Lebenswege laufen seit der Ausbildung von August und vor allem seitdem Hans auf das „Landexamen" getrimmt wird, auseinander. Obwohl sie früher enge Freunde waren, haben sie sich im vergangenen Jahr nur noch zwei Mal gesehen.*
*Ferner ist wichtig zu erfassen, in welcher Stimmung sich beide befinden. Zu Hans erhältst du im Text viele Hinweise, die du im Rahmen der Beantwortung der anderen Aufgaben bereits herausgearbeitet hast: Er ist traurig, verzweifelt, verunsichert, hängt seinen Kindheitserinnerungen nach und hat Angst vor der bevorstehenden Prüfung. Sein Schmerz und seine Verzweiflung haben sich gerade darin Bahn gebrochen, dass er den alten selbstgebauten Hasenstall zerstört hat. Bei August ist eine Festlegung aus der Vorlage heraus nicht möglich, weshalb du sie selber treffen musst. Es könnte zum Beispiel sein, dass er sich sehr freut, Hans wiederzusehen. Zur Ausgangslage des Gesprächs gehört auch, dass du festlegst, ob er mit seinem Leben als Lehrling zufrieden ist. Ganz wichtig ist der in der Aufgabenstellung vorgegebene Beginn, aus dem hervorgeht, dass August bestürzt auf Hans' Zerstörungstat reagiert.*
*Schließlich musst du noch Gesprächsrichtung und Inhalt bestimmen. Hans wird wohl einerseits seiner Verzweiflung Ausdruck verleihen, sich andererseits über das Zusammentreffen freuen. Für den Inhalt könntest du auch nutzen, was er vorher alles erlebt*

*hat und welche Gedanken er sich machte. August könnte selbst auch nicht glücklich über seinen Weg sein. In jedem Fall könnte August Hans Mut machen, ihn beruhigen und ihm helfen zu akzeptieren, dass die unbeschwerten Kindheitstage unwiderruflich vorbei sind. Aber auch ein negativer Verlauf des Gesprächs ist denkbar bis hin zum Streit. In dieser Entscheidung bist du frei, der Inhalt des Gesprächs muss aber zur Situation passen, die der Text vorgibt.*
*Bei der sprachlichen Gestaltung der Dialogbeiträge greifst du den Stil auf, der in der Vorlage verwendet wird bzw. formulierst so, dass die Sprache für beide Gesprächspartner angemessen ist (z. B. passend zum Alter, zur Bildung, zur Lebenssituation, zur Gefühlslage; aber auch der Entstehungszeit des Textes (1906) angemessen). Orientiere dich am mündlichen Sprachgebrauch, baue z. B. Fragen, Ausrufe, unvollständige Sätze, verkürzte Sätze, Unterbrechungen usw. ein. Ein Dialog sollte an wichtigen Stellen Regieanweisungen (wie jemand spricht, wie sich jemand bewegt, was jemand in dem Augenblick tut) angeben. Als Zeitstufe verwendest du in der Regel Präsens, außer es geht um Zukünftiges oder Vergangenes.*

*Beispiel für einen ausgearbeiteten Dialog:*

AUGUST *(bestürzt)*: Hans, was machst du da?

HANS *(völlig außer Atem)*: Aufräumen, das siehst du doch! Ist ja schön, dass du dich auch mal wieder blicken lässt.

AUGUST *(ratlos)*: Aber warum haust du denn alles kurz und klein? Hier haben wir doch eine wunderschöne Zeit zusammen verbracht.

HANS *(traurig)*: Genau deswegen, weil es nie mehr so werden wird, weil ich für die Lernerei alles aufgeben musste und morgen dieses verfluchte Examen machen muss, vor dem ich eine Heidenangst habe.

AUGUST *(versöhnlich)*: Aber genau deswegen bin ich hier, weil ich dir Glück und Zuversicht wünschen wollte. Wer, wenn nicht du, sollte das schaffen.

HANS *(den Tränen nahe)*: Ach ja, alle wollen nur mein Bestes. Der Pfarrer meinte vorhin, durchfallen gäbe es nicht! Wenn ich es nicht schaffe, traue ich mich nicht mehr heim!

AUGUST: Keine Sorge, die haben dich doch ewig vorbereitet und du hast immer gebüffelt.

HANS *(aufgebracht)*: Ja und der Preis?! Kein Angeln mehr, keine Hasen, keine Zeit! Ich würd' lieber auch eine Lehre machen!

AUGUST *(laut)*: Dass du dich da mal nicht täuschst!

HANS *(überrascht)*: Wieso? Du wolltest doch unbedingt die Schule vorzeitig verlassen, um endlich etwas mit den Händen tun zu können!

AUGUST: Ja schon, aber jetzt arbeite ich 10 Stunden am Tag, der Lehrherr ist streng und gemein, ich tu' nur die Drecksarbeit …

HANS *(unterbricht)*: So schlimm?

AUGUST *(wütend)*: Ja, den ganzen Tag wird man herumgeschickt und wenn ich die Gesellen anschaue, die verdienen so wenig, dass sie keine Familie gründen können!

HANS: Kannst du dir keine neue Lehrstelle suchen?

AUGUST *(verzweifelt)*: Nein, was glaubst du? Mein Vater würde mich davonjagen, außerdem hat er für mich für vier Jahre Lehrzeit unterschrieben.

HANS: Das wird meiner auch tun, wenn ich durchgefallen bin!

AUGUST: Ach Unsinn, erstens ist er kein Unmensch und zweitens schaffst du deine Prüfung schon.

HANS *(unsicher)*: Und dann, dann bin ich irgendwo und muss lernen, lernen und wieder lernen!

AUGUST *(eindringlich)*: Aber du kannst damit mehr erreichen als ich. Dich wird man später nicht herumkommandieren.

HANS *(bedrückt)*: Das sagt sich so leicht. Ich weiß nicht, ob ich den Druck aushalte.

AUGUST *(umarmt ihn)*: Mensch, Kopf hoch, das ist deine Chance, die hab ich nicht mehr. Du schaffst es, ich drücke dir alle Daumen!

**Schlussgedanke** C.
Ein Schlussgedanke kann aus folgenden Überlegungen entwickelt werden:
Welche eigenen Erfahrungen mit Prüfungen und Prüfungsangst hast du? Welche Erinnerungen verbindest du mit Kindheit und Jugend? Warum ist es nicht richtig, wenn Eltern den schulischen Erfolg des Kindes an die erste Stelle setzen? Warum sind weiterführende Schule und Studium nicht immer einer Berufsausbildung vorzuziehen?
Möglich ist auch eine begründete persönliche Wertung des Romanausschnitts oder eine (kritische) Bewertung der Aussagen der Figuren (Rektor, Schuster, vor allem Pfarrer).

*Beispiel für einen ausformulierten Schluss:*
Die Aussagen, die der Pfarrer gegenüber Hans bei ihrer Begegnung macht, sind nicht nur unsensibel, sondern für den Jungen auch überhaupt nicht hilfreich. Dem Pfarrer scheint es nur um sein Interesse zu gehen, mit Hans einen Schüler aus seiner Gemeinde vorweisen zu können, der die Hürde „Landexamen" geschafft hat. Er setzt ihn unter doppelten Druck, indem er in Latein eine besonders gute Leistung fordert und sich überhaupt nicht um Hans' Bedenken wegen des Durchfallens kümmert. Im Gegenteil, er schließt das Scheitern kategorisch aus, was den Jungen in eine noch ausweglosere Situation bringt, aus der er sich nicht befreien kann. So wird aus den Aussagen des Pfarrers ein völlig gescheiterter Versuch, Mut zu machen, falls er dies tatsächlich vorgehabt hatte.

## Aufgabe 8

## Marlene Röder: Chuck Norris und all seine Freunde

„Kennst du den schon? Kleine Jungs tragen Schlafanzüge mit Superman drauf, Superman trägt einen Schlafanzug mit Chuck Norris drauf!" – „Ja, kenn ich. Jetzt halt die Klappe und trag mich einfach da hoch. Oder willst du warten, bis Chuck vorbeikommt und mit anpackt?"

Chuck Norris ist ein Actionheld. Ich habe noch nie einen Film mit ihm gesehen, aber wie alle kenne ich die Witze. In denen geht es immer darum, dass Chuck Norris etwas tut, was eigentlich unmöglich ist. Leider ist er jetzt nicht hier, deswegen muss mein Kumpel Piet den Actionhelden spielen. Piet riecht nach Schweiß, als ich ihm den linken Arm um den Hals schlinge und er seinen unter meine Kniekehlen schiebt und mich hochhebt und trägt wie eine verdammte Braut.

„Ich bin nicht sicher, ob das so 'ne geniale Idee ist, Ben", keucht er, während wir die Metalltreppe hochwanken. „Klar ist das genial", behaupte ich, obwohl ich mir gerade auch nicht mehr so sicher bin. Durch das Gitterwerk der Treppe kann man auf den Boden gucken. Er ist ziemlich tief unten. Endlich sind wir oben. Piet setzt mich vorsichtig ab. Meine Beine, diese dummen, nutzlosen Anhängsel, baumeln über den Rand der Halfpipe. Über unserer zerkratzten, steilen, wunderbaren Halfpipe. Wie immer fühle ich mich sofort besser. „Jetzt noch den Rolli", sage ich. „Los, beeil dich, die anderen müssten gleich hier sein." Rainbow, denke ich, Rainbow, Rainbow.

Piet stöhnt, er hat einen ziemlich roten Kopf, aber er tut, was ich ihm sage, weil er weiß, dass mir das hier wirklich wichtig ist, und weil er ein guter Kumpel ist, der beste, vielleicht sollte ich ihm das mal sagen, aber dann lass ich es doch. Er geht die Treppe wieder runter und ich sitze hier und kann die ganze Prärie überblicken. Wir nennen es die Prärie, weil hier nichts ist. Keine Häuser, nur verrostete Bahnschienen und Glasscherben und über allem das hohe Gras. Mittendrin unsere Halfpipe. Horror für jeden Rollifahrer. Außer für mich. Es stimmt nicht, was ich über den Namen gesagt habe. Wir nennen es die Prärie, weil es cool klingt.

Jetzt kann ich die anderen sehen, sie sind schon beim Skelett des kaputten Kinderwagens. Johnny geht voran, natürlich, dann Patexx und Fred mit seinem Punkerhund. Zuletzt kommt Rainbow, wie ein Leuchtfeuer am Schluss. Sie geht mit ausgebreiteten Armen, als wollte sie mit den Händen über das Gras streichen, als wollte sie das Zittern spüren, das der Wind durch die Halme laufen lässt. Ich würde das auch gern machen, bei ihren Haaren. Wie sich das wohl anfühlt, all die Farben. Eigentlich heißt sie anders. Aber ich nenne sie Rainbow, weil ihre Haare so bunt sind. Vielleicht hat jemand einen Witz erzählt, denn jetzt kann ich sie lachen hören, ihr Lachen sprudelt über die ganze Prärie. Niemand kann so lachen wie Rainbow. Ohne sie sind Piets Chuck-Norris-Witze nur halb so lustig. Es stimmt nicht, was ich über Rainbows Namen gesagt habe. Ich nenne sie Rainbow, weil sie mir Glück bringt.

Johnny hat mich oben auf der Halfpipe gesehen, er salutiert vor mir wie ein General und ruft: „Zu Diensten! Warum hast du uns herbestellt, Ben?" Johnny ist eine echt coole Sau, und wäre Chuck Norris hier, würde er das bestimmt auch finden und er und Johnny wären Freunde. [...] Er ist echt in Ordnung, und wenn Johnny loslegt, Mann, er macht unglaubliche Sachen mit seinem Board. „Chuck Norris isst keinen Honig, Chuck Norris kaut Bienen!", sagt Piet dann immer. Wenn wir skaten gehen, sagen wir manchmal, wir gehen Bienen kauen. Und wenn es auf dieser Welt einigermaßen gerecht zugehen würde, würde mir Johnny beibringen, wie man sie richtig kaut. „Wirste schon sehen, Johnny!", rufe ich zurück. „Wirste gleich sehen!" Die Halfpipe ist echt hoch. Aber was soll mir schon passieren? Im Rollstuhl sitze ich ja schon. Es stimmt nicht, was ich über das Skaten gesagt habe. Wir nennen es fliegen.

Fluchend zerrt Piet meinen Rolli auf die Plattform, klappt ihn auf und murmelt dabei, dass ich ihm was schuldig bin. [...] Unten witzeln Patexx und Fred, dass ich jetzt auch auf die

Pipe will. Aber Rainbow lacht nicht. Nicht ein winziges bisschen. „Was soll 'n das werden, Ben?", fragt Johnny. „Willst du das wirklich durchziehen, nur wegen letzter Woche …", fragt Piet.

Letzte Woche waren wir bei Johnny und haben DVDs übers Skaten geguckt und ein paar Folgen *Jackass*. Rainbow hielt sich die Hände vor die Augen, während die Jackass-Truppe mit einem Bobbycar Rolltreppen runtersauste und alle möglichen anderen krassen Kamikaze-Aktionen machte. Ich musste über Rainbow lachen und sie selbst lachte auch und wiederholte immer wieder: „Sind die mutig oder einfach total durchgeknallt, oh Gott, ich kann nicht hingucken!" Aber dann guckte sie doch.

Johnny war eine neue Cola holen gegangen und da habe ich sie gefragt, obwohl ich doch weiß, dass Rainbow auf Johnny steht, jeder weiß das, aber ich musste sie trotzdem fragen, ob sie mal Bock hat, was mit mir zu machen. Nur wir beide. Rainbow zögerte ganz kurz, dann sagte sie: „Klar, warum nicht?" Und einen Moment habe ich gedacht, dass ich ein Glückspilz bin, aber dann habe ich kapiert, dass ich nur ein Krüppel bin. Jeden anderen hätte sie abblitzen lassen, weil sie sich wegen Johnny nicht mit anderen Jungs trifft. Aber ich zähle wohl nicht als Junge, ich bin nur der im Rollstuhl. Mit mir auszugehen ist ungefähr so erotisch, wie seinen Opa durch den Park schieben. Na, danke. Das war letzte Woche, und da wusste ich, dass ich was ändern muss.

„Willste das wirklich machen?", wiederholt Piet. Ich frage nur, ob er die Kamera hat. „Klar", antwortet Piet und klappt die Videokamera auf: „Mach mal winke, winke für deine Fans." Ich mache das Victory-Zeichen in die Kamera und sage: „Egal, was passiert, du stellst das auf YouTube." „Was soll 'n das heißen, Ben, ‚egal, was passiert'?" Ich antworte nicht. […] Die anderen unten an der Halfpipe haben jetzt kapiert, dass ich es ernst meine. Johnny ruft zu mir hoch: „Hey, Ben, wir brauchen dich noch! Du bist doch unser Maskottchen!" Aber ich hab keinen Bock, den Rest meines Lebens bloß das Scheißmaskottchen von anderen Leuten zu sein. Jetzt balanciere ich nur noch auf den Hinterreifen, es ist ein geiles Gefühl, den Rolli so unter Kontrolle zu haben.

„Mach keinen Scheiß, hörst du?!", brüllt Johnny und vielleicht ist das Angst in seiner Stimme.

Rainbow ist ganz still und sieht aus, als würde sie sich am liebsten die Augen zuhalten.

„Chuck Norris hat bis unendlich gezählt. Zweimal!", flüstere ich, stoße mich ab über die Kante – und fliege.

*Textquelle: Marlene Röder: Melvin, mein Hund und die russischen Gurken. Ravensburger Buchverlag 2011, S. 13–18.*

**Informationen zur Autorin:** Marlene Röder, geb. 1983 in Mainz, Ausbildung als Glasmalerin und Lehrerin an Förderschulen. Sie begann bereits im Alter von 14 Jahren zu schreiben und verfasste bislang zahlreiche Erzählungen, aber auch Romane, die sich vorrangig an Kinder und Jugendliche richten.

**Anmerkungen:** Jackass (Z. 55): Fernsehsendung des Musiksenders MTV, in der die Darsteller zum Teil lebensgefährliche Mutproben durchführen.

## Aufgabenstellung

Lesen Sie den Text „Chuck Norris und all seine Freunde" sorgfältig durch und bearbeiten Sie dann die folgenden Aufgaben. Bei Nummer 5 können Sie a oder b wählen.

1. Fassen Sie den Inhalt des Textes mit eigenen Worten zusammen.
2. Weisen Sie Elemente der Kurzgeschichte am Text nach.
3. Beschreiben Sie die sprachlichen Besonderheiten des Textes und deren Wirkung.
4. Charakterisieren Sie den Ich-Erzähler und berücksichtigen Sie dabei auch den Titel.
5. a) Erörtern Sie, mit welchen Maßnahmen man Jugendlichen mit Behinderung eine selbstverständliche Teilhabe am Alltag ermöglichen kann. oder

   b) Erzählen Sie, wie jemand aus der Clique Bens Mutprobe und deren Ausgang erlebt.

## Mögliche Gliederung

**A. In dieser Kurzgeschichte bereitet sich ein im Rollstuhl sitzender Jugendlicher auf eine riskante Mutprobe vor**

**B. Auseinandersetzung mit dem Text „Chuck Norris und all seine Freunde“ und weiterführende Aufgabe**

**1 Zusammenfassung des Inhalts in eigenen Worten**

**2 Nachweis der Elemente der Kurzgeschichte**

**3 Sprachliche Besonderheiten und deren Wirkung**

3.1 Wortwahl
3.2 Satzbau
3.3 Stil

**4 Charakterisierung des Ich-Erzählers unter Berücksichtigung des Titels**

**5 Argumentation: Mit welchen Maßnahmen kann man Jugendlichen mit Behinderung eine selbstverständliche Teilhabe am Alltag ermöglichen?**

oder:

**5 Erzählung: Ein Mitglied aus der Clique erlebt Bens Mutprobe und deren Ausgang**

**C. An unserer Schule werden behinderte und nicht behinderte Schüler gemeinsam unterrichtet**

## Notizen und Lösungshinweise zu den einzelnen Bereichen der Gliederung

**Einleitung** A.

- Thematik des Textes/Quelle/Information zur Autorin aus den Angaben in der Textvorlage (*ausformuliertes Beispiel*):
  In der Geschichte „Chuck Norris und all seine Freunde“ geht es um den behinderten Jugendlichen Ben, der mit seinem Rollstuhl eine Halfpipe hinunterfahren will, um mit dieser Mutprobe echte Anerkennung in seiner Clique, im Speziellen vom Mädchen Rainbow, zu erhalten. Marlene Röder verfasste diese Kurzgeschichte, die 2011 erschienen ist. Die Autorin ist ausgebildete Glasmalerin und Förderschullehrerin und schreibt seit ihrem 14. Lebensjahr. Ihre Texte richten sich hauptsächlich an Kinder und Jugendliche.

oder:

- eigenständige Hinführung zur Thematik des Textes, z. B. mit der Schilderung von Einschränkungen, die ein Mensch mit Behinderung hinnehmen muss, oder über die Bedeutung von Mutproben innerhalb einer Clique bzw. über die Wichtigkeit für Jugendliche, einer Clique anzugehören, jeweils verbunden mit einer Überleitung zur Thematik der Kurzgeschichte und der Nennung der Autorin

**Inhaltszusammenfassung in eigenen Worten** B.1

- Ohne Einleitung beginnt die Handlung mit einem Gespräch über einen der populären Chuck-Norris-Witze, deren Inhalt sich immer um übermenschliche oder gar unmögliche Heldentaten dreht.

- Nach diesem Dialog beginnt die eigentliche Handlung: Der Ich-Erzähler Ben wird von seinem Freund Piet gerade auf eine Halfpipe getragen. Ben ist aufgrund einer Behinderung auf den Rollstuhl angewiesen.
- Während Piet den Rollstuhl holt, denkt Ben an jemanden mit dem Namen Rainbow und beobachtet von oben das Gelände, das die Clique als „Prärie" bezeichnet.
- Nun sieht er die Skater-Freunde aus der Clique kommen, zu der auch das Mädchen Rainbow zählt, das er liebevoll beschreibt.
- Ben hat die Clique zusammengerufen, weil er ihnen beweisen möchte, dass er die Halfpipe mit seinem Rollstuhl hinunterfahren kann.
- In einer Rückschau erklärt sich der Grund für dieses riskante Unternehmen: Ben glaubt, dass sich Rainbow nur aus Mitleid auf eine Verabredung mit ihm einließ.
- Er nötigt den Freunden das Versprechen ab, dass das Video von der Mutprobe unabhängig von ihrem Ausgang auf „YouTube" veröffentlicht wird.
- Seine Freunde haben Bedenken und wollen ihn abhalten, nicht nur Rainbow scheint Angst vor dem Ausgang zu haben. Trotzdem stößt sich Ben mit dem Rollstuhl von der Kante ab. Es bleibt offen, was danach geschieht.

**Nachweis der Elemente der Kurzgeschichte** 2

1. Unmittelbarer Beginn: Dialog über den Chuck-Norris-Witz, ohne dass die Sprecher mit Namen bezeichnet werden; fehlende Zeitangabe, keine genauen Ortsangaben; Handelnde sind auf Vornamen, Spitznamen und ihr Verhalten beschränkt
2. Bedeutsames Ereignis im Leben eines Menschen: Der behinderte Ich-Erzähler Ben will mit einer riskanten Mutprobe Anerkennung in seiner Clique erzwingen und er hofft, das Mädchen Rainbow mit seiner Aktion beeindrucken zu können.
3. Beschränkung auf ein zentrales Ereignis: Die selbst gewählte Mutprobe des behinderten Jugendlichen steht im Mittelpunkt.
4. Offener Ausgang: Es bleibt offen, wie die Mutprobe endet und wie sich die Cliquenmitglieder, vor allem Rainbow, danach verhalten.
5. Symbolik: Der Rollstuhl stellt auch im übertragenen Sinn ein Symbol für Handicap, Eingeschränktheit und Unbeweglichkeit dar.

**Sprachliche Besonderheiten und deren Wirkung** 3

**Wortwahl** 3.1

- grobe Ausdrücke: z. B. „verdammte Braut" (Z. 10), „Sau" (Z. 39), „Krüppel" (Z. 64), „Scheißmaskottchen" (Z. 75 f.), „Scheiß" (Z. 78): Hervorhebung einerseits der Härte des Ich-Erzählers gegen sich selbst, andererseits derbe Jugendsprache (Glaubwürdigkeit der Darstellung der Jugendlichen) und Ausdruck der Aufregung der Freunde
- Ausdrücke aus der Sprache der Skater: z. B. „Halfpipe" (Z. 15 f. usw.), „Board" (Z. 42): wirklichkeitsgetreue Darstellung
- Ausdrücke einer Gruppensprache: z. B. „Prärie" (Z. 22, 25), „gehen Bienen kauen" (Z. 43 f.), „fliegen" (Z. 48): Ausdrücke, die nur die Clique benutzt und versteht, als Gruppensymbol und als Zeichen der Verbundenheit
- umgangssprachliche und jugendsprachliche Ausdrücke: z. B. „halt die Klappe" (Z. 2), „guter Kumpel" (Z. 20), „echt coole" (Z. 39), „wirste" (Z. 45 f.), „durchziehen" (Z. 52), „krassen" (Z. 56) usw.: wirklichkeitsnahe Darstellung der Figuren
- Verniedlichungen: „Rolli" (Z. 17 usw.), „Rollifahrer" (Z. 24): lässiger Umgang mit dem Thema Behinderung
- Wiederholungen: z. B. „Rainbow, denke ich, Rainbow, Rainbow" (Z. 18), „sie lachen hören, ihr Lachen […] so lachen wie" (Z. 34 f.): Ben schwärmt von Rainbow, Anzeichen für Verliebtheit
- Aneinanderreihung von Adjektiven: z. B. „dummen, nutzlosen Anhängsel" (Z. 15), „unserer zerkratzten, steilen, wunderbaren Halfpipe" (Z. 16), „weil er ein guter Kumpel ist, der beste" (Z. 20): Verstärkung der Bedeutung des Bezugswortes

**Satzbau** 3.2

- viele wörtliche Reden: z. B. Z. 1 bis 4, Z. 11 f., 17 f., 69 ff. usw.: lebendige und abwechslungsreiche Darstellung, direktes Miterleben des Geschehens
- Ausrufe und Fragen: z. B. Z. 45 f., 51 ff., 69, 72 usw.: Überzeugung Bens, die Mutprobe zu wagen; Angst und Bedenken der Freunde
- einfacher und häufig verkürzter oder elliptischer (unvollständiger) Satzbau: z. B. Z. 23 bis 25, „Nur wir beide“ (Z. 62), „Na, danke“ (Z. 67): glaubhafte Wiedergabe von Jugend- und Umgangssprache
- Wiederholung des Satzbaumusters „Es stimmt nicht, was ich über [...] gesagt habe“ (Z. 25, 35 f., 47): Betonung der Bedeutung von Schlüsselwörtern wie „Rainbow“, „Prärie“ und „Fliegen“

**Stil** 3.3

- im Wesentlichen jugend- und umgangssprachlicher Stil, einige derbe Ausdrücke: stimmige Nachvollziehbarkeit und wirklichkeitsgetreue Darstellung
- Abweichen von diesem Stil bei der Beschreibung von Rainbow in Z. 28 bis 34: poetische Schilderung bringt die Verliebtheit zum Ausdruck
- lebendige und ausdrucksvolle Darstellung durch:
  - die echt wirkenden wörtlichen Reden
  - Vergleiche: „wie seinen Opa durch den Park schieben“ (Z. 67), „wie ein Leuchtfeuer“ (Z. 29)
  - Metapher: „Skelett des kaputten Kinderwagens“ (Z. 27)
- Symbole: „Rollstuhl“ für Behinderung, Einschränkung in wörtlicher und übertragener Bedeutung; „Rainbow“ = Regenbogen als Symbol für Glück und Hoffnung; „Skaten“ als Symbol für die Freiheit

**Charakterisierung des Ich-Erzählers unter Berücksichtigung des Titels** **4**

- Ben ist ein Jugendlicher, der aufgrund seiner Behinderung einen Rollstuhl benötigt. Seine Beine bezeichnet er als „dumme, nutzlose Anhängsel“ (vgl. Z. 15).
- Trotz seiner gelähmten Beine gehört der Ich-Erzähler zu einer Skater-Clique.
- Er versucht durch Verhalten und Sprache seine Behinderung zu überspielen: „Jetzt halt die Klappe [...]“ (Z. 2 f.), „Rolli“ (Z. 17), „Aber was soll mir schon passieren?“ (Z. 46 f.)
- Andererseits ist er aber auch hart zu sich wegen seiner Behinderung: „Im Rollstuhl sitze ich ja schon.“ (Z. 47), „Krüppel“ (Z. 64)
- Ben gibt sich zwar cool und unabhängig, scheint aber dennoch unsicher zu sein, was daran zu erkennen ist, dass er sich z. B. immer wieder selbst verbessert (vgl. Z. 25, 35 f., 47).
- Er wünscht sich, dass er nicht auf seine Behinderung beschränkt wird; er will kein Mitleid, sondern Anerkennung als vollwertiges Mitglied der Skaterclique und der Gesellschaft: Z. 63–68, „Aber ich hab keinen Bock, den Rest meines Lebens bloß das Scheißmaskottchen von anderen Leuten zu sein“ (Z. 75 f.), „‚Egal, was passiert, du stellst das auf YouTube.‘“ (Z. 71 f.)
- Zur Bedeutung des Titels:
  - Chuck Norris als Held dieser Witze ist das Idealbild für Coolness (Z. 39 f., 42 f.)
  - Er scheint ein Idol für die Mitglieder der Clique und Ben zu sein, weil er in ihren Augen sogar Superman übertrifft (Z. 1 f.) und das Unmögliche schafft (Z. 5 ff.).
  - Am Ende der Kurzgeschichte steht der Name auch für Ben, weil er mit seiner Mutprobe Chuck Norris ebenbürtig wird (Z. 81 f.).
  - Der zweite Teil der Überschrift („all seine Freunde“) bezieht sich auf Ben, der sich am Schluss der Geschichte wie Chuck Norris fühlt. Gemeint sind also seine Freunde, die Skater-Clique.

**Argumentation: Mit welchen Maßnahmen kann man Jugendlichen mit Behinderung eine selbstverständliche Teilhabe am Alltag ermöglichen?** 5

***Hinweis:*** *Zur Bearbeitung gehst du genauso vor wie bei einer Erörterung, da diese weiterführende Aufgabe die gleichen Anforderungen stellt. Nach einer genauen Themaanalyse machst du eine kurze Stoffsammlung und suchst dir drei Argumente aus, die dir am wichtigsten erscheinen. In der Regel dürften drei ausführlich veranschaulichte Argumente (mit Begründung, Beispiel(en) und eventuell Folge/Wirkung) genügen. Die Sprache ist sachlich zu halten. Verknüpfe deine Argumente sprachlich miteinander. Besonders wichtig ist, dass du klärst, was unter „einer selbstverständlichen Teilhabe am Alltag" zu verstehen ist. Teilhabe bedeutet in etwa so viel wie teilnehmen oder einbezogen sein. Auch den Begriff „Alltag" solltest du hinterfragen, denn die Antworten darauf liefern bereits die Bereiche für Maßnahmen. Alltag ist alles, was man jeden Tag macht oder machen muss. Es geht also um das Einbezogen-Sein behinderter Jugendlicher in Schule, Freizeit, Sport, bei der Arbeit, beim Einkauf, Wohnen, bei der Fortbewegung usw. Vielleicht ist es auch hilfreich, daran zu denken, dass es nicht nur körperliche Behinderungen gibt. In gewisser Weise stellt die Skater-Clique aus dem Text ein gelungenes Beispiel für eine gemeinsame Freizeitgestaltung von Behinderten und Nichtbehinderten dar.*

**Mögliche Argumente/Maßnahmen**

- Beseitigung von Barrieren in Wohnungen, Städten, Verkehrsmitteln
- Gemeinsamer Schulunterricht von Behinderten und Nichtbehinderten
- Öffnung von Freizeit- und Sportangeboten für behinderte Jugendliche
- Ausbildungs- und Arbeitsplätze für behinderte Jugendliche
- Maßnahmen zur Bewusstseinsbildung in der Gesellschaft

*Beispiel für ein ausformuliertes Argument:*
Neben einem gemeinsamen Unterricht von behinderten und nichtbehinderten Schülern ist auch eine Öffnung von Freizeit- und Sportangeboten notwendig. Selbstverständliche Teilhabe am Alltag bedeutet, dass behinderte Jugendliche nicht unter sich bleiben müssen, sondern zusammen mit denen, die ohne Handicap leben können, Spiel, Spaß und vielfältige Aktivitäten unternehmen können. So könnten Sportvereine Gruppen gründen, in denen gemeinsam trainiert und gespielt wird. Freizeitheime können gemeinsame Partys oder Kurse organisieren und zum Beispiel ihr Ferienprogramm entsprechend planen. Somit besteht für Behinderte die Möglichkeit, im Freizeitbereich eingebunden zu sein, Nichtbehinderten eröffnet sich die Chance, Berührungsängste abzubauen.

oder:

**Erzählung: Ein Mitglied aus der Clique erlebt Bens Mutprobe und deren Ausgang** 5

***Hinweis:*** *Bei dieser Aufgabe solltest du dich erinnern, was du im Unterricht zu den Merkmalen und dem Aufbau einer Erzählung gelernt hast. Eine gute Erzählung ist anschaulich, spannend, lebendig. Dies erreichst du zum Beispiel mit ausdrucksstarken Adjektiven und Verben und der Verwendung von wörtlicher Rede. Spannung kann man mit kurzen oder unvollständigen Sätzen steigern. In der Regel benutzt man das Präteritum, beim Höhepunkt kannst du zur Spannungssteigerung ins Präsens wechseln. Der Stil sollte der Glaubwürdigkeit wegen an die Sprache der Jugendlichen in der Kurzgeschichte angepasst werden.*
*Aufgebaut ist eine Erzählung in Einleitung, Hauptteil und Schluss. In der Einleitung wird die Ausgangssituation dargestellt (Wer? Wo? Wann?). Der Hauptteil besteht aus den aufeinanderfolgenden Handlungsschritten, die auf den Höhepunkt zulaufen. Wichtig ist hierbei auch, das Verhalten, die Gedanken und Gefühle der handelnden Figuren*

*darzustellen. Der Schluss stellt das Ergebnis oder die Folgen in den Mittelpunkt. Die Erzählperspektive ist in der Aufgabenstellung schon vorgegeben. Du sollst aus der Sicht eines Cliquenmitglieds erzählen (Ich-Perspektive), wie du die Mutprobe erlebt hast und vor allem auf den Ausgang und die Folgen eingehen. Wenn du dich ein wenig mit Halfpipes auskennst, ist klar, dass es sich aufgrund der Beschreibung durch Ben um eine relativ hohe Anlage handeln muss. Es ist unwahrscheinlich, dass mit einem normalen Rollstuhl, ohne angeschnallt zu sein, ohne Schutzkleidung und ohne Übung, ein unfallfreier Ablauf der Mutprobe möglich ist.*

*Beispiel für eine Erzählung:*
Da standen wir nun an unserer Halfpipe, Schlag zwölf Uhr hatte er uns antanzen lassen und alle waren da: Piet, Johnny, Patexx, Fred und ich, die er Rainbow nannte. Ben stand mit dem Rollstuhl an der Kante und würde sich wohl bald abstoßen.
Wir wollten das nicht, ich wollte das nicht. Vielleicht hatte er recht, dass ich aus Mitleid zum Date ja gesagt hatte. Aber er brauchte mir und uns nichts beweisen. Er gehört so oder so zu uns. Ich konnte nicht mehr hinschauen, wie er über der Kante kippelte, die Beine in der Luft. Johnny versuchte noch einmal, ihn zurückzuholen und rief hinauf: „Komm, Alter, mach es nicht, du brauchst es nicht, wir brauchen das nicht!" Konnte ich überhaupt hinsehen? Vom Table rief Ben uns zu und ich glaube, seine Stimme zitterte etwas: „Chuck Norris hat zwei Mal bis unendlich gezählt und fährt jetzt los." Wir blickten atemlos nach oben. Er war jetzt an der Kante, die Hälfte des Rollis ragte schon ins Leere. Gleich wird er sich abstoßen, dachte ich und dann, was wird dann wohl passieren? Scheißidee, so etwas! Mir gingen Szenen, die ich auf YouTube gesehen hatte, nicht aus dem Kopf … Rollifahrer in der Halfpipe, die es aus ihrem Schlitten schmiss. „Ben, tu's nicht, was machste bloß für einen Blödsinn", rief ich ihm zu und dann war es schon zu spät. Er stößt sich ab, der Rolli nimmt sofort irre Fahrt auf und rauscht mit ihm über den senkrechten Vert nach unten, er schreit, rutscht beinahe von der Sitzfläche und schon geht es drüben wieder hinauf. Mir stockt der Atem, Ben trifft den Anstieg zu schräg, der Rollstuhl verliert an Geschwindigkeit, neigt sich gefährlich. Ein Rad ist in der Luft. „Gewicht verlagern!", brüllt Patexx plötzlich neben mir, sodass ich noch mehr erschrecke. „Ich fall um, helft mir!", jault Ben und in diesem Augenblick kippt der Rolli nach innen, Ben reißt es vom Stuhl, er fällt seitlich hinaus und rollt wie in Zeitlupe die Halfpipe hinunter. Ich bin wie gelähmt, aber die anderen rennen hin, Johnny erwischt den Rollstuhl, bevor dieser auf das schlaffe Bündel Ben fällt. Ben liegt mitten auf der Bahn, ich laufe hin, die Beine tragen mich kaum. Er hebt einen Arm, spreizt die Finger zum Victory-Zeichen und krächzt: „Chuck Norris ist gelandet!" Wenigstens konnte er sich bewegen und seinen Humor hatte er auch nicht verloren. Voller Panik riefen wir einen Krankenwagen, denn hochheben trauten wir uns ihn nicht. Später stellte sich heraus, dass er Riesenglück hatte. Sein rechtes Bein war gebrochen und er hatte überall Abschürfungen. Der Rolli war natürlich im Eimer. Piet machte sich schlimme Vorwürfe, dass er ihn da rauf getragen hatte.

**Schlussgedanke** C.
Hier bietet es sich zum einen an, mögliche eigene Erfahrungen im Zusammenleben und -arbeiten mit behinderten Mitschülern zu schildern. Zum anderen kannst du, wenn du Skater-Erfahrung hast, das Vorhaben von Ben beurteilen. Aber auch ohne diese Erfahrung ist seine riskante Fahrt in der Halfpipe einer kritischen Beurteilung zu unterziehen. Ein Schlussgedanke, der die Kurzgeschichte bewertet, ist natürlich auch immer möglich und dann erfolgreich, wenn du genau begründest, was dir daran gefallen/nicht gefallen hat (z. B. das Thema, die Sprache, die Figuren, der Aufbau).

**Aufgabe 9**

# Gemeinsam anders

*Von Astrid Becker*

Neulich im Bier- und Oktoberfestmuseum in München: Zwei Männer sitzen auf einer Bierbank. Sie tragen das, was man heutzutage wohl Dachauer Tracht nennen würde – zu erkennen unter anderem an den vielen silbernen Knöpfen an ihren Westen. Genau dieses Erkennungsmerkmal hat einen der beiden, Markus Schneider, so fasziniert, dass er mittlerweile Trachtenknöpfe sammelt. Der andere, ein wenig älter als Schneider, hatte gar nichts mit Tracht im Sinn, bis er mit seinem Harley-Davidson-Club vor ein paar Jahren nach Amerika fuhr: „Da wollt i ned mit normale Motorradlstiefi hi, dann hob i mir hoit die Stiefi von der Tracht macha lassn, und langsam is dann a der Rest dazuakumma." * Weil sie „cool" ist, die Tracht. Da sind sich die beiden einig. Und weil man sich mit ihr von einer Welt abheben kann, die sich mehr und mehr der Vereinheitlichung verschrieben hat.

**Angenehmer Nebeneffekt: Gelebte Volkskultur ist beste Tourismuswerbung.**

Damit stehen sie nicht allein da. Brauchtumspflege und die Rückbesinnung auf die eigenen Wurzeln liegen im Trend, in der Stadt ebenso wie im Umland. Das Interesse an allen Bereichen der Volkskultur habe enorm zugelegt, sagt Eva Becher, seit zehn Jahren im Münchner Kulturreferat für dieses Thema zuständig. Damals, in ihrer Anfangszeit, seien Dirndl, Volkstanz, Volksmusik oder gar Bauerntheater „echt bäh" gewesen. Vielleicht noch mit Ausnahme der Wiesn – wo es bereits Ende der Neunziger nicht mehr als schick galt, so wie bisher in Jeans und T-Shirt zu erscheinen.

** Dort wollte ich nicht mit normalen Motorradstiefeln hin, darum habe ich mir Trachtenstiefel anfertigen lassen und nach und nach ist der Rest dazugekommen.*

Vor drei Jahren, sagt Becher, hätten sich plötzlich traditionelle Elemente spürbar in die Jugendkultur geschmuggelt: „Vor allem in die Musik. Denken Sie an *LaBrassBanda* oder die fränkischen Musiker von *Kellerkommando*." [...]

Die touristischen Vermarkter nutzen diesen Trend längst, um neue Kunden zu gewinnen und alte an München und sein Umland zu binden. Die Münchner Tourismusamtschefin, Gabriele Weishäupl, geht sogar noch weiter: „Ich denke, dass wir diesen Trend sogar gefördert haben." Tatsächlich gibt es in der Stadt eine Menge Veranstaltungen, die mit volkskulturellen Inhalten locken.

Für die wahrscheinlich größte Furore sorgte bislang wohl die historische Wiesn zum 200. Jubiläum des Oktoberfestes 2010. Goaßlschnalzer, Trachtengruppen, Volkstanz und -musik kamen dabei besonders gut an. So sehr, dass eine Bürgerinitiative forderte, diese Veranstaltung beizubehalten – mit Erfolg.

Auch auf dem diesjährigen Stadtgründungsfest im Juni wurde ein Heimatabend zelebriert, der unter dem Motto „Volksmusik trifft VoiXmusik" stand: ein authentisches Zeugnis regionaler Volksmusik, das von der Tradition den Bogen zur Moderne spannte. Es gab dort zudem einen Trachtenmarkt, eine bayerische Singstunde für Erwachsene und Kinder und vieles mehr. Bilanz des Tourismusamts: „Diese

Veranstaltungen waren alle trotz schlechten Wetters rappelvoll", sagt eine Sprecherin. [...]

**„Die eigene Heimat ist heute das Fremdeste überhaupt – und das gilt es nun zu erkunden."**

Auch auf dem Tollwood-Festival fand am Sonntag unter dem Motto „Bunt tanzt gut" ein multikultureller Volkstanzwettbewerb für die Jugend statt. Erstmals überhaupt wird auch auf der Auer Jakobidult ein Tanzboden aufgebaut, und zwar beim Sommernachtsfest am 30. Juli. Die Liste all der Veranstaltungen ließe sich noch lange fortführen – und das keineswegs nur für das Stadtgebiet. Maibaumaufstellen und -stehlen gehören auf dem Land längst wieder zu den höchst beliebten Ereignissen, ebenso wie Sonnwendfeuer, Almabtriebe, Leonhardiritte oder Kirchweihfeiern.

Doch woher kommt diese Besinnung auf Heimat und Brauchtum? Touristiker, Veranstalter und Wissenschaftler sind sich in dieser Frage einig: Verantwortlich dafür sei die Globalisierung, die letztlich zu einer Suche nach der eigenen Identität geführt habe. Der Volkskundler Andreas Koll erklärt dieses Phänomen so: „Früher stand die Frage im Vordergrund: Was haben wir gemeinsam? Heute geht es darum, was uns unterscheidet." Das Eigene komme in einer globalisierten Welt nicht vor, deshalb wollten die Menschen, vor allem die jungen, wissen, was das Besondere an ihnen selbst sei, sagt er. Im Grunde ist die Renaissance des Brauchtums also als Reaktion auf eine Entwicklung zu verstehen, die dem Menschen zunehmend die eigene Identität raube – weil den virtuellen Welten im Internet eine große Bedeutung beigemessen werde und nun für fast jedermann die Möglichkeit bestehe, in aller Herren Länder zu reisen, meint auch Eva Becher vom Kulturreferat: „Wenn man vor dem Computer sitzt, ist es ja egal, wie man ist. Deshalb wächst das Bedürfnis nach realem Leben und Erleben von sich selbst." Früher, so sagt sie, seien die Menschen neugierig gewesen auf die Welt „da draußen", jetzt richteten sie verstärkt ihren Blick auf ihr unmittelbares Umfeld. „Die eigene Heimat ist heute das Fremdeste überhaupt – und das gilt es nun zu erkunden."

Die Dachauer Trachtler aus dem Bier- und Oktoberfestmuseum würden dies sicher unterschreiben. Auch für sie ist klar: „Allein die Großstädte schauen mittlerweile alle gleich aus. Diese Gleichheit – des packt doch koa Mensch!"

*Textquelle: Süddeutsche Zeitung vom 4. 7. 2011*
*Foto: Daniel Reiter/STOCK4B/Getty Images (Das verwendete Foto entspricht nicht der Original-Aufgabenstellung, zeigt aber ein sehr ähnliches Motiv)*

**Anmerkungen:** Goaßlschnalzer (Z. 61): Peitschenknaller

## Aufgabenstellung

Lesen Sie den Text sorgfältig durch und bearbeiten Sie dann die folgenden Aufgaben. Bei Nummer 5 können Sie a oder b wählen.

1. Fassen Sie den Textinhalt so zusammen, dass der innere Aufbau erkennbar wird.
2. Untersuchen Sie auffällige sprachliche Mittel und beschreiben Sie deren Wirkung.
3. Weisen Sie nach, um welche Textsorte es sich hier handelt.
4. Welche Absichten könnte die Autorin mit diesem Text verfolgt haben? Gehen Sie dabei auch auf die Zielgruppe ein.
5. a) Erörtern Sie, welche Vorteile die Beherrschung des ortsüblichen Dialekts haben kann.

   oder

   b) Das ist meine Heimat, hier bin ich zu Hause! Schildern Sie eine für Sie dazu passende Situation.

## Mögliche Gliederung

**A. Der Text beschäftigt sich mit dem wachsenden Interesse am bayerischen Brauchtum**

**B. Auseinandersetzung mit dem Text „Gemeinsam anders“ und weiterführende Aufgabe**

**1 Inhaltszusammenfassung und innerer Aufbau**

**2 Auffällige sprachliche Mittel und deren Wirkung**

2.1 Wortwahl
2.2 Satzbau
2.3 Stil

**3 Nachweis der Textsorte: Reportage**

**4 Absichten der Autorin unter Berücksichtigung der Zielgruppe**

**5 Erörterung: Welche Vorteile kann die Beherrschung des ortsüblichen Dialekts haben?**

oder:

**5 Schilderung: Das ist meine Heimat, hier bin ich zu Hause**

**C. Unsere SMV veranstaltet zum Beginn des Volksfestes seit Neuestem einen Tag unter dem Motto „Alles in Tracht“**

## Notizen und Lösungshinweise zu den einzelnen Bereichen der Gliederung

**Einleitung** **A.**

– Thematik des Textes/Quelle/Autorin (*ausformuliertes Beispiel*):
Der Text „Gemeinsam anders“ greift das wachsende Interesse der Menschen an Tracht, Brauchtum und Volkskultur auf, das sich längst nicht nur darin niederschlägt, dass es „schick“ ist, in Tracht auf das Oktoberfest zu gehen. Dieses Wiederaufleben ist mittlerweile auch von der Tourismusbranche entdeckt worden. Für Experten ist es erwiesen, dass dieser Trend etwas mit der Globalisierung zu tun hat, die die Menschen wieder verstärkt nach der eigenen Identität suchen lässt. Die Reportage von Astrid Becker erschien am 4. Juli 2011 in der Süddeutschen Zeitung.

oder:

– eigenständige Hinführung zur Thematik des Textes, z. B. durch Darstellung eigener Erfahrungen mit den Themen Tracht, Brauchtum, Volksfeste, bayerische Elemente in der Popmusik, Dialekt; jeweils verbunden mit einer Überleitung zur Thematik der Reportage und Nennung der Autorin und Quelle

**Inhaltszusammenfassung und innerer Aufbau** **B. 1**

Sinnabschnitt 1 (Z. 1–23): Zwei Männer erzählen, wie sie zur Tracht gekommen sind und welche Bedeutung diese für sie hat. → Direkter Einstieg ins Thema mit der für die Reportage typischen Zoomtechnik
Sinnabschnitt 2 (Z. 27–47): Eine Mitarbeiterin des Münchner Kulturreferats spricht über ihre Erfahrungen mit der Wiederentdeckung von Brauchtum und Tradition. → Allgemeine Informationen zum Thema, Perspektivenwechsel

Sinnabschnitt 3 (Z. 48–78): Es werden verschiedene Beispiele für Veranstaltungen genannt, die die touristische Nutzung des neuen Trends in München belegen. → Darstellung des wirtschaftlichen Aspekts
Sinnabschnitt 4 (Z. 82–96): Es wird auf die zunehmende Bedeutung von Festen und Brauchtum eingegangen. → Hinweis darauf, dass der Trend dennoch vor allem dem Interesse der Menschen geschuldet ist
Sinnabschnitt 5 (Z. 97–130): Unterschiedliche Experten kommen zur gemeinsamen Auffassung, dass die Rückbesinnung auf das Brauchtum damit zusammenhängt, dass in einer globalisierten Welt die Menschen ihre Identität suchen. → Darstellung der wissenschaftlichen Sicht
Sinnabschnitt 6 (Z. 131–136): Die zu Beginn befragten Männer bestätigen die Aussagen des Wissenschaftlers kurz und bündig. → Anknüpfung an den Anfang der Reportage (Zoomtechnik)

**Sprachliche Besonderheiten und deren Wirkung** 2

**Wortwahl** 2.1

- Fremdwörter, zum Teil sehr anspruchsvoll: z. B. „Furore“ (Z. 58), „zelebriert“ (Z. 68), „Phänomen“ (Z. 104), „Renaissance“ (Z. 112): Hinweis auf sprachliche Kompetenz
- Fachbegriffe aus dem gesellschaftlichen Bereich: „Volkskultur“ (Z. 25), „Globalisierung“ (Z. 101), „Identität“ (Z. 102, 115), „Volkskundler“ (Z. 103), „globalisierte[] Welt“ (Z. 108): Betonung der wissenschaftlichen Grundlage dieser Aussagen
- Fachbegriffe aus dem Bereich Wirtschaft/Marketing: z. B. „Vermarkter“ (Z. 48), „Kunden [...] gewinnen“ (Z. 49 f.), „binden“ (Z. 51), „Bilanz“ (Z. 75): Hinweis auf den wirtschaftlichen Aspekt
- Häufung von verstärkenden Adverbien bzw. von Superlativen: z. B. „mehr und mehr“ (Z. 22), „enorm“ (Z. 32), „wahrscheinlich größte“ (Z. 58), „besonders gut“ (Z. 62 f.), „längst wieder“ (Z. 92 f.), „höchst beliebten“ (Z. 93): zeigt die große Bedeutung des Trends zum Brauchtum, positive Bewertung
- Titel „Gemeinsam anders“: Widerspruch, der im Text aufgelöst wird
- umgangssprachliche Wendung „cool“ (Z. 19) und die Motorradfahrer des Harley-Davidson-Clubs: wirkt als scheinbarer Kontrast zur Tracht
- kindlicher Ausdruck „echt bäh“ (Z. 37): trotzige Ablehnung der Tracht früher

**Satzbau** 2.2

- Häufung von Aufzählungen: z. B. „Dirndl, Volkstanz, Volksmusik oder gar Bauerntheater“ (Z. 35 f.), „Sonnwendfeuer, Almabtriebe, Leonhardiritte oder Kirchweihfeiern“ (Z. 94 ff.): Veranschaulichung der lebendigen Vielfalt des Brauchtums
- sehr häufig indirekte Rede: z. B. in den Zeilen 30 ff., 34 ff., 42 ff. usw.: befragte Fachleute werden zitiert
- mehrfach wörtliche Rede: z. B. in den Zeilen 15 ff., 44 ff., 53 f., 104 ff. usw.: Experten und Vertreter des Trends kommen zu Wort; steigert die Glaubwürdigkeit der Aussagen; macht den Text im Wechsel mit der indirekten Rede lebendiger
- nachgestellte Einschübe: z. B. „– zu erkennen unter anderem an [...]“ (Z. 5 ff.), „– wo es bereits Ende der [...]“ (Z. 38 ff.), „– und das keineswegs nur [...]“ (Z. 90 f.), „– und das gilt es nun zu erkunden.“ (Z. 129 f.): Lenkung der Aufmerksamkeit auf das soeben Erwähnte, starke Hervorhebung der zuvor getroffenen Aussage
- viele Ellipsen, oft als Weiterführung des vorhergehenden Satzes: z. B. „Und weil man sich [...]“ (Z. 20 ff.), „Vielleicht noch mit Ausnahme der [...]“ (Z. 37 f.), „So sehr, dass eine Bürgerinitiative [...]“ (Z. 63 ff.) usw.: wirkt auflockernd und lebendig und ist ein Merkmal des Schreibstils der Autorin
- Frage „Doch woher [...]?“ (Z. 97 f.): Vorwegnahme der Reaktion des Lesers, Einleitung in neues Thema/neuen Abschnitt

**Stil** 2.3

Insgesamt sehr abwechslungsreich und anspruchsvoll durch:
- z. T. lange und komplexe Satzgefüge, vor allem bei indirekter Rede (z. B. Z. 107 ff.)
- in Abwechslung dazu einfache Hauptsätze (z. B. Z. 19 f., 27) und Ellipsen (siehe oben)
- bewusst gesetzte Zitate in Bairisch (Z. 15 ff., 135 f.) am Beginn und als ausdrucksvoller Abschluss
- einzelne anspruchsvolle Fremdwörter (siehe oben) bzw. Fachsprache
- bewusster Einsatz von Wörtern aus der Umgangssprache

**Bestimmung der Textsorte: Reportage** 3

- Textäußeres: Foto, Zwischenüberschriften, Autorenname
- Wechsel von direkter und indirekter Rede
- Zoomtechnik: direkter Einstieg am Beginn mit den Trachtlern, am Schluss Rückkehr zu ihnen
- Abschnitte mit Information (z. B. Z. 58 bis 65) und Unterhaltung (z. B. Z. 11 bis 19)

**Absichten der Autorin unter Berücksichtigung der Zielgruppe** 4

Absichten:
- positive Darstellung der Wiederbelebung von Brauchtum allgemein
- Unterstützung der Besinnung auf heimatliche Traditionen in einer globalisierten Welt
- Werbung für verschiedene Veranstaltungen in München, z. B. historische Wiesn (Z. 58 ff.) und Sommernachtsfest (Z. 88)
- Information über verschiedene Formen des Brauchtumsbooms
- Unterhaltung, z. B. die Aussagen der beiden Trachtler zu Beginn

Zielgruppe:
- Menschen, denen Brauchtum wichtig ist bzw. die sich aktiv daran beteiligen
- kulturell interessierte Leser
- Leser, die sich über aktuelle Trends auf dem Laufenden halten wollen

**Erörterung: Welche Vorteile kann die Beherrschung des ortsüblichen Dialekts haben?** 5

***Hinweis:*** *Zur Bearbeitung gehst du genauso vor wie bei einer Erörterung, da diese weiterführende Aufgabe die gleichen Anforderungen stellt. Nach einer genauen Themaanalyse machst du eine kurze Stoffsammlung und suchst dir drei Argumente aus, die dir am wichtigsten erscheinen. In der Regel dürften drei ausführlich veranschaulichte Argumente (mit Begründung, Beispiel und eventuell Folge/Wirkung) genügen. Die Sprache ist sachlich zu halten. Verknüpfe deine Argumente miteinander.*
*Zunächst mag es schwierig erscheinen, auf die Themafrage nach den Vorteilen der Beherrschung des am Wohnort gesprochenen Dialekts Antworten zu finden. Als Ausgangspunkt könntest du deine eigene Situation betrachten. Wenn du Dialekt sprichst, überlege, was du daran positiv findest und frage dich, was er dir für Vorteile bieten könnte bzw. schon gebracht hat. Auch wenn du den Dialekt, der in deiner Umgebung gesprochen wird, nicht beherrscht, kannst du darüber nachdenken, ob es vielleicht schon Situationen gegeben hat, in denen du dir gewünscht hättest, ihn zu können.*

In Gebieten, in denen die meisten Menschen im Alltag Dialekt sprechen, verstärkt dies das Zusammengehörigkeitsgefühl und erleichtert die Kommunikation. Mundart zu sprechen, ist sicherlich auch ein Stück eigener Persönlichkeit, gehört also zur Identität. Schließlich ist der Dialekt aber auch ein besonderes Kennzeichen des Ortes oder der Gegend, in der man lebt oder aufgewachsen ist, und verstärkt so die Bindung an die Heimat. Wenn man in einen Ort umzieht, in dem derselbe Dialekt gesprochen wird, dann erleichtert seine Beherrschung das Einleben, weil möglicherweise soziale Kontakte leichter entstehen. Er stärkt also die Integration. Nicht zuletzt stützen Forschungsergebnisse die Vermutung, dass das Beherrschen eines Dialekts zusätzlich zur Hochsprache die Fähigkeit, Fremdsprachen zu lernen, fördert. Aus diesen Überlegungen lassen sich nun einige wesentliche Vorteile als Argumente formulieren:

- Erleichterung der Kommunikation
- Erleichterung des Erlernens von Fremdsprachen
- Stärkung des Gemeinschaftsgefühls
- Stärkung der Bindung an die Heimat
- Bestandteil der eigenen Identität
- Erleichterung der Integration

*Zwei Argumentationsbeispiele:*
Neben der Erleichterung der Kommunikation mit Menschen, die den gleichen Dialekt sprechen, scheint die Beherrschung eines Dialekts neben der Hochsprache das Erlernen von Fremdsprachen zu erleichtern. Forscher konnten feststellen, dass das Sprechen von Mundarten der Zweisprachigkeit sehr nahe kommt – Voraussetzung ist natürlich, dass die Person sich auch in der Schriftsprache gut ausdrücken kann. Demzufolge haben jene Personen, die einen Dialekt beherrschen, ein feineres Gefühl für Sprache – und können leicht zwischen Dialekt und Schriftsprache hin- und herwechseln. Dadurch fällt es ihnen leichter, eine andere Sprache zu lernen, da die entsprechenden Bereiche ihres Gehirns bereits auf Mehrsprachigkeit vorprogrammiert wurden.
Darüber hinaus stärkt der Dialekt das Gemeinschaftsgefühl, da er eine wichtige Gemeinsamkeit für alle, die ihn sprechen, darstellt. Auf dieser Basis bringt er auch fremde Menschen leichter zusammen und das nicht nur in der Heimatregion. Viele werden schon die Situation erlebt haben, im Urlaub eine fremde Person zu treffen, die aus der eigenen Heimat kommt und Dialekt spricht. Getragen durch den Dialekt entsteht hier meist schnell ein Gefühl der Sympathie, das Gespräch wird durch diese Gemeinsamkeit erheblich erleichtert. Das bekannte bayerische Motto „mia san mia", was so viel bedeutet wie „Wir sind so, wie wir sind, und wir gehören zusammen", drückt diese Wirkung wohl am besten aus.

oder:

**Schilderung: Das ist meine Heimat, hier bin ich zu Hause** 5

***Hinweis:*** *Diese Aufgabenstellung bietet dir mehr inhaltliche und sprachliche Freiheiten. Du musst jedoch darauf achten, dass die Merkmale einer Schilderung erfüllt werden. Es geht dabei um die anschauliche Darstellung der Gedanken, Stimmungen und Empfindungen im Zusammenhang mit einer Situation, die ein Heimatgefühl aufkommen lässt. Das Ziel dieser Schilderung ist die Veranschaulichung der Wirkung eines Geschehens, einer Situation, eines Erlebnisses, einer Beobachtung usw. auf dich. Somit ist sie eine Mischung aus Beobachtungen, Gefühlen und Gedanken, die einen dabei bewegen. Beginne als Einleitung mit der Erläuterung der Situation und runde deinen Aufsatz nach dem Hauptteil ab (z. B. mit einer abschließenden Handlung, dem Zurückkehren zum Anfang, einem zusammenfassenden Gesamteindruck, einem offenen Schluss oder einer überraschenden Wende). Dazu schreibst du in der Ich-Form und beschreibst deine Gedanken und Empfindungen und die Situation. Verwende anschauliche Adjektive und Verben, sprachliche Bilder und/oder Vergleiche. Schreibe im Präsens. Weitere Hinweise zur Schilderung findest du im vorderen Teil dieses Buches.*
*Da die hier geforderte Schilderung dich persönlich anspricht, solltest du eine derartige Aufgabenstellung nur dann wählen, wenn du solche Situationen oder Erfahrungen kennst und einen persönlichen Bezug zur Aussage in der Aufgabenstellung hast. Nur so ist das notwendige Maß an Echtheit zu erreichen.*

**Eine ausformulierte Schilderung findest du im anschließenden Aufsatzbeispiel.**

**Schlussgedanke** C.

Die Thematik, mit der du sicher persönlich schon in Berührung gekommen bist, bietet dir viele Möglichkeiten an. Du kannst dich auch kritisch mit den genannten Erscheinungen auseinandersetzen oder mit eventuellen Nachteilen von Dialekten abschließen.

*Mögliche Ideen, die zu einem Schlussgedanken ausformuliert werden können, sind:*

- Persönliche Einstellung zur Tracht
- Eigene Meinung zu Brauchtumsveranstaltungen wie Maibaum-Aufstellen, Kirchweih etc.
- Persönliches Engagement, beispielsweise in Trachtenvereinen
- Erfahrungen mit Veranstaltungen, die den Trend aufgreifen, z. B. Thementag an der Schule
- Vorliebe für Musikgruppen, die volkstümliche Elemente in ihre Musik einbauen (z. B. *LaBrassBanda*, *Kellerkommando*)
- Nachteile durch den Dialekt
- Begründete persönliche Meinung zum Wiederaufleben bayerischen Brauchtums
- Darstellung negativer Seiten der Globalisierung im Kontrast zu ihrer Wirkung auf das Brauchtum

**Ein ausformuliertes Beispiel findest du im anschließenden Aufsatzbeispiel.**

**Aufsatzbeispiel**

(Die Gliederungspunkte sind nicht Teil des Aufsatzes, sie dienen nur deiner Orientierung.)

Seit ein paar Jahren kann man beobachten, dass es auch unter Jugendlichen als angesagt gilt, zu passenden Gelegenheiten eine Lederhose oder ein Dirndl anzuziehen. Besonders deutlich wird dies während der zwei Wochen, in denen in der Stadt das Volksfest stattfindet oder auch bei den immer beliebter werdenden Festen zum Maibaum-Aufstellen und zum Sonnwendfeuer. Sogar unsere SMV hat in diesem Jahr einen Thementag in der Schule unter dem Motto „Alles in Tracht“ veranstaltet und es hat mich sehr überrascht, wie viele Schüler und Lehrer mitgemacht haben. Diesem Trend widmet sich auch die Reportage „Gemeinsam anders“ von Astrid Becker, die am 4. Juli 2011 in der Süddeutschen Zeitung erschienen ist. A.

Die Textvorlage lässt sich in sechs Sinnabschnitte gliedern. Im ersten Abschnitt erzählen zwei Männer, dass sie eher zufällig zu ihrer Tracht gekommen sind und diese deswegen so gerne tragen, weil man sich damit ein Stück weit von der herrschenden Gleichmacherei abgrenzen könne. Dieser Sinnabschnitt stellt einen direkten Einstieg ins Thema mithilfe der für eine Reportage typischen Zoomtechnik dar. B. 1

Im nächsten Abschnitt äußert sich eine Mitarbeiterin des Münchner Kulturreferats über ihre Erfahrungen mit dem zunehmenden Interesse an Brauchtum und Tradition, das sich bis vor ein paar Jahren noch darin erschöpfte, dass man im Höchstfall das Oktoberfest in Tracht besuchte. Mit verschiedenen populären Musikgruppen habe dieser Trend aber nun sogar in die Jugendkultur Einzug gehalten. In diesem Abschnitt werden – aus anderer Perspektive – allgemeine Informationen zum Thema gegeben.

Im dritten Sinnabschnitt stellt die Autorin die wirtschaftlichen Aspekte dieses neuen Trends dar. Dazu werden verschiedene Beispiele für Veranstaltungen, von der historischen Wiesn bis hin zum Tollwood-Festival, angeführt, die das Interesse an der Volkskultur widerspiegeln und zugleich fördern. Doch auch jenseits der touristischen Vermarktung nehme die Bedeutung von Festen und Brauchtum in der Stadt und im Umland zu – eine Tatsache, die darauf hinweise, dass diese Wiederbelebung aus einem echten Interesse der Menschen entstanden sei.

Der vorletzte Abschnitt beschäftigt sich mit der wissenschaftlichen Antwort auf die Frage nach den Ursachen für diesen Trend. Ein Volkskundler erklärt die einheitliche Aussage vieler Experten, dass er eine Folge der Globalisierung sei. Die Rückbesinnung auf das Brauchtum hänge damit zusammen, dass die Menschen in einer globalisierten Welt und wegen der virtuellen Möglichkeiten des Internets das Gefühl hätten, ihre eigene Identität zu verlieren. Deswegen richten sie den Blick zunehmend auf das Nächstliegende, die Heimat.

Im Schlussabschnitt kehrt die Reportage wieder zu den am Anfang beschriebenen Männern zurück und lässt sie die zuvor erläuterte wissenschaftliche Aussage bestätigen.

Die Herausarbeitung der sprachlichen Besonderheiten und deren Wirkung kann mit der **2**
Wortwahl beginnen. Hier fallen zunächst zum Teil recht anspruchsvolle Fremdwörter 2.1
auf, zum Beispiel „Furore“ (Z. 58), „zelebriert“ (Z. 68), „Phänomen“ (Z. 104) oder „Renaissance“ (Z. 112). Sie sind als Hinweis auf die sprachliche Kompetenz der Autorin zu werten. Zu erwähnen sind auch Fachbegriffe aus dem gesellschaftlichen Bereich, die den Aussagen über die Ursachen des Trends eine wissenschaftliche Grundlage geben. Belege dafür sind Begriffe wie „Volkskultur“ (Z. 25), „Globalisierung“ (Z. 101), „Identität“ (Z. 102, 115), „Volkskundler“ (Z. 103), „globalisierte Welt“ (Z. 108). Auch Fachbegriffe aus dem Bereich der Wirtschaft fallen besonders dort auf, wo es der Autorin darum geht, die wirtschaftliche Bedeutung der Hinwendung zum Brauchtum hervorzuheben. Als Beispiele sind „Vermarkter“ (Z. 48), „Kunden […] gewinnen“ (Z. 49 f.), „binden“ (Z. 51) oder „Bilanz“ (Z. 75) zu nennen. Häufig werden auch verstärkende Adverbien und Superlative verwendet, zum Beispiel „mehr und mehr“ (Z. 22), „enorm“ (Z. 32), „wahrscheinlich größte“ (Z. 58), „besonders gut“ (Z. 62 f.), „längst wieder“ (Z. 92 f.), „höchst beliebten“ (Z. 93). Damit kommt nicht nur die große Bedeutung des neuen Trends zum Ausdruck, sondern auch seine durchweg positive Bewertung durch die Autorin. Schließlich ist noch auf den Titel der Reportage „Gemeinsam anders“ hinzuweisen. Er stellt eigentlich einen Widerspruch dar, der sich aber im Text nach und nach auflöst. Als scheinbarer Kontrast wirkt auch die umgangssprachliche Wendung „cool“ (Z. 19) und die Erwähnung, dass die beiden Männer in Tracht Mitglieder des Harley-Davidson-Clubs sind. Damit soll gezeigt werden, dass Trachten mittlerweile im Trend liegen und auch nicht mehr als „echt bäh“ (Z. 37) angesehen werden, wie das noch vor nicht allzu langer Zeit der Fall war.

Bei der Untersuchung des Satzbaus fallen einige Aufzählungen auf, die vor allem dort 2.2
zu finden sind, wo mit vielfältigen Beispielen die Lebendigkeit des Brauchtums veranschaulicht werden soll. Besonders deutlich wird dies in Zeile 35 f. („Dirndl, Volkstanz, Volksmusik oder gar Bauerntheater“) oder ab Zeile 94 („Sonnwendfeuer, Almabtriebe, Leonhardiritte oder Kirchweihfeiern“). Häufig benutzt die Verfasserin auch indirekte Rede, vor allem dann, wenn sie Aussagen von Fachleuten wiedergibt (z. B. in den Abschnitten ab Z. 30 ff., 34 ff., 42 ff. usw.). Mithilfe der wörtlichen Rede lässt sie Experten und Betroffene direkt zu Wort kommen, was die Glaubwürdigkeit der Aussagen steigert und im Wechsel mit der indirekten Rede für Lebendigkeit sorgt (z. B. in den Zeilen 15 ff., 44 ff., 53 f., 104 ff.). Nachgestellte Einschübe lenken die Aufmerksamkeit auf das soeben Erwähnte und heben die gemachten Aussagen auf besondere Weise hervor. Dies wird unter anderem an folgenden Stellen deutlich: „– zu erkennen unter anderem an“ (Z. 5 ff.), „– wo es bereits Ende der […]“ (Z. 38 ff.), „– und das keineswegs nur […]“ (Z. 90 f.), „– und das gilt es nun zu erkunden“ (Z. 129 f.). Ein besonderes Merkmal des Schreibstils der Autorin sind die vielen unvollständigen Sätze (Ellipsen), mit denen sie oft einen vorhergehenden Satz weiterführt. Dies wirkt auflockernd und macht den Text sehr lebendig, was sich mit folgenden Stellen belegen lässt: „Und weil man sich […]“ (Z. 20 ff.), „Vielleicht noch mit Ausnahme der […]“ (Z. 37 f.), „So sehr, dass eine Bürgerinitiative […]“ (Z. 63 ff.). Mit der Frage „Doch woher kommt diese Besinnung auf Heimat und Brauchtum?“ (Z. 97 f.) leitet die Autorin den fünften Sinnabschnitt ein und wendet sich einem neuen Aspekt des Themas zu. Sie nimmt damit die Reaktion des Lesers vorweg, der sich wahrscheinlich schon gefragt hat, welche Gründe es für die zunehmende Beliebtheit von Brauchtum und Volkskultur gibt.

Der Stil von Astrid Becker ist darüber hinaus als sehr abwechslungsreich und anspruchsvoll zu beschreiben. Sie verwendet zum Teil lange und komplexe Satzgefüge, vor allem in den Abschnitten mit indirekter Rede (z. B. Z. 107 ff.). In Abwechslung dazu findet man aber immer wieder auch kurze und einfache Hauptsätze (z. B. Z. 19 f., 27) und die bereits erwähnten Ellipsen. Sie setzt bewusst Zitate in Bairisch an den Beginn der Reportage und an ihr ausdrucksstarkes Ende, wohl einerseits, um zu zeigen, dass der Dialekt wieder im Trend ist und andererseits, um zu verdeutlichen, dass Dialekt und Tracht keineswegs für Rückständigkeit stehen, sondern eben auch zu einem Motorradfahrer mit einer Harley passen. Dies wird dadurch unterstrichen, dass sie einzelne anspruchsvolle Fremdwörter verwendet und bewusst zwischen Wörtern aus der Umgangssprache und Fach- und Fremdwörtern abwechselt. 2.3

Eine Reihe von Merkmalen spricht eindeutig dafür, dass es sich bei dem vorliegenden Text um eine Reportage handelt. So findet sich beispielsweise ein Foto, das den Blick auf trachtentypische Kleidungsdetails lenkt. Es gibt Zwischenüberschriften, die den Text zusätzlich gliedern, in Kurzform auf den Inhalt der folgenden Abschnitte hinweisen und so vielleicht zum Lesen anregen wollen. Außerdem wird der Name der Autorin genannt. Weitere Merkmale sind der durchgängige Wechsel zwischen indirekter und direkter Rede und die Zoomtechnik, der unmittelbare Einstieg in das Geschehen mit dem Blick auf eine bestimmte Situation, die typisch für diese Textsorte sind. Dadurch ist es auch möglich, viele Aussagen von Beteiligten oder Befragten direkt und glaubwürdig darzustellen. Die Autorin wählt den direkten Einstieg in ihren Beitrag und „zoomt“ ganz nahe ans Thema heran, indem sie von den beiden Männern in Tracht berichtet. Dies wiederholt sich am Ende, denn dort kehrt sie quasi wieder zu den beiden zurück. Darüber hinaus wechseln sich Abschnitte, die reine Informationen enthalten (z. B. Z. 58 bis 65) mit Bereichen, die eine unterhaltende Wirkung besitzen (z. B. Z. 11 bis 19), ab. 3

Am Ende der Auseinandersetzung mit dem Text geht es nun noch um die möglichen Absichten der Autorin und die Zielgruppe. Astrid Becker wollte sicherlich die Wiederentdeckung des Brauchtums positiv darstellen, denn es finden sich nirgendwo kritische Anmerkungen. Somit unterstützt sie auch die Besinnung auf heimatliche Traditionen in einer globalisierten Welt und wirbt sogar für verschiedene Veranstaltungen in München (z. B. Sommernachtsfest, Z. 88). Die Reportage informiert auch über die verschiedenen Formen des „Brauchtumsbooms“ („Sonnwendfeuer, Almabtriebe, Leonhardiritte oder Kirchweihfeiern“, Z. 94 ff.). Schließlich will die Autorin mit ihrem Text auch unterhalten. Dies zeigt sich vor allem im ersten Sinnabschnitt, wenn sie von den beiden Männern in Tracht erzählt. 4
Als Zielgruppe kommen natürlich Menschen in Betracht, denen Brauchtum ganz allgemein wichtig ist oder die selbst aktiv daran beteiligt sind, sei es in einem Verein oder nur als „Besitzer“ einer Tracht. Für sie sind die Aussagen sicherlich eine Bestätigung. Nachdem es sich um ein kulturelles Thema handelt, ist es auch für alle Leser interessant, die sich ganz allgemein mit der Lebensweise von Menschen beschäftigen. Es ist durchaus vorstellbar, dass auch diejenigen diesen Text lesen, die über aktuelle Trends informiert sein wollen, um sich ihnen anzuschließen, damit man immer den neuesten „Lifestyle“ zeigen kann.

„Hier ist meine Heimat, hier bin ich zu Hause.“ An diesen Satz muss ich immer denken, wenn ich mich an einem heißen Sommertag durch die vertrauten Straßen meines Wohnviertels auf den Weg zum Badesee mache. Die Hitze flimmert über dem Asphalt, es riecht nach Heu, die Grillen lärmen um die Wette. Ich fühle mich einfach gut, die Schule ist weit weg, wie in einem anderen Universum. Langsam radle ich weiter, rufe einer Nachbarin, die im Garten arbeitet, einen Gruß zu, den sie freundlich und fröhlich erwidert. Es tut gut, die Menschen um einen herum zu kennen und auch von ihnen wahrgenommen zu werden. Irgendwann biege ich in die Auffahrtsallee zur Burg ein, das Son- 5

nenlicht tupft ein paar flirrende Flecken auf das schattige Pflaster, jetzt werde ich gleich in die Duftwolke der blühenden Linden eintauchen. Das ist mein ganz spezielles Sommerfeeling, dann ist für mich wirklich die Leichtigkeit des Sommers spürbar. Vor mir glänzen die Türme und Zinnen der Burg im Sonnenschein um die Wette. Wie immer mache ich eine Zwischenstation am Kiosk am Burgeingang, kaufe mir ein kleines Eis und ratsche mit dem freundlichen älteren Herrn, dem er gehört – übers Wetter, über die bevorstehenden Ferien, über Neuigkeiten. In mir entsteht ein Gefühl der Vertrautheit und Sicherheit. Ich erreiche den Weg zum See – mitten in der Stadt, denke ich mir immer ganz verblüfft. Wo gibt's das ein zweites Mal? Wir haben es wirklich gut hier. Grünlich leuchtet das Wasser zu mir herauf, strahlt Sauberkeit und Frische aus. Der warme Wind trägt das Geschrei der Kinder vom See herauf. Nun sause ich den steilen Weg hinunter und freue mich auf mein etwas verborgenes Plätzchen ganz hinten am Ufer, auf meine Freunde, aufs unbekümmerte Plantschen und Schwimmen, auf die Currywurst mit Pommes im Strandbad. Nirgendwo anders möchte ich jetzt sein, um nichts in der Welt möchte ich jetzt irgendwo im Urlaub sein, ohne meine Freunde und ohne diese vertraute Umgebung, mit der ich so viele Erlebnisse verbinde. Ich sperre mein Rad ab, zeige an der Kasse meine Saisonkarte vor und mache mich durch die Spielenden und Sonnenbadenden auf den Weg zu unserem Platz.
Plötzlich durchzuckt mich der Gedanke, was wäre, wenn mein Vater versetzt würde und wir wegziehen müssten. Die Beklemmung, die dieser Gedanke auslöst, schiebe ich lieber ganz schnell wieder weg.

Die Auseinandersetzung mit der Reportage „Gemeinsam anders" hat mich dazu angeregt, über mein eigenes Verhältnis zu Brauchtum und Tracht nachzudenken. Natürlich lasse ich kein Volksfest aus und bin gerne dabei, wenn der Maibaum aufgestellt wird oder das große Sonnwendfeuer stattfindet. Mit der Volksmusik oder mit Volkstänzen kann ich mich jedoch nicht anfreunden. Dennoch finde ich es wichtig, dass möglichst viele traditionelle Bräuche und Lebensweisen erhalten bleiben. Trotz des in der Einleitung erwähnten, bei vielen Schülern beliebten Thementags an unserer Schule hatte ich bisher ein eher negatives Verhältnis zur Tracht, obwohl meine Mitschülerinnen und Mitschüler gut darin aussahen. Für mich war das Tragen einer Tracht etwas Verstaubtes oder für ältere Menschen Geeignetes. Mit der Lektüre dieses Textes hat sich meine Einstellung aber geändert, denn die Autorin konnte überzeugend darlegen, dass Trachten auch „cool" sein können. Ich könnte mir gut vorstellen, mir irgendwann zumindest eine kurze Lederhose zuzulegen. c.

*(Bitte blättern Sie um)*